战略环境评价中碳足迹评估理论、方法及应用

李 巍 邓明翔 著

科学出版社
北 京

内 容 简 介

本书首先介绍气候变化因素纳入战略环境评价的意义和挑战，总结气候变化因素纳入战略环境评价的国际和国内现状。通过梳理碳足迹评估理论和方法的国内外研究进展，结合战略环境评价的技术特点，构建战略环境评价中碳足迹评估的技术框架。然后，明确战略环境评价中碳足迹评估的三大重点任务，即碳足迹结构解析、经济部门间隐含碳流动分析和碳足迹变化驱动因子分解分析，并对主要评估方法进行了详细推导。最后，通过将战略环境评价中碳足迹评估的理论和方法体系应用于评估云南省经济结构调整战略对碳足迹变化的影响，提出促进云南省经济低碳转型的政策建议。

本书可供从事战略环境评价、应对气候变化政策、低碳经济和环境保护相关领域理论研究和方法开发工作的科研和技术人员，以及相关专业领域的研究生和本科生参考。

图书在版编目(CIP)数据

战略环境评价中碳足迹评估理论、方法及应用 / 李巍，邓明翔著. —北京：科学出版社，2018.7

ISBN 978-7-03-054832-0

Ⅰ. ①战… Ⅱ. ①李…②邓… Ⅲ. ①中国经济-低碳经济-经济发展-评估-研究 Ⅳ. ①F124.5

中国版本图书馆 CIP 数据核字（2017）第 254997 号

责任编辑：张 震 孟莹莹 / 责任校对：董蔚挺
责任印制：吴兆东 / 封面设计：无极书装

科 学 出 版 社 出版
北京东黄城根北街 16 号
邮政编码：100717
http://www.sciencep.com
北京建宏印刷有限公司 印刷
科学出版社发行 各地新华书店经销
*
2018 年 7 月第 一 版 开本：720×1000 1/16
2022 年10月第二次印刷 印张：14
字数：280 000

定价：118.00 元

（如有印装质量问题，我社负责调换）

目　录

第 1 章　气候变化因素纳入战略环境评价的意义和挑战

气候变化问题是当今人类社会面临的严峻挑战，应对全球气候变化已经成为当今世界政治、经济、环境和外交博弈的热点问题。政府间气候变化专门委员会（Intergovernmental Panel on Climate Change，IPCC）第五次气候变化评估报告将人类活动是造成 20 世纪 50 年代以来气候变暖的主要原因的确信度由第四次评估报告的 90%提高至 95%（IPCC，2014）。只有大幅度减少温室气体的排放才能将到 2100 年时的全球温升控制在 2℃以内，从而大大降低气候变化的风险和影响（IPCC，2014）。在此背景下，全球的碳排放容量已经非常有限，成为被争夺的战略资源（邹骥等，2014）。如何在碳排放容量约束下实现社会经济的持续发展，成为人类社会必须面对的全新挑战。在 IPCC 相关研究和报告的推动下及各国政府和国际组织的共同努力下，2015 年 12 月，联合国气候变化会议通过了《巴黎协定》。该协定提出将全球温升较工业化前水平控制在 2℃以内，并为将温升控制在 1.5℃以内而努力（UNFCCC，2015；Hulme，2016）。但依照目前各国提出的国家自主减排贡献目标来看，实现 2℃温升的控制目标都不可能（Hulme，2016）。因此，未来全球经济加快向低碳方向转型势在必行。

近年来我国碳排放量增长迅猛，从 2007 年我国成为全球第一大碳排放国，到 2013 年，碳排放总量已经超过美国和欧盟国家的总和，占到全球碳排放总量的四分之一，人均碳排放量也首次超过欧盟（Friedlingstein et al.，2014）。面对严峻的国际社会的碳减排压力，2009 年哥本哈根气候大会上，我国政府承诺到 2020 年碳排放强度比 2005 年降低 40%～45%。2015 年，在提交给《联合国气候变化框架公约》秘书处的关于中国国家自主减排贡献目标文件中，我国政府进一步承诺碳排放强度到 2030 年比 2005 年降低 60%～65%的减排目标（新华社，2015）。在“十二五”规划中，碳排放强度降低 17%的约束性目标被提出，并分解到各个省市区。考虑从“十一五”开始，20%的节能目标已经分解到各省市区，因此，区域尤其是省市区已经成为我国节能减碳的前沿阵地。各省市区的节能减碳目标的实现程度，直接决定着全国节能减碳目标能否实现。2014 年，中国政府提出控制碳排放总量，并在 2030 年前碳排放总量达到峰值（Tollefson，2014；新华社，2015）。为了通过市场手段控制碳排放总量，经过在 7 个省市区的碳排放交易的试点，全国统一的碳排放交易市场将于 2017 年启动（潘家华，2016）。可以预见，碳排放总量控制目标也将分解到全国各省市区，未来省市区将面临更加严峻的碳排放总量的减排压力。

我国政府一贯高度重视气候变化问题，把积极应对气候变化作为关系经济社会发展全局的重大议题，纳入经济社会发展中长期规划。对于将气候变化因素纳入环境影响评价也提上了议程：《国家环境保护“十二五”科技发展规划》明确要求，开展基于温室气体排放控制的环境影响评价方法的研究；环境保护部（以下简称环保部）前部长周生贤在《探索中国环保新道路要着力构建强大坚实的科技支撑体系》的讲话中指出，“要在规划环评中考虑将减缓和适应气候变化作为一个评价指标，开展将气候变化因素纳入环评指标的相关研究，在此基础上考虑制定新的环评指南”。环保部前副部长吴晓青在《规划环境影响评价条例》答记者问时就明确指出，“条例颁布实施后，还应着眼于‘后金融危机时代’的发展要求，顺应世界范围内的低碳经济发展趋势，在规划环评中对温室气体减排、低碳生产等问题开展前瞻性的研究”。

目前，我国已经制定并实施了应对气候变化的国家方案，同时从“十二五”开始，明确提出了降低碳排放强度，提高非化石能源占一次能源消费比例，提高森林覆盖率、增加森林蓄积量等与减缓和适应气候变化有关的约束性指标。国家发展和改革委员会（以下简称国家发改委）从2010年开始，选择广东、重庆、云南等五省八市开展低碳省区和低碳城市试点工作，要求试点省市区将应对气候变化工作全面纳入该地区“十二五”规划。截至2017年共开展了3批5个省和81个城市的低碳试点建设工作。环保部颁布了国际上第一个强制执行的控制温室气体排放的国家标准——《煤层气（煤矿瓦斯）排放标准（暂行）》（GB 21522—2008）。2011年住房和城乡建设部（以下简称住建部）、财政部和国家发改委又联合推出绿色低碳重点小城镇试点示范项目，要求试点单位结合降低碳排放强度、节能与减排等指标制订实施方案。此后相关部门又相继开展了低碳社区和城市适应气候变化的试点工作。因此，如何有效落实应对气候变化的目标要求已是摆在战略环境评价工作面前的一项重要任务。气候变化问题是一个环境问题，更是一个发展问题，战略环境评价作为环境保护优化经济发展的有力工具，将气候变化因素纳入战略环境评价不仅有利于进一步加强环境管理，同时也是促进“十三五”期间和2030年国家应对气候变化目标的落实和实现低碳经济发展的重要举措。

1.1 气候变化因素纳入战略环境评价的意义

1. 战略环境评价是落实应对气候变化目标任务的重要机制

战略环境评价是《中华人民共和国环境影响评价法》（以下简称《环评法》）

确立的一项重要法律制度，是贯彻落实科学发展观、实现经济与环境资源协调发展的重要抓手，是促进环境优化经济增长、从决策源头上防止环境污染和生态破坏、有效控制新增污染的重要手段。

我国政府一贯高度重视气候变化问题，“十二五”规划首次为应对气候变化问题开设专门章节，进行全面部署，明确提出到 2015 年单位国内生产总值能耗和二氧化碳排放量分别降低 16%和 17%，非化石能源占一次能源消费比例提高到 11.4%，主要污染物降低 8%～10%，提高森林覆盖率、增加森林碳汇等控制温室气体排放和减缓气候变化的具体约束性指标，将发展绿色经济和促进低碳发展作为重要内容纳入规划。因此，如何实现控制温室气体排放和适应气候变化方面的目标成为亟待完成的任务。

在控制温室气体排放方面，战略环境评价通过综合运用调整产业结构和能源结构、节约能源和提高能效、增加森林碳汇等多种手段，实现能源消耗强度和二氧化碳排放强度的降低，有效控制温室气体排放。在增强适应气候变化能力方面，战略环境评价在生产力布局、基础设施、重大项目规划设计和建设中参与综合决策，可以充分考虑气候变化影响，加强适应气候变化特别是应对极端气候事件的能力建设，提高农业、林业、水资源等重点领域和沿海、生态脆弱地区适应气候变化的水平，提高防御和减轻自然灾害的能力。综上所述，战略环境评价能够成为确保完成中长期应对气候变化目标的有效手段之一。

2. 战略环境评价是促进温室气体和主要污染物协同减排的有效工具

我国社会经济正处于资源环境约束最为严格的时期，工业化、城市化、现代化建设仍未完成，如何减轻经济快速发展对资源、能源消耗的高度依赖，跨越资源、能源的瓶颈约束成为这一时期我国面临的主要难题。随着经济快速增长，能源消费和二氧化碳排放量随之快速增长。在这种背景下，绿色低碳发展为我国的可持续发展提供了一条新的路径。通过将低碳发展理念量化体现在战略环境评价内容、原则和指标中，将有效推动低碳发展和绿色发展的融合。

从环境问题产生的根源来看，污染物和温室气体都主要源于化石燃料的燃烧，其来源具有一定的同步性。而有利于污染物减排的相关环保措施与应对气候变化、发展低碳经济的相关要求在本质上是一致的，提高能效和优化能源结构是实现环保和低碳的共同措施。因此，将应对气候变化纳入战略环境评价是推进污染物和温室气体协同减排和协同控制的有效手段。

3. 战略环境评价是将低碳发展理念融入发展决策的有力手段

战略环境评价是我国一项法定的环境管理工具，拥有从国家到地方相对完善的法律法规体系。《规划环境影响评价条例》的第二条规定，国务院有关部门、设区的市级以上地方人民政府及其有关部门，对其组织编制的土地利用的有关规划和区域、流域、海域的建设、开发利用规划，以及工业、农业、畜牧业、林业、能源、水利、交通、城市建设、旅游、自然资源开发的有关专项规划（以下简称“一地、三域、十专项”），应当进行环境影响评价。这些行业与《中国应对气候变化国家方案》和《中国应对气候变化的政策与行动》等文件指出的减缓和适应气候变化的重点领域和行业高度契合，因此将应对气候变化纳入战略环境评价体系为应对气候变化目标和任务的落实提供了有力的抓手和工具，使得应对气候变化的目标和任务在战略决策和规划制定及实施的源头就得到体现和重视。

气候变化问题涉及社会发展、环境保护、水资源、人群健康、工业、农业等多领域、多行业和多部门，是相对宏观的议题。应对气候变化需要多部门合作，将应对气候变化纳入战略环境评价，有利于巩固和完善环保部门与国家发改委、工信、国土、交通、水利等部门已经建立的沟通协调机制，保障应对气候变化国家方案的有效落实。这将推动战略环境评价作为更加重要的手段，从宏观层面上协调和解决错综复杂的环境经济利益关系，进一步推动宏观环境经济决策的科学性。

4. 纳入气候变化因素有助于战略环境评价方法和实践的完善

经过持续的努力和推动，战略环境评价参与宏观决策在我国得到了快速发展，并在环境保护优化经济发展过程中发挥着日益重要的作用。同时，战略环境评价的理论和技术方法也得到了逐步完善，但仍有较大的发展空间。目前，针对在战略环境评价技术框架下如何有效地分析和评估气候变化问题及其潜在影响，无论在技术方法还是实践经验方面都存在明显的欠缺。虽然《规划环境影响评价技术导则（试行）》（HJ/T 130—2003）在区域、土地利用、能源规划环评的环境目标和指标表述规范中，提出了“减少温室气体排放”和“减少气候变化灾害”的环境目标，推荐了“能源消耗”“防洪”和“温室气体年排放量”等评价指标，但在近些年的战略环境评价实践中并未得到充分的重视和执行。如果强制要求在战略环境评价中纳入气候变化因素，评价指标势必需要进一步完善和增补；在考虑气候变化影响时，模糊评价、不确定性分析、风险分析等气候变化影响评估的常用技术方法也需要和战略环境评价中常用的资源环境承载力评估等分析方法相融合，这将丰富和提高战略环境评价的技术方法和实践水平。

1.2　气候变化因素纳入战略环境评价的机遇

1. 战略环境评价是落实国家应对气候变化战略任务和目标的支撑

积极应对气候变化，与我国坚持科学发展观、走新型工业化的可持续发展道路相一致，与建设资源节约型和环境友好型社会（“两型”社会）、建设生态文明的战略目标相符合，与经济发展新常态下，创新、协调、开放、绿色、共享的发展理念以及供给侧结构性改革的相关要求相吻合。我国已出台《中国应对气候变化国家方案》，并从“十二五”开始将降低碳排放强度等应对气候变化目标作为约束性指标纳入发展规划中。这使得我国的应对气候变化工作获得了国家战略的支持，为在社会经济发展的各个方面纳入气候变化因素提供了制度保障和内生动力。在国家方案的战略引导和“十三五”规划新目标的约束下，迫切需要战略环境评价这一强有力的工具来协调和推动应对气候变化战略目标的落实。

2. 在战略环境评价框架下系统纳入气候变化因素是实现绿色发展的要求

中国共产党十八届五中全会提出了绿色发展的理念，其实质是要实现经济的绿色、低碳和可持续发展。因此，低碳发展等气候变化因素需要融入以战略环境评价为主要工具的绿色发展促进体系中。低碳发展理念纳入战略环境评价能够促进低碳经济和循环经济的大力发展，加速经济发展方式的转变，从而实现通过环境保护优化经济发展和通过环境保护促进应对气候变化的双赢，在实现生态文明的前提下创造新的经济增长点。通过将气候变化因素纳入战略环境评价框架中，能够进一步推动低碳产业、低碳园区、低碳省区和城市的建设，引导区域和部门在应对气候变化方面积极采取措施，增强适应气候变化技术、节能技术和可再生能源开发技术等的综合集成、研发、示范和推广，最终实现减缓和适应气候变化的目标。

3. 现有战略环境评价技术导则是系统纳入气候变化因素的基础

应对气候变化需要统筹考虑气候变化的趋势和区域的生态环境特点。如果应对气候变化行动不能很好地融入区域发展战略中，国家应对气候变化目标将难以实现。无论是适应气候变化还是减缓气候变化，都需要上升至战略层面进行考虑，需要政府部门在进行战略决策时做出预先安排，对经济结构和发展模式对气候变化的长期影响进行预判。

战略环境评价导则和指南要求：在对战略规划进行环境影响评价时，预测和评估的内容应包括战略方案实施可能对相关区域、流域、海域生态系统产生的整体和累积影响，可能对环境和人群健康产生的长远影响，经济效益、社会效益与环境效益之间以及当前利益与长远利益之间的关系。战略环境评价能够在战略规划设计阶段对区域的产业规模、结构进行优化安排，使之符合低碳发展的要求；能够综合考虑水利基础设施建设方案，对区域防洪、抗旱、供水能力及其适应能力进行研判，并将气候变化对水资源承载力的影响评估结果作为战略规划能否实施的约束条件。因此，战略环境评价能够在协调应对气候变化和生态环境保护工作，提高区域对气候变化的适应能力等方面发挥积极的作用。战略环境评价的自身特点使得其能够很好地服务应对气候变化工作。并且，战略环境评价工具的早期介入行动是成本最优的应对气候变化方式，能够激发区域积极采取减缓和适应气候变化措施。因此，战略环境评价技术导则的发展为将气候变化因素纳入战略环境评价带来了机遇。

1.3　气候变化因素纳入战略环境评价的挑战

1. 相关法规要求和评价导则仍需进一步加强

将气候变化因素纳入战略环境评价缺乏必要的法律法规支撑。温室气体不属于环境保护相关法规约束的“污染物”的范畴，《规划环境影响评价条例》未提出在规划环境影响评价中考虑气候变化因素。虽然《规划环境影响评价技术导则（试行）》（HJ/T 130—2003）中在区域规划、土地利用规划等专项规划环评中对气候变化因素有所涉及，但是并未明确提出在规划环评中纳入气候变化因素，仅仅是作为大气等环境要素中的指标出现。这些现实情况对于将气候变化因素纳入战略环境评价工作的开展是一大挑战。政策制定者需要根据应对气候变化的要求完善相关法律法规和技术导则，制定必要的指导开展战略环境评价中气候变化因素评估的技术导则，支撑气候变化因素纳入战略环境评价工作的开展。

2. 环保部门缺乏针对性的管理机制

现阶段我国应对气候变化工作由国家发展和改革委员会应对气候变化司对口管理，其他相关部门进行协助。由于应对气候变化和环境保护的各个方面都息息相关，因此应对气候变化是战略环境评价中需要重点关注的问题。例如，应对气候变化中的能源节约和低碳发展与污染物的协同减排以及产业和企业的环境管理等紧密相关；气候变化可能对生态系统产生不利影响，这与生态恢复、生物多样性保护及自然保护区管理等密切相关。然而，这些工作在环保部门内部分别由多个机构负责，且没有针对纳入气候变化因素后的战略环境评价管理办法和运行机制。此外，纳入气候变化因素后的战略环境评价工作还需要战略规划制定部门、战略规划审批部门和其他气候变化相关部门的积极配合，这也加大了气候变化因素纳入战略环境评价工作实施和开展的难度。

3. 相关管理和实践经验严重缺乏

气候变化因素纳入战略环境评价的实践在我国刚刚起步，案例还较少，试点工作还未进行。对于如何在战略环境评价中系统地纳入气候变化因素，必须在理论和方法研究的基础上，有序开展试点工作，不断总结和积累经验教训，才能在持续反馈中逐步完善纳入气候变化因素后的战略环境评价体系，进而推动在全国范围内开展将气候变化因素纳入战略环境评价工作。

4. 配套监测和统计体系尚未建立

将气候变化因素纳入战略环境评价，需要在统筹考虑碳排放源现状、碳排放削减潜力、战略方案实施可能产生的碳排放量增加、区域碳汇情况等基础上，综合分析战略方案是否合理安排了减缓和应对气候变化的措施。然而，我国的碳源和碳汇统计和监测体系尚不完善，这对开展气候变化因素纳入战略环境评价工作是一大挑战。

我国从“十二五”开始，提出了建立和完善温室气体排放和节能减排统计监测制度的目标。建立不同区域的温室气体排放清单也在探索中，例如，2010 年国家发改委开始在 7 个省市区开展编制 2005 年温室气体排放清单的试点。只有不断增强我国温室气体排放清单的完整性和准确性，逐步建立和完善有关温室气体排放的统计监测和分解考核体系，才能切实保障应对气候变化相关目标的实现。因此，在开展将气候变化因素纳入战略环境评价工作时，可能会面临基础数据缺乏和气候变化预测的不确定性较大等困难，需要整合现有的基础数据，并在改进技术方法上进行深入的研究和探索。同时，要以将气候变化因素纳入战略环境评价为契机，促进应对气候变化基础数据监测和统计体系的逐步完善。

第2章　气候变化因素纳入战略环境评价的现状和架构

2.1　气候变化因素纳入战略环境评价的国际经验

如何应对气候变化是国际社会广泛关注的热点问题。从国际公约制定、气候谈判，出台应对气候变化法律、政策到制定应对气候变化行动方案等，各国都做出了积极努力并积累了一定的实践经验。

2.1.1　制度和管理要求

2.1.1.1　国际公约和法规要求

1.《联合国气候变化框架公约》

《联合国气候变化框架公约》(United Nations Framework Convention on Climate Change，UNFCCC，以下简称《气候公约》）是 1992 年 5 月 22 日联合国政府间谈判委员会就气候变化问题达成的公约，于 1992 年 6 月 4 日在巴西里约热内卢举行的联合国环境与发展大会（地球首脑会议）上通过。该公约是世界上第一个为全面控制二氧化碳等温室气体排放，以应对全球气候变暖给人类经济和社会带来不利影响的国际公约，也是国际社会在应对全球气候变化问题上进行国际磋商和合作的基本框架。

《气候公约》第 4 条 f 款要求，在与缔约方有关的社会、经济和环境政策等行动方案中，需在可行的范围内将气候变化考虑进去，并采用由本国拟订和确定的适当办法，例如进行影响评估，以期尽量减少为了减缓或适应气候变化而进行的项目或采取的措施对经济、公共健康和环境质量产生的不利影响。

2.《京都议定书》

《京都议定书》(Kyoto Protocol）是《气候公约》的补充条款，于 1997 年 12 月在日本京都由《气候公约》参加国第三次会议制定。其目标是“将大气中的温室气体含量稳定在一个适当的水平，进而防止剧烈的气候变化对人类造成伤害”。

《京都议定书》要求，在举行作为本议定书缔约方会议的《气候公约》会议时，《气候公约》组织应定期审评本议定书的履行情况，并应在其权限内作出促进本议定书有效履行的必要决定。《气候公约》组织应履行本议定书赋予它的职能，并应基于本议定书的规定向缔约方会议提供所有相关信息，以评估缔约方履行本议定书的情况及根据本议定书所采取的措施的总体影响，尤其是环境、经济、社会的影响及其累积的影响，并评估缔约方在实现《气候公约》目标方面取得进展的程度。

3.《巴黎协定》

2015 年 12 月，《巴黎协定》获得通过，并于 2016 年 4 月获得签署。它是继《京都议定书》之后，获得全球大部分国家签署的第二份具有法律效力的气候保护行动计划。《巴黎协定》规定了 2020 年后全球气候保护具体行动计划，共 29 条内容，包括目标、减缓、适应、损失损害、资金、技术、能力建设、透明度、全球盘点等内容（UNFCCC，2015）。

《巴黎协定》规定：努力把全球平均气温较工业化前水平升高控制在 2℃之内，并为将升温控制在 1.5℃之内努力；所有缔约方应努力拟定并通报长期温室气体低排放发展战略；加强公私部门参与执行国家自主贡献；创造各种手段和有关体制安排之间协调的机会；监测和评价适应计划、政策、方案和行动并从中学习；国家自主贡献计划应在 2023 年进行第一次全球总结，此后每五年进行一次（UNFCCC，2015）。

2.1.1.2　国际组织相关要求

1. 联合国环境规划署

联合国环境规划署（United Nations Environment Programme，UNEP），是联合国统筹全世界环保工作的组织，是一个业务性的辅助机构，它不但领导了联合国系统内的其他机构、国际组织、各国政府、民间社会以及私营部门等应对气候变化的行动，还为各国政府提供温室气体减排和适应气候变化相关指导和咨询，并帮助制定有关气候变化的国际协议。联合国环境规划署在应对气候变化领域的工作重点是：通过推广可再生能源、提高能源效率以及推进碳市场的发展，努力减少温室气体排放。同时，它还一直为减小气候变化风险、改善社会的气候变化适应能力、应对气候变化的不利影响等方面而努力。

（1）气候适应—— 建设适应气候变化的能力。联合国环境规划署帮助发展中国家减弱由气候变化带来的脆弱性，并推动其适应气候变化能力建设。除此之外，它帮助建立并加强国家机构进行气候变化脆弱性评估和适应性规划的能力，同时支持各国将气候变化的适应措施纳入国家发展规划和生态系统管理工作中。它还推动可持续土地利用管理以减少因森林砍伐和退化而导致的温室气体排放，为适应和减缓气候变化搭建桥梁。

（2）气候减缓——迈向低碳社会。联合国环境规划署正努力通过促进全球能源系统加速向低碳节能体系转变来减少全球温室气体的排放。按照其制定的巴厘战略计划[①]（Bali Strategic Plan，BSP）中的有关技术支持和能力建设规划，为了使更多发展中国家能够获得更加清洁的能源，联合国环境规划署将致力于促进清洁发展机制（clean development mechanism，CDM）的应用以及更具包容性的碳市场的发展，促进低碳技术的转让，并为开发可再生能源和提高能源效率提供资金。

2. 经济合作与发展组织

经济合作与发展组织（Organization for Economic Co-operation and Development，OECD，以下简称经合组织），是由 30 多个市场经济国家组成的政府间国际经济组织，旨在共同应对全球化带来的经济、社会和政府治理等方面的挑战，并把握全球化带来的机遇。经合组织历来重视在规划实施过程中考虑气候因素，自 20 世纪 80 年代以来，经合组织在气候变化经济和政策相关领域开展了大量工作，主要包括为成员国制定和实施“费用最小化”的温室气体减排政策，同时将适应气候变化主题纳入相关部门和政策领域。

经合组织认为战略环境影响评价已被越来越多的国家、地区和组织认可和采用，它能提供评估和管理框架，用于在规划制定和实施过程中考虑气候变化风险，从而有利于促进决策的科学化和推进可持续发展。在这一理念的指引下，2008 年经合组织出台了名为《战略环境评价与适应气候变化》（Strategic Environmental Assessment and Adaptation to Climate Change）的指南。该指南为在战略环境评价中纳入适应气候变化因素提供了一个完整的评估框架。

3. 世界银行

世界银行（the World Bank，WB）是一个通过向发展中国家提供低息贷款、无息信贷和赠款的方式，在减轻贫困和提高生活水平方面发挥独特作用的国际机构。关注环境变化问题是世界银行减贫使命的组成部分。世界银行除实施环境评价和食品安全保障政策外，其新的环境战略方向把重点放在应对气候变化和保护森林、水资源和生物多样性等方面。世界银行将低碳、环境保护、绿色发展以及自然资源管理紧密联系在一起，作为应对气候变化的综合措施。世界银行在农业和自然资源管理领域提出了适应气候变化的 8 个指引摘要，包括：识别气候变化影响并确定参与机构、聘请当地社区人员参与应对气候变化工作、评估气候变化风险、增强适应气候变化能力、加强政策框架建设、提升制度环境、识别适应措

①帮助发展中国家应对其环境需求、优先领域和义务的政策框架。

施及进行经济评估。

2.1.1.3　典型国家和区域管理规定

1. 美国

2007 年 4 月，美国联邦最高法院就马萨诸塞州等诉美国环保局一案做出最终判决，认为二氧化碳等温室气体应受美国《清洁空气法》（Clean Air Act）的规范，美国环保局对二氧化碳排放量应当予以管制。这对于具有判例法传统的美国来说，意义深远。

2009 年 10 月 30 日，美国环保局发布了《温室气体强制报告规则》（Mandatory Reporting of Greenhouse Gases），要求企业对温室气体的年排放量进行报告。

2009 年 12 月 7 日，美国环保局依据《清洁空气法》202（a）条款，在认真考虑科学证据和广泛公众意见的基础上，发布了关于温室气体污染的两个重要的最终认定：一是确认温室气体造成人类健康和福利危害，认为目前以及所预测到的大气中的二氧化碳、甲烷、二氧化氮、氧化亚氮、全氧化碳、六氟化硫 6 种温室气体的浓度危害当前以及后代人的健康和福利；二是认定新机动车和机动车发动机所排放出的温室气体是威胁公众健康和福利的污染物。

2010 年 5 月 13 日，美国环保局公布了碳排放量管制新政，在长达 500 多页的最终文件中，规定年排放量超过 7.5 万吨的现有项目和年排放量超过 10 万吨的新设项目要获得开工许可，应做环境影响评价。其中，首要的一条评价标准便是证明项目的温室气体排放过程已经应用了“目前最有效的控制技术”。

2. 欧盟

欧盟于 2001 年 7 月正式发布欧盟战略环境评价指令（Directive 2001/42/EC，the SEA Directive）。作为欧盟环境领域重要的法律，其要求所有欧盟成员国必须执行该指令，并取代成员国原来的战略环境评价体系，或者对其进行补充后纳入各成员国的规章制度之中。欧盟战略环境评价指令规定：包括农业、林业、渔业、能源、工业、交通运输、废弃物管理、电信、旅游、城乡规划和土地利用在内的计划或规划在开展环境影响评价时应包含对“气候因素”影响的分析和评估。

3. 加拿大

加拿大是世界上最早开展战略环境评价的国家之一，法律法规体系相对比较完善。从 2002 年开始，加拿大考虑采取措施将气候变化因素与现有的环境影响评价程序相结合。2003 年 11 月，联邦、省和地方有关部门发布了《将气候变化因素纳入环境评价——从业者通用指南》（Incorporating Climate Change Considerations in Environmental Assessment: General Guidance for Practitioners)，该指南要求根据温室气体的排放水平和气候变化脆弱性对相关项目的减缓和适应气候变化情况进行评估。该文件为环境评价从业者提供了将气候变化因素纳入项目环境影响评价的原则性指导。它是联邦、省和区域相互合作的结果，可以适用于加拿大所有地区。该指南的出台标志着加拿大在创新应对气候变化手段方面采取了积极主动的行动。该指南提供了获取和衡量关于项目的温室气体排放和气候变化对项目影响的方法；为将气候变化因素纳入项目环境影响评价提供了重要的基础资料来源；推广应用了跨联邦、省、区域管辖和政府各机构的气候变化评估方法等。2010 年 10 月加拿大出台了第一部联邦可持续发展战略（Federal Sustainable Development Strategy，FSDS），提出并强调了将气候变化因素纳入战略环境评价的重要性。

2.1.2 研究进展

国际社会已经充分认识到将气候变化因素纳入战略环境评价的必要性和紧迫性，通过制定法律法规、出台政策、颁布指南等确保在战略环境评价中纳入气候变化因素（导则清单见附表 1，重要导则的具体内容见附表 2）。

亚洲各国和地区也逐步研究将气候变化因素纳入战略环境评价，但进展相对缓慢。中国台湾环保部门 2006 年草拟了《环境影响评估对于能源及工业部门排放温室气体审查原则》草案，计划将温室气体排放纳入能源密集型产业开发的环境评价审查项目（何易霖，2006）。日本在部分领域开展了将气候变化因素纳入战略环境评价的研究工作，2011 年 12 月在京都召开的 21 世纪国际水利项目培训中探讨了气候变化情景下的流域环境评价的理论和方法（Takemon et al.，2011）。

众多学者在评价程序、指标、方法等方面开展了相关研究，推动了气候变化因素纳入战略环境评价的制度化进程。George（1999）认为，控制温室气体排放可作为战略环境评价促进可持续发展进程中的关键原则之一。Zakkour 等（2002）在供水工程可持续发展战略环境评价中提出，战略环境评价可以帮助决策者了解环境影响并在全球变暖情景下制定更好的政策。Poulsen 和 Hansen（2003）尝试把气候变暖作为一种环境要素纳入污水处理厂污泥处理的战略环境评价中。Wilson 和 Piper（2008）在分析欧洲生物多样性空间规划时，建议将“耐气候性”纳入项目环境评价与战略环境评价，并将其作为衡量生物多样性保护水平的一种手段。Sheate 等（2003）和 Carter 等（2009）讨论了通过战略环境评价框架实现对未来气候变化情景下洪水风险的评估和管理。德国学者 Wende 等（2012）提出，在战略环境评价中需要进一步增加更为清晰的考虑气候变化因素的法律指令、加强碳排放量的监测、增强方法论的指导等。

为了较好地将应对气候变化目标分解到各级区域，需要制定相关导则指导在战略环境评价中纳入气候保护相关内容。英国学者 Posas（2011）归纳总结了将气候变化因素纳入战略环境评价程序的各种导则及案例。通过对 149 份丹麦的战略环境评价文件进行分析，Larsen 等（2012）发现，57%（85 份）的战略环境评价文件纳入了气候变化因素，并且纳入了气候变化因素的战略环境评价文件的占比呈逐年上升趋势。其中 51%的战略环境评价文件纳入了减缓气候变化因素，而仅有 14.8%的文件纳入了适应气候变化因素；12%的文件既纳入了减缓气候变化因素又纳入了适应气候变化因素，而仅有一份文件考虑了减缓和适应气候变化之间的协同效应。

2.1.2.1　评价程序与重点评估内容

加拿大发布的《将气候变化因素纳入环境评价——从业者通用指南》提出了纳入气候变化因素的环境评价程序，主要包括在筛选、数据资料收集、环境影响分析、识别减缓措施、监测与跟踪评价五个环节中如何纳入温室气体排放内容和评估气候变化影响（表 2.1）。环境影响评价纳入气候变化因素具体评价内容包括：评估项目温室气体排放及气候影响、碳排放与影响管理计划、气候变化应对措施等（CEAA，2003）。评价重点主要包括：项目的温室气体排放量对区域温室气体排放量的贡献率，提出温室气体排放控制管理计划与适应气候变化规划。重点涉及建筑、交通、能源、原材料供应、固体废弃物处理等领域。

表 2.1　环境评价纳入气候变化因素的评价程序（加拿大）

环境评价程序（environmental assessment process）	纳入温室气体排放内容	评估气候变化影响内容
1.筛选（scoping）	根据项目的温室气体排放情况初步筛选拟评项目	根据项目受气候变化影响情况初步筛选拟评项目
2.数据资料收集（data and information collection）	项目所在行业温室气体排放情况；项目温室气体排放情况	区域气候和环境变化；受评项目的敏感性和脆弱性
3.环境影响分析（analysis of environmental effects）	直接和间接的温室气体排放；对碳汇的影响	气候变化对受评项目的影响；气候变化对公众健康和环境的风险
4.识别减缓措施（identification of mitigation measures）	法律规定的温室气体减排目标；受评项目温室气体排放控制计划	制定受评项目应对气候变化影响的管理计划；持续更新的数据说明
5.监测与跟踪评价（monitoring and follow up）	制定温室气体排放跟踪评估计划以及管理方案	制定适应气候变化影响的监测和跟踪评价方案

英国环境署于 2004 年发布了《战略环境评价与气候变化——从业者指南》（Strategic Environmental Assessment and Climate Change: Guidance for Practitioners）。

该指南结合战略环境评价步骤给出了战略环境评价纳入气候变化因素的评估内容，包括气候变化影响和风险识别、温室气体排放预测与影响判断、减缓和适应措施的有效性评估、替代方案选择、减缓与适应措施监测，以及不利影响应对方案等（表 2.2）。重点评估内容包括两方面：一是提出替代方案并分析其温室气体排放情况，通过提高能源利用效率、发展可再生能源等措施削减温室气体排放，减缓规划实施对气候的影响；二是分析替代方案的应对气候变化能力，即评估替代方案在应对不可避免的气候变化影响时，能否正常实施技术和管理方面的政策措施。重点关注能源、交通、建筑、基础设施、农业、林业及土地管理、野生动物及生物多样性保护、旅游经济、人群健康风险等领域的气候变化适应能力。

表 2.2　战略环境评价中纳入气候变化因素的评价程序（英国）

战略环境评价程序		纳入气候因素内容
1．设置评价背景和评价目标，建立评价基线，确定评价范围（setting the context and objectives, establishing the baseline and deciding on the scoping）	识别相关规划和环境保护目标 收集基线信息	描述气候变化情况
	识别环境问题	识别气候变化带来的主要问题和影响（水环境质量下降、生物多样性丧失、人群健康受到影响等）
	建立环境评价目标	建立应对气候变化目标和指标
	就识别的评价范围进行咨询	就应对气候变化内容向相关部门咨询
	比较规划目标与环境评价目标	提出应对气候变化的目标
2．替代方案分析与影响评价（developing and refining alternatives and assessing effects）	提出替代方案	提出应对气候变化问题的替代方案
	分析预测替代方案的影响	评估替代方案对实现应对气候变化目标的影响； 进行洪水风险评估
	评估替代方案影响	评估替代方案对温室气体排放的影响； 评估替代方案对适应气候变化能力的影响
	避免和最小化不利影响	将减缓与适应气候变化的措施整合到推荐方案中
3．准备环境报告（preparing the environmental report）	准备环境报告	在报告中说明气候变化问题是如何识别和应对的，包括对其进行不确定性分析
4．公众参与与咨询（consulting on the draft plan or programme and the environmental report）	向公众咨询 就采纳不采纳相关意见进行说明 为决策提供信息	向气候变化相关部门或其他管理机构咨询
5．监测规划实施后的重大环境影响（monitoring the significant effects of implementing the plan or programme on the environment）	建立监测目标和方法	监测温室气体减缓措施的有效性； 建立健全气候变化不利影响的响应和应对机制

经合组织于 2008 年发布了《战略环境评价与适应气候变化》指南。该指南提出了在战略环境评价中纳入适应气候变化因素的主要步骤，包括建立评价框架、

识别利益相关方、确定评价范围、收集基线数据、识别机遇和减缓措施、筛选替代方案、参与决策、实施跟踪监测以及规划评价结论 9 个步骤（Agrawala et al.，2012）（图 2.1）。重点评估内容方面，经合组织强调：首先要对规划是否需要“气候评估”进行识别和筛选；其次要制定适应措施以应对气候变化带来的风险。

在具体行业战略环境评价中纳入气候变化因素的相关研究较少。学者 Fröde 和 Kloss（2011）在非洲马里农田灌溉项目的战略环境评价中提出了在农业战略环境评价中纳入气候变化因素的工作框架（表 2.3）。

表 2.3　农业战略环境评价纳入气候变化因素的工作框架

阶段	工作内容	相关实施单位
1. 数据收集及气候变化影响适应方案	咨询利益相关者	咨询机构（政府部门、企业等）
2. 分析与项目/规划有关的气候变化影响	2.1 辨识气候变化趋势 2.2 识别暴露单元（受影响单元） 2.3 监测生物-物理及社会-经济效应	气候变化规律研究机构 气候变化与环境评价机构
3. 制定应对方案	3.1 辨识项目相关性 3.2 评估影响发生概率及相关性 3.3 规划应对方案 3.4 不同应对方案的分级分类	气候变化与环境评价机构
4. 综合论证	环境-社会系统综合论证及后续监测	气候变化与环境评价机构

2.1.2.2　评价技术方法

1. 影响识别方法

目前常用的影响识别方法有矩阵法、核查表法等。2010 年苏格兰政府环保机构出台的指南中，通过提问的方式，从减缓和适应两个方面列出 17 个与应对气候变化有关的内容，从而识别拟评估战略方案对气候变化的影响以及气候变化对战略方案实施的影响（表 2.4）。

2. 现状评估方法

战略环境评价中纳入气候变化因素的现状评估内容主要包括：区域温室气体排放的现状评估、区域碳汇能力的现状评估以及区域应对气候变化能力的现状评估。

（1）区域温室气体排放的现状评估主要有温室气体清单法，也称“碳盘查”法。IPCC 于 2006 年出台的《2006 年 IPCC 国家温室气体清单指南》，推荐了能源、工业过程和废弃物处理等领域的温室气体核算和评估方法。

图 2.1　战略环境评价中纳入适应气候变化因素的主要步骤（OECD）

表 2.4 战略环境评价中纳入气候变化因素的影响识别

项目	影响识别内容
减缓气候变化	降低能源使用？ 提高部门/行业能源利用效率？ 增加可再生能源的比例？ 减少固体废弃物产生量？ 提高土地利用以减少温室气体排放？ 保护自然碳汇？ 鼓励绿色出行方式？ 考虑了建设期内的碳排放？ 考虑减少温室气体排放的措施？
适应气候变化	减少洪水风险？例如建设河漫滩（flood plain）洪水防范机制等 在城市规划和设计时考虑了应对气候变化内容？例如城市绿地、可持续城市排水系统等 考虑了气候变化对基础设施的影响？例如对道路交通的影响等 能提供足够的医疗服务以应对气候变化对人群健康的影响？ 确保足够的水资源供给和排水系统能力？ 损害适应气候变化措施的实施？ 提高生态恢复力和景观多样性？例如建设生态网络 考虑气候变化带来的发展机遇？

（2）区域碳汇能力现状评估的研究重点集中在森林碳汇评估方面，国内外许多学者对森林碳汇问题做了大量研究，如采用样地清查法和碳通量观测法估算森林生态系统的碳汇量。其他碳汇能力评价方法有生物量法、蓄积量法、基于 RS 和 GIS 技术的土地利用和土地覆被变化监测法等（表 2.5）。

（3）目前尚未有成熟的方法用来评估区域应对气候变化的能力。学者仍在探索和研究可以用来评价战略方案与气候变化之间的相互作用关系的方法。IPCC 认为，气候变化脆弱性是系统对气候变化负面影响的敏感程度，也是系统应对负面影响能力的反映，并建议采取更广泛的措施以降低战略方案的气候变化脆弱性（方一平等，2009）。目前国内外已经针对生态系统、水资源、农业等领域，开展了不同尺度的气候变化脆弱性评估的过程、方法和指标研究，但尚未见其在战略环境评价中的应用研究。

3. 影响预测评估与规划方案分析方法

气候变化因素纳入战略环境评价后，对战略方案的实施对气候变化因素的影响进行预测分析时，应主要分析：①战略方案实施前后温室气体排放变化情况；②战略方案实施过程中应重点考虑的气候变化影响；③气候变化风险评估及管理措施。

表 2.5　森林生态系统碳汇估算方法

方法名称		计算方法	优点	缺点
样地清查法	生物量法	以森林生物量数据为基础，结合样地调查数据，通过生物量转化关系得到植被的平均碳密度，以此推算森林系统的碳储量	直接、明确、技术简单；适用于以森林资源调查数据为基础的碳汇计算	耗时耗力，一般忽视土壤微生物对有机碳的分解
	蓄积量法	以森林蓄积量数据为基础，对森林主要树种进行抽样调查，计算森林中主要树种的平均容量（吨/立方米），根据森林的总蓄积量推算生物量，得到森林碳储量	直接、明确、技术简单；是一种适用于推算大尺度森林生物量的简易方法	一般忽视森林生态系统内的其他因素，统计结果存在误差
	材积源-生物量	确定森林生态系统内乔木层的碳储存密度，根据乔木层生物量与总生物量的比值，估算各森林类型的单位面积生物质储量	结果较为准确；适用于多尺度研究	耗时耗力
通量观测法	静态箱式法	用箱子将被测地面罩起来，在保持箱内空气和外界没有任何交换的情况下，每隔一段时间对箱内待测气体浓度进行测量，根据浓度变化估算被罩表面气体的排放量	技术简单；适用于测定来自土壤、水体和小型植物群落的微量气体成分的排放通量	改变被测表面空气的自然湍流状态；封闭箱子后，影响箱子内温度和湿度，在结果上会产生一定误差
	微气象学法-涡度相关技术	通过测定和计算物理量的脉动与垂直风速脉动的协方差求算湍流输送量（湍流通量）的方法	最为直接和标准；适用于下垫面平坦均一，大气边界层内湍流剧烈且湍流间歇期短的情况	局限性较大
模型模拟法		通过数学模型估算森林生态系统的生产力和碳储量	可用于通量数据的空间与时间插补、从点到面演绎全球尺度的森林碳平衡过程	参数设定存在不确定性
基于 RS 和 GIS 技术的土地利用和土地覆被变化监测法		利用遥感手段获得各种植被参数，结合地面调查，完成植被空间分类和时间序列分析，随后可分析森林生态系统的碳储量的空间分布及动态变化	数据基础准确详实；适用于大尺度范围内的植被碳库的变化研究	结果受基础数据精度影响较大，存在不确定性

（1）区域温室气体排放变化的预测评估通常基于以下公式进行：

预测排放量=现状排放量-削减量+新增量

（2）在规划实施过程中应当注意由气候变化引起的水资源安全供给的风险、水环境质量的恶化、生物多样性的丧失、建筑等基础设施脆弱性的增加、土壤肥力的下降等问题。

（3）气候变化具有长期性和不确定性，在应对气候变化时大部分国家采用风险分析和管理的方法。加拿大《将气候变化因素纳入环境评价——从业者通用指南》中提出的气候变化风险分析过程包括起始评估、初步分析、风险定义、风险评估、风险控制以及行动与监测 6 个步骤（表 2.6）。

表 2.6　纳入气候变化因素的风险评估与管理框架（加拿大）

评估阶段	评估内容
起始评估	界定风险问题 识别潜在敏感目标 咨询讨论
初步分析	定义评价范围 基于风险情景分析的风险识别 敏感目标分析 信息汇总
风险定义	定义频率和结果 评价风险频率 评价风险结果 提炼敏感目标分析结果
风险评估	进行费用效益分析评估 分析敏感目标对风险的耐受性和阈值
风险控制	识别可用的风险控制方案 评价控制方案的风险控制效果 评价敏感目标对推荐措施的接受度 评价应对剩余风险的方案 评价敏感目标对剩余风险方案的接受度
行动与监测	制定行动方案 评价风险管理程序的效果 建立监督程序

2.1.2.3　评价指标

加拿大《将气候变化因素纳入环境评价——从业者通用指南》从拟评项目对

温室气体排放的影响以及气候变化对拟评项目的影响两个方面进行评价。其中，拟评项目对温室气体排放影响的指标主要是指温室气体排放强度/排放量、区域碳汇能力；气候变化对拟评项目的影响主要是进行气候敏感性分级评价，评价指标包括平均温度、极端气候等 14 个。

苏格兰环境保护局在《在战略环境评价中考虑气候变化》（2010）指南中提出了识别气候变化对计划、规划和战略（programme plan strategy, PPS）的影响，从排放总量、交通运输排放、可再生能源使用、生态网络建设、可持续建筑发展，以及风险和灾害的恢复力 6 个方面提出了 10 个评价指标（表 2.7）。

表 2.7　识别气候变化对 PPS 影响的评价指标（苏格兰）

气候变化对计划、规划和战略（PPS）的潜在影响	备选指标
增加或减少温室气体排放	苏格兰温室气体排放总量 （total GHG emissions for Scotland）
增加或减少道路运输对排放产生的二次影响	苏格兰的车辆统计数量 （vehicle statistics for Scotland）
支持可再生能源消费减少能源消费的排放	苏格兰可再生能源产量 （energy generated by renewable sources for Scotland）
通过加强生态网络建设提高适应气候变化的能力	有利于适应气候变化的生态网络范围和特性 （extent and characteristics of ecological networks that contribute to adaptation）
减少建筑活动导致的排放	可持续材料在新建筑中的使用 （deployment of sustainable materials in new developments）
降低/增强对降水增加、洪水风险和洪灾的恢复力	洪水危险区的财产数量及比例 （number or percent of properties at risk of flooding in area） 运用可持续城市排水系统的新建筑比例 （percent of new developments incorporating sustainable urban drainage） 洪水危险区的基础设施数量及比例 （number or percent of infrastructure at risk from flooding in area） 河流水量和水位 （river flows and levels） 水质 （water quality）

英国环境署在《战略环境评价与气候变化——从业者指南》中主要从“排放、变化、影响、减缓、适应”5 个方面构建指标。其中，排放指标主要包括温室气体排放量（人均和区域总量）；变化指标主要包括海平面高度、温度等；影响指标主要包括年均洪水暴发率、干旱导致的损失等；减缓指标主要包括能源利用及效率、可再生能源使用量及占比等；适应指标主要包括城市可持续排水系统占比、洪泛区家庭数量占比等。一共 26 个评价指标（表 2.8）。

表 2.8　战略环境评价纳入气候变化因素的评价指标（英国）

项目	评价指标
温室气体排放指标	人均温室气体排放量 （greenhouse gas emissions per capita） 区域温室气体排放量 （greenhouse gas emissions per region）
气候变化指标	海平面高度 （sea level） 降水量 （precipitation） 温度 （temperature） 河流洪水水位 （flood levels in rivers） 极端事件，如热浪 （extreme events such as heatwaves）
气候变化影响指标	年均洪水暴发率 （average annual flood incidence） 干旱导致的损失 （damage drought orders） 栖息地范围 （ranges of habitats） 冷/热致死人数 （number of heat and/or cold related deaths） 沉降事件数量/沉降的保险索赔 （number of cases of subsidence / insurance claims for subsidence） 河流水量和水质 （river flows and water quality）
减缓气候变化指标	家庭能源消耗量 （household energy use） 总耗电量和总天然气使用量 （total electricity and gas use） 人均每年机动出行里程 （vehicle - km travelled per person per year） 可再生能源发电量和该地区的热电联产发电量 [electricity generated from renewable energy sources and combined heat & power (CHP) located in the area] 新建筑物耗能 （embodied energy in new buildings） 新建筑物的平均能源使用效率 （average energy efficiency of new buildings） 新房屋符合可持续建筑要求的比例 （percent of new homes conforming to recognized codes for sustainable buildings）
适应气候变化指标	可持续城市排水系统的发展比例 [percent of developments with sustainable urban drainage systems (SUDS)] 泛洪区家庭户数和比例 （number or percent of homes in flood plain / costal flooding area）

续表

项目	评价指标
适应气候变化指标	泛洪区公路/铁路数量和比例 （number or percent of roads/railway lines in floodplain） 违背环境署提出的防洪建议的建筑许可证数量 （number of planning permissions granted against environment agency advice on grounds of flood risk） 家庭用水量 （household water use） 列入准入清单的开发项目比例 （percent of developments subjected to checklist for development）

2.1.3 实践进展

1. 发展规划的气候变化影响评价——以澳大利亚昆士兰州为例

澳大利亚昆士兰州环保局气候变化办公室（Office of Climate Change，Queensland Environmental Protection Agency）于2008年出台了《关于准备气候变化影响报告的指南》（Guidelines for Preparing a Climate Change Impact Statement），要求所有州内阁及其内阁财政委员会提交的预算提案中必须包含应对气候变化影响的评价报告。该评价报告需对所有由州内阁审议的项目、政策和法案的气候变化影响进行充分的说明和论证。

2. 在全球气候变化框架下制定发展战略——以南非德班为例

德班是南非的一个海岸城市，已开展了气候未来项目，该项目为城市综合发展战略的筹备提供了资金投入，同时准许德班市将气候变化作为考虑因素纳入其长期发展战略和财政预算当中。该项目包括三个主要阶段（图2.2），其中前两个阶段已经完成。第一阶段重点分析德班市对气候变化影响（如媒介生物性疾病/蚊媒传染病的增加、极端天气事件下基础设施损害的增加）的耐受性。第二阶段关注德班市如何应对这些威胁并将应对措施落实到位。第三阶段正在筹备中，目的是开发一套基于模型的评估程序，这套评估程序将使德班市众议院能够模拟、评价和比较在气候变化情景下该市发展战略的合理性。这套评估程序实质上是一种与战略环境评价类似的分析模式，它将解决两个时段（2030～2040年和2041～2100年）的发展战略论证问题。其工作程序中包括已开发的参与性的使用方式（主要由城市官员、议员与当地学术代表组成的指导委员会参与），模型设计与参数设置也已包括在评估程序内。其他内容还包括：识别重点行业受气候变化的影响、确定全球气候变化的趋势、识别发展战略情景下的气候变化影响及减缓与适应气候变化影响的措施，以及全球气候变化对德班市重点行业发展的影响。

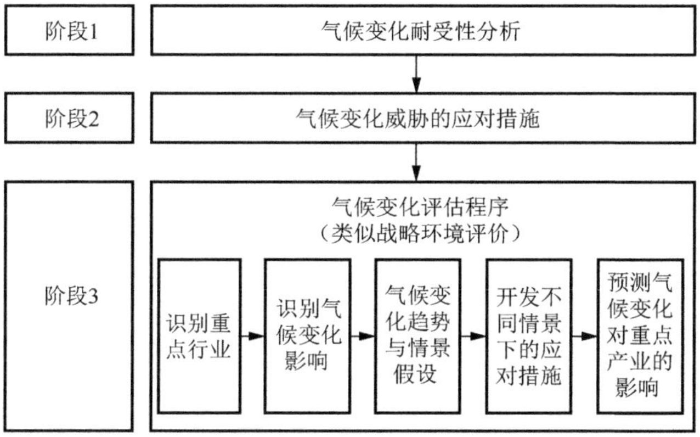

图 2.2　气候变化因素纳入德班市发展战略的综合评估框架

3. 战略环境评价作为一种应对气候变化工具——以越南为例

越南是拥有区域和行业战略环境评价法律条款的发展中国家之一。2005 年的越南环境保护法第 14 条要求各级政府制定的与经济社会发展相关的战略方案和行动计划应开展战略环境评价，包括土地利用方案、森林保护和开发计划、自然资源开发计划及流域开发计划等。该法律要求战略环境评价须涵盖经济、社会和环境的影响。越南战略环境评价的法律框架和实施指南一般需符合《关于战略环境评价应用的 OECD DAC 指南》的相关要求。该指南为在行业和空间开发规划中纳入气候变化因素提供了合理的框架。尽管相关战略环境评价法规并未详细规定如何评估气候变化因素的具体内容，但越南已在准备实施的《一般战略环境评价应用指南》草案中提出了贯穿战略环境评价程序的应对气候变化影响和风险的具体评估内容。

越南正在快速积累战略环境评价的经验，并将其应用于管理层次和空间尺度。以下的两个战略环境评价案例展现了战略环境评价如何帮助将适应气候变化因素纳入区域土地利用规划和流域水电开发计划当中。

案例 1　考虑气候因素的越南同奈省仁泽县土地利用规划战略环境评价

越南同奈省仁泽县在 2007～2008 年开展了将环境问题纳入土地利用规划的战略环境评价工作。该战略环境评价中的一部分是对仁泽县可能遇到的气候变化影响的评估。因此，战略环境评价报告不仅提出了环境保护的解决方案，而且提出了应对预期气候变化影响的措施，包括成本估计和实施安排。气候变化影响的评估包括潜在温度升高、降水量改变、海平面上升和盐水侵蚀等的分析。提出的应对气候变化影响的措施包括：

（1）该区在预防海水侵蚀方面应继续维护并进一步新建堤坝系统。

（2）应坚持研发耐气候变化的农作物新品种，同时要求调整耕种制度以降低农业系统对气候变化影响的脆弱性。

（3）农业用地中的部分林木用地应转换为其他用地。例如，住宅或建设用地应最少保证在15%以上，以控制土壤侵蚀。

（4）排水系统应被更好的维护，并与城市发展同步扩展；城市和工业园区洪水管理需要提高，包括定期疏浚，以避免雨季时当地出现洪水。

（5）应继续保护该区域现存的红树林以缓解潮汐对沿岸造成的危害。

案例2　武嘉-秋盆河流域的广南省水电开发计划的战略环境评价

在亚洲开发银行（Asian Development Bank, ADB）的支持下，2006～2010年广南省开展了武嘉-秋盆河流域水电开发计划的战略环境评价工作。气候变化作为该战略环境评价待解决的15个关键问题之一被考虑在内。然而，一些与气候变化有关的因子在评价过程中，特别是在研究时段（20年）内，并无定量的预测或空间变化模拟。因而，该战略环境评价对于大部分气候变化影响的分析是定性评估，主要基于对可获取文献数据的外推。但是，该战略环境评价识别出了一系列对于流域水文变化有重要影响的气候变化因子：日益增加的降水量强度，特大洪水流量的增加导致较大规模的沉积物运移和泥沙流动，海平面上升导致三角洲临海地区的洪水泛滥，温度的升高和较高的蒸散量导致干旱季节海水的侵入流量增大。

该战略环境评价总结，武嘉-秋盆河流域的水电开发速度和范围是在一个不可持续的水平，同时建议了一些基础原则来提高流域水电开发的可持续性和流域内水利部门的权益。其中一条原则强调“运营安全”，建议执行业务机制和制度安排以减少旱涝灾害，同时为灾害做预警和预案，并明确要求将气候变化参数纳入水电开发设计和管理当中。此外，该战略环境评价根据气候变化因素评估结果提出了一些战略要求：

（1）实施流域综合管理。

（2）考虑60个堤坝的协调管理和水释放综合管理程序。

（3）更新与气候变化相关的数据和参数。

战略环境评价纳入气候变化因素的更多实践案例总结见附表3。

2.2 气候变化因素纳入我国战略环境评价的现状

2.2.1 我国规划环评技术导则中纳入气候变化因素现状

在我国 2003 年颁布的与《环评法》配套实施的《规划环境影响评价技术导则（试行）》（HJ/T 130—2003）中纳入了对气候变化因素的评估内容。例如，在区域规划、土地利用规划、能源规划环评中的环境目标和指标设置中，提出了“减少温室气体排放”和“减少气候变化灾害”的环境目标，推荐了“能源消耗”“防洪”和“温室气体年排放量”等评价指标（表 2.9）。然而，2014 年修订的最新版《规划环境影响评价技术导则 总纲》（HJ 130—2014）①删除了对具体规划设置具体环境目标和评价指标的相关内容，而加强了对规划环评的工作程序等内容的论述，增加了几种评价方法并对每种评价方法进行了详细介绍。从纳入气候变化因素的强度来看，新的规划环评导则是一种倒退，但是这样做也为以后更加具体的规划环评导则的出台及在其中纳入更加具体的气候变化相关内容或者战略环境评价纳入气候变化因素的专门导则的出台埋下了伏笔。希望能尽早看到更多更加具体的区域和行业战略环境评价导则，也希望气候变化因素能更多地在各级战略环境评价导则中得到体现。

表 2.9 2003 年《规划环境影响评价技术导则》纳入气候变化因素情况

规划类别	环境主题	环境目标	评价指标
区域规划	能源和矿产	有效地使用能源； 提高清洁能源的比例； 减少矿产资源的消耗	集中供热的比例； 电力供应； 燃气利用
	气候	减少温室气体排放； 减少气候变化灾害	能源消耗； 防洪
土地利用规划	空气	限制可能导致全球气候变化的温室气体的排放	单位土地面积的二氧化碳及臭氧层损耗物质年排放量[吨/（千米^2·年）]
工业规划	资源与能源	能源消耗总量的减量化，鼓励更多地使用可再生的资源与能源	能源结构（%）； 新型能源、可再生能源比例（%）

①《规划环境影响评价技术导则 总纲》（HJ 130—2014）是对《规划环境影响评价技术导则（试行）》（HJ/T 130—2003）的修订。自该标准实施之日起，《规划环境影响评价技术导则（试行）》（HJ/T 130—2003）废止。

续表

规划类别	环境主题	环境目标	评价指标
能源效益		提高能源效率	单位能源（标准煤）消耗的 GDP 产出（万元/吨）； 能源消耗弹性系数； 集中供热面积及占区域总面积的比例（%）； 热电厂的能源利用率（%）； 平均能源利用率（%）
能源规划	能源结构	改善能源结构，积极采用低污染高效率的能源，实现清洁能源代替	电力在终端能源消费中的比例（%）； 天然气、石油、水煤浆等清洁能源占一次能源消费总量的比例（%）； 可再生能源占总能源消耗的比例（%），包括：水力发电量占总耗电量的比例（%）、生物能源占农村能源消费量的比例（%）； 太阳能源、风能、地热能与潮汐能分别占总能源消费量的比例（%）
	大气环境	控制与能源消耗有关的空气污染物排放	温室气体（二氧化碳、甲烷、氧化亚氮、氢氟碳化物、全氟碳化物、六氟化硫）的年排放量（吨/年）
	资源量	不可再生能源的减量化及能源使用效率的提高	化石能源消耗量（万吨）及使用效率（%）； 可替代能源的开发
城市规划	大气环境	限制可能导致全球气候变化的温室气体排放	人均二氧化碳年排放量（千克/人）

2.2.2 我国战略环境评价案例中纳入气候变化因素情况

2003 年《环评法》的颁布实施确立了我国的战略环境评价制度，之后，各地开始进行战略环境评价的实践工作，初期主要集中于规划环评层面，包括了《环评法》中规定的“一地、三域、十专项”的规划环评类型。然而，我国真正意义上的战略环境评价始于 2009 年开始实践的“五大区域重点产业发展战略环境评价”（以下简称“五大区域战略环评”，评价实施时间为 2009～2011 年），在这些实践经验的推动下，同年颁布了《规划环境影响评价条例》。用前环保部部长周生贤在《五大区域战略环境评价系列丛书》序言中的原话说，“五大区域战略环评是战略环评理念引入我国以来地域最大、行业最广、层级最高、效果最好的一次生动实践”。在“五大区域战略环评”实践之后，我国陆续进行了“西部大开发重点区域和行业发展战略环境评价”（以下简称“西部大开发战略环评”，评价实施时间为 2012～2013 年）、“中部地区发展战略环境评价”（以下简称“中部地区战略环评”，评价实施时间为 2013～2014 年）、“京津冀、长三角、珠三角三大地区战略环境评价”（以下简称“三大地区战略环评”，评价实施时间为 2015～2017 年）。

这些战略环境评价实践案例纳入气候变化因素的强度，基本能够反映我国战略环境评价纳入气候变化因素的情况。目前，“五大区域战略环评”“西部大开发战略环评”和“中部地区战略环评”已经完成，“三大地区战略环评”已于 2017 年 12 月 19 日召开成果验收会。而最终成果公开出版的只有“五大区域战略环评”和“西部大开发战略环评”。因此，本节着重对比分析“五大区域战略环评”和“西部大开发战略环评”已经出版的 7 个战略环境评价实践案例中纳入气候变化因素的情况，总结见表 2.10。

表 2.10　我国典型战略环境评价案例中纳入气候变化因素情况

名称	评价进行时间（年）	成果出版时间（年）	纳入气候变化因素指标	纳入气候变化因素形式
北部湾经济区沿海重点产业发展战略环境评价研究	2009～2011	2013	未定量分析气候变化相关指标	在第八章对策建议中的第三节简要论述了优化能源结构和降低温室气体排放的要求和途径
成渝经济区重点产业发展战略环境评价研究	2009～2011	2013	能源生产和消费总量、能源生产和消费结构、单位 GDP 能耗	在第三章第四节纳入了能源消费演变趋势分析；在第六章第三节纳入了能源支撑能力分析，包括了对能源需求的预测分析
海峡西岸经济区重点产业发展战略环境评价研究	2009～2011	2013	万元工业增加值能耗、万元工业增加值电耗	在第三章第三节评价资源环境效率时将万元工业增加值能耗和万元工业增加值电耗作为评价指标；在第六章第六节提出了优化电力结构鼓励发展清洁能源的政策建议
环渤海沿海地区重点产业发展战略环境评价研究	2009～2011	2013	单位 GDP 能耗、单位 GDP 碳排放量、工业行业单位产值能耗、工业节能贡献率、能源消费总量、碳排放总量、工业能耗比例、工业碳排放量比例、能源消费结构、能源生产结构	在评价指标部分纳入了万元GDP能耗和万元 GDP 碳排放量两个评价指标；在第二章第二节纳入了能源消费历史特征分析；第五章第六节纳入了能源利用和碳排放量预测分析
黄河中上游能源化工区重点产业发展战略环境评价研究	2009～2011	2013	能源消费量、能源结构、单位 GDP 能耗	在评价指标部分纳入了能源消耗指标；在第五章第三节分析了能源消耗、能源结构和能源强度的历史变化趋势分析；在第八章第四节提出了发展低碳经济，减排温室气体的途径和措施
西南（云贵）重点区域和行业发展战略环境评价研究	2012～2013	2016	万元 GDP 能耗、清洁能源比例、万元 GDP 碳排放量（未定量分析）、能源消费弹性系数、万元 GDP 电耗、万元工业增加值能耗、重点产业能源弹性系数、重点行业能耗、城镇人均生活用能、农村人均生活用能	在评价指标部分纳入了万元 GDP 能耗、清洁能源比例、万元 GDP 碳排放量和重点产业能源弹性系数四个评价指标；在第四章第四节纳入了能源生产和消费历史变化趋势及现状问题分析；在第五章第二节纳入了能源利用效率特征分析；在第六章第三节纳入了气候变化引起的水资源风险分析

续表

名称	评价进行时间（年）	成果出版时间（年）	纳入气候变化因素指标	纳入气候变化因素形式
西北（甘青新）重点区域和行业发展战略环境评价研究	2012～2013	2016	能源生产总量、能源消费总量、单位 GDP 能源消费量	在第四章第六节纳入了区域能源生产和消费的现状及历史变化趋势分析；在第四章第七节纳入了区域能源利用效率分析

从表 2.10 反映的情况来看，“五大区域战略环评”的评价实施时间为 2009～2011 年，一共 3 年左右，成果出版的年份为 2013 年。“西部大开发战略环评”的评价实施时间为 2012～2013 年，只有 1 年时间，成果出版的年份为 2016 年。“五大区域战略环评”的 5 个案例中都只纳入了减缓气候变化因素，其中纳入减缓气候变化因素最全面的是“环渤海沿海地区重点产业发展战略环境评价”（以下简称“环渤海沿海地区战略环评”），其不但纳入了能源因素还直接纳入了碳排放因素，其他 4 个案例都只纳入了能源因素。

从纳入气候变化因素指标来看，“环渤海沿海地区战略环评”不但纳入了能源的量、强度和结构指标，还纳入了碳排放的量和强度指标以及重点行业的能源相关指标。“成渝经济区重点产业发展战略环境评价”（以下简称“成渝经济区战略环评”）和“黄河中上游能源化工区重点产业发展战略环境评价”（以下简称“黄河中上游能源化工区战略环评”）都纳入了能源的量、强度和结构指标。与“黄河中上游能源化工区战略环评”相比，“成渝经济区战略环评”不但纳入了能源消费指标还纳入了能源生产指标。“海峡西岸经济区重点产业发展战略环境评价”（以下简称“海峡西岸经济区战略环评”）只纳入了能源强度指标，“北部湾经济区沿海重点产业发展战略环境评价”（以下简称“北部湾经济区战略环评”）则未定量分析气候变化相关指标。

从纳入气候变化因素形式来看，“环渤海沿海地区战略环评”不但在评价指标中纳入了能源和碳排放强度指标，在历史趋势分析中纳入了能源消费特征分析，而且对不同情景下的能源消费和碳排放量进行了预测。“黄河中上游能源化工区战略环评”在评价指标中纳入了能源消耗指标，分析了能源消耗、能源结构和能源强度历史变化趋势，并提出了发展低碳经济，减排温室气体的途径和措施。“海峡西岸经济区战略环评”将工业能耗和电耗强度作为评价资源环境效率的指标，并提出了优化电力结构鼓励发展清洁能源的政策建议。“成渝经济区战略环评”分析了能源需求的历史变化趋势并预测了未来能源需求的变化趋势，“北部湾经济区战略环评”则直接论述了优化能源结构和降低温室气体排放的要求和途径。

“西部大开发战略环评”案例中，“西南（云贵）重点区域和行业发展战略环境评价”（以下简称“西南战略环评”）案例纳入气候变化因素的广度和深度明显大于“五大区域战略环评”。从纳入气候变化因素指标来看，与“环渤海沿海地区战略环评”相比，“西南战略环评”还纳入了能源消费弹性系数指标和生活用能指标。然而，“西南战略环评”虽然纳入了单位 GDP 碳排放量指标，却并未对其进行定量分析。“西北（甘青新）重点区域和行业发展战略环境评价”（以下简称“西北战略环评”）案例则只纳入了能源相关指标。从纳入气候变化因素形式来看，“西南战略环评”在评价指标中纳入了全面的能源相关指标和碳排放强度指标，并对能源生产和消费的历史变化趋势及能源利用效率特征进行了分析。更加难得的是，“西南战略环评”还深入分析了气候变化引起的水资源风险及其对区域供水的影响。“西北战略环评”则只对区域能源生产消费的现状及历史变化趋势和能源利用效率进行了分析。

从上面的结果和分析可以看出，总体上“西部大开发战略环评”比“五大区域战略环评”在纳入气候变化因素的广度和深度上都有所加强。这说明随着时间的推移，战略环境评价对于气候变化因素的重视程度有所加强。然而，“西部大开发战略环评”对于能源和碳排放的定量和预测分析不足。这可能是由于“西部大开发战略环评”的评价时间较短，也从侧面表明气候变化因素并不是战略环境评价关注的要点，在评价时间较短的情况下可能会被忽略掉。从纳入指标来看，能源相关指标已经被绝大部分战略环境评价案例纳入，能源相关指标的关注程度从结构和强度指标逐步发展到总量和弹性系数指标，从区域总体情况到行业特征指标再到生活用能指标。碳强度指标在个别战略环境评价案例中有所考虑，但是重视程度明显没有能源指标强，而适应气候变化指标和气候变化影响评估则只在近年来的战略环境评价案例中出现。从纳入形式来看，所有战略环境评价案例都未完全在评价指标、现状和历史趋势分析、情景分析以及政策建议四个维度都纳入气候变化因素，说明气候变化因素还未被系统纳入我国战略环境评价中。绝大部分战略环境评价案例都只对能源和碳排放的历史变化趋势进行了分析，只有一个案例对不同情景下能源和碳排放的变化趋势进行了预测。缺少不同情景下气候变化因素的定量化预测分析不但使评价指标的提出变得空洞，而且使提出的政策建议缺乏依据，最终将使战略环境评价未能达到通过气候变化因素的评估以优化战略方案选择的目的。

2.2.3　我国规划环评纳入气候变化因素现状问卷调查

将气候变化因素纳入战略环境评价是在发展战略制定过程中实现减缓和适应气候变化双重目标的重要措施。由于我国实施的战略环境评价主要在规划环评层次，因此，了解我国战略环境评价纳入气候变化因素的现状，重点也应在规划环评层次。为深入了解我国各类规划环评中纳入气候变化因素的现状，我们设计了《规划环评纳入气候变化因素现状调查问卷》（附录），并发放给各省、自治区、直辖市的规划编制、规划环评和规划环评审查等单位的管理人员和专家填写。问卷调查分别以网络在线调查、电子邮件和纸质调查问卷三种形式进行，调查周期为1个月。本节将对我国规划环评纳入气候变化因素现状问卷调查的结果进行介绍和分析。

2.2.3.1 参与调查人员的构成及区域分布

本次调研收集到有效调查问卷共234份，其中来自气候变化相关领域人员7份、环境保护相关领域人员209份、其他领域18份。表2.11为参与本次调查问卷人员结构，通过分析可知参与本次调查问卷人员主要是来自环境影响评价单位、环境影响评价技术评估单位以及科研院所的从事环境保护领域相关工作的人员。参与调查问卷的人士多数具有中高级职称，且从事相关工作年限6～10年及11年以上者占比达到66.1%。因此，本次问卷调查的结果对于了解我国规划环评纳入气候变化因素现状具有一定的代表性。

表2.11 参与调查人员分类

分类依据	类别	人数	所占比例（%）	分类依据	类别	人数	所占比例（%）
工作背景	技术评估单位	27	11.3	专业水平	初级	60	25.8
	环评单位	167	71.5		中级	93	39.8
	科研院所	23	9.5		高级	81	34.4
	环境主管部门	6	2.7	从事相关工作年限	0～2年	34	14.5
	规划编制单位	3	1.4		3～5年	45	19.5
	其他	4	1.8		6～10年	66	28.1
	规划主管（审批）部门	4	1.8		11年以上	89	38

注：由于数值修约，分项比例加和可能不等于总计值，下同

本次问卷调查的问卷反馈来至30个省、自治区、直辖市及香港地区。我们将其按照我国经济区划分为东部地区、中部地区、东北地区、西北地区和西南地区（表2.12）。其中东部地区反馈数78个，中部地区反馈数35个，东北地区反馈数33个，西北地区反馈数49个，西南地区反馈数39个。

表 2.12　参与调查人员区域分布

区域	省份	反馈人数
东部地区	北京、福建、广东、河北、江苏、山东、上海、天津、浙江、海南、香港	78
中部地区	安徽、河南、湖北、湖南、江西、山西	35
东北地区	吉林、辽宁、黑龙江	33
西北地区	内蒙古、宁夏、青海、陕西、新疆、甘肃	49
西南地区	广西、贵州、四川、云南、重庆、西藏	39

2.2.3.2　问卷调查题型结构

问卷总体上分为三个部分：第一部分主要了解被调查者的基本信息；第二部分提供给受访者一些关于气候变化方面的基本信息，并了解被调查者对气候变化信息的了解程度（主要是考虑被调查者大部分来自环评机构，可能对气候变化信息的了解不多；从这部分的调查结果来看，受访者对气候变化相关信息都有所了解）；第三部分也是本次问卷的重点和核心内容，调查我国规划环评纳入气候变化因素情况（附录）。

本次调查问卷第三部分共包括五方面内容：①规划环评纳入气候变化因素的现状；②规划环评纳入气候变化因素的意义；③规划环评纳入气候变化因素的评估内容和技术手段；④规划环评纳入气候变化因素的评估指标和温室气体减排措施；⑤规划环评纳入气候变化因素的方式和制度。第一方面内容包括 2 个问题，主要了解我国法定开展的“一地、三域、十专项”规划环评中纳入气候变化因素现状以及对气候变化因素与规划要素相互影响内容的考虑程度；第二方面内容包括 1 个问题，主要调查我国规划环评纳入气候变化因素的意义；第三方面内容包括 3 个问题，主要调查我国规划环评纳入气候变化因素的内容和技术手段；第四方面内容包括 3 个问题，主要从减缓和适应气候变化两个方面调查我国规划环评纳入气候变化因素的评估指标以及实现温室气体减排目标的保障措施；第五方面内容包括 5 个问题，主要调查我国规划环评纳入气候变化因素的方式和制度。根据调查目的和要求的不同，本次问卷设计了打分和多选两种题型。第一方面、第二方面和第三方面内容的问卷题型既有打分题型又有多选题型，其他方面内容的问卷题型都为打分题型（表 2.13）。同时，每道题目均设有“其他”项供受访者填写自己的其他意见。打分题型（第 5 题除外）对每个问题设置了非常重要（赞同）、重要（赞同）、不了解、不重要（赞同）或完全不重要（赞同）五个选项，分别代表 2 分、1 分、0 分、−1 分和−2 分（表 2.13）。

表 2.13 问卷调查题型及内容

调查目的	题目	题型
规划环评纳入气候变化因素的现状	在您所开展或接触到的“一地、三域、十专项”规划环评中，是否纳入气候变化相关内容？	打分
	您所开展或接触到的规划环评中涉及的气候变化因素与规划的相互影响包括哪些方面？	多选
规划环评纳入气候变化因素的意义	您认为将气候变化因素纳入规划环评有哪些重要意义？	多选
规划环评纳入气候变化因素的评估内容和技术手段	《规划环境影响评价技术导则（试行）》（HJ/T 130—2003）中有关气候变化的相关评价内容仅包括能源消耗和防洪。您认为还应补充哪些内容？	打分
	您认为规划环评中对气候变化因素的评价需要更多地考虑短期碳排放对实现碳减排目标的影响，还是气候变化所带来的长期风险？	多选
	您认为将气候变化因素纳入规划环评可引入以下哪些技术手段?	打分
规划环评纳入气候变化因素的评估指标和温室气体减排措施	您认为规划环评中应该重点使用以下哪些指标去评估规划中采取减缓气候措施的有效性？	打分
	您认为规划环评中应该重点使用以下哪些指标去评估规划中采取适应气候变化措施的有效性？	打分
	您认为应在规划环评中提出哪些降低温室气体排放的保障措施和实施计划？	打分
规划环评纳入气候变化因素的方式和制度	您认为规划环评应采用以下哪种方式纳入气候变化因素？	打分
	您认为开展规划环评纳入气候变化因素工作，应在以下哪些方面予以加强？	打分
	您认为环境保护主管部门应该从以下哪些方面审查规划环评纳入气候变化因素的情况？	打分
	您认为应该在以下哪些行业或领域优先开展规划环评纳入气候变化因素工作？	打分
	您认为应该在以下哪些区域优先开展规划环评纳入气候变化因素工作？	打分

2.2.3.3 调查结果

1. 我国规划环评纳入气候变化因素的现状

从表 2.14 的结果可以看出，不了解规划环评纳入气候变化因素情况的比例较高，这说明规划环评相关从业人员较少关注气候变化问题，可能与我国环境保护和应对气候变化行政管理分离有关。在我国，环境保护工作由环境保护部门来负责管理，而应对气候变化工作由国家发改委部门下属的应对气候变化司处来负责管理。从不同规划环评类型纳入气候变化因素的程度来看，所有类型的规划环评未纳入气候变化因素的比例都最高。这说明从总体来看，我国规划环评实践过程中对气候变化因素的考虑较少。受访者认为，系统纳入气候变化因素程度较高的规划环评类型为流域规划和区域规划，这可能是因为流域规划和区域规划属于综合性开发规划，而综合性开发规划环评一般都会深入分析气温、降水等气候条件对规划实施和生态环境质量变化的影响。认为能源专项规划和自然资源开发规划系统纳入气候变化因素的受访者占比也较高，这可能是因为能源和自然资源开发活动与能源生产和消费以及温室气体排放密切相关，在对这些类型的规划进行环评时往往会深入评估规划要素对能源生产和消费以及温室气体排放的影响。受访者认为纳入应对气候变化措施和涉及相关气候变化考核指标程度较高的规划环评类型分别为水利专项规划和能源专项规划。这可能是因为水利专项规划受降水等气候因素影响较大，而能源强度控制指标已经从“十一五”规划开始成为法定约束性控制指标。

表 2.14 不同类型规划环评纳入气候变化因素程度

规划环评类型	系统纳入（%）	纳入应对措施（%）	涉及考核指标（%）	未纳入（%）	不了解（%）
土地利用规划	12.96	12.96	8.64	38.27	27.17
区域规划	19.75	11.11	12.35	30.86	25.93
流域规划	21.60	12.35	8.02	25.31	32.72
海域规划	16.05	12.96	7.41	23.46	40.12
工业专项规划	12.96	15.43	14.20	32.72	24.69
农业专项规划	15.43	15.43	11.73	24.07	33.34
畜牧业专项规划	9.88	13.58	11.73	27.16	37.65
林业专项规划	14.81	14.20	12.96	21.6	36.43
能源专项规划	17.28	9.88	21.60	24.69	26.55
水利专项规划	13.58	18.52	11.11	26.54	30.25
交通专项规划	9.26	12.96	12.96	34.57	30.25
城市建设专项规划	11.73	11.73	14.81	35.19	26.54
旅游专项规划	8.64	11.11	12.35	34.57	33.33
自然资源开发专项规划	16.67	10.49	14.81	26.54	31.49

那么在考虑了气候变化因素的规划环评中，考虑了哪些气候变化因素与规划的相互影响呢？从表 2.15 的结果来看，分析减缓气候变化因素与规划的相互影响的关注程度远高于分析适应气候变化因素与规划的相互影响。而在分析减缓气候变化因素与规划的相互影响时，更多的关注规划实施是否会影响区域能源消费总量和结构以及是否会显著增加或减少温室气体排放，分析规划实施对区域碳汇变化影响相关内容的关注程度较低。

表 2.15 规划环评考虑气候变化因素与规划的相互影响相关内容

影响类型	比例（%）
分析气候变化对规划实施的影响	29.01
分析规划区域和行业的气候变化脆弱性	29.01
分析规划实施是否会显著增加或减少温室气体排放	40.74

续表

影响类型	比例（%）
分析规划实施对区域能源消费总量和结构的影响	51.85
分析规划实施对碳汇的影响	24.07
没有相关内容	29.63

2. 我国规划环评纳入气候变化因素的意义

从表2.16的调查结果可以看到，大多数受访者认为我国规划环评纳入气候变化因素的意义更多在于促进节能低碳发展和通过提高决策者的关注度从而有利于实现约束性的碳强度减排目标。这可能是因为低碳和节能目标的实现程度能够通过约束性的定量化指标得到体现，从而在规划环评实施过程中决策者对实现这些目标的责任更加具体和明确。而规划环评纳入气候变化因素对于提升区域适应气候变化能力方面的意义的认可程度较低。这可能是因为适应气候变化目标往往难以量化并且不具有约束性和强制性，从而难以引起决策者的重视。通过在规划环评中纳入气候变化因素从而增加公众对气候变化问题的关注程度的意义也未受到应有的重视。这可能是因为：一方面在规划环评过程中公众参与程度本身还较低；另一方面在规划环评公众参与过程中公众对于和自身短期利益密切相关的大气和水污染等问题更加关注，而对于全球气候变化等与自身短期利益不太相关的问题则关注较少。

表2.16　规划环评纳入气候变化的意义

影响类型	比例（%）
增加决策者对温室气体排放的关注，有利于实现碳强度减排目标	71.60
激发各部门向低排放和更加节能的发展方式转变	66.67
减少潜在的气候变化带来的风险	65.43
增加公众对气候变化问题的关注程度	54.94
增强规划应对极端天气和气候事件的能力	52.47

3. 我国规划环评纳入气候变化因素的评估内容和技术手段

从规划环评纳入气候变化因素的评估内容来看（表2.17），除了能源和防洪相关评估内容，受到更多关注的内容包括气候变化影响下规划实施区域范围内的水资源保障问题和生态系统服务功能的变化。另外，规划拟实施的重大工程项目的应对气候变化能力评估也受到较多关注，而气候变化对基础设施和人群健康的影响则受到的关注较少。从短期减缓气候变化和长期适应气候变化相关评估内容来看，占比达到63.58%的受访者认为规划环评中纳入气候变化因素评估内容应兼顾短期碳减排目标的实现和长期气候变化风险的评价。并且对于碳排放量的预测应定量化，而对于较难定量化的气候风险也应进行定性分析。在其他意见中，受访者认为评估气候变化风险的前提是深入研究气候变化规律，重点是要提高数据预测的精确性和相关措施的可操作性。

表 2.17　规划环评纳入气候变化因素的评估内容

评估内容	得分/占比
评估重大工程项目应对极端气候能力	153
评估区域水资源有效保障问题	184
评估气候因素对基础设施的影响	124
评估规划对生态系统服务功能的影响	175
评估气候变化对人群健康的影响	131
应更重视短期影响，重点评价规划实现碳排放量消减目标的能力	21.60%
应更重视长期气候风险，进行全面的气候风险评价	46.91%
两者相结合，碳排放量预测要求定量化，对可能的气候风险应做定性说明	63.58%

从规划环评纳入气候变化因素的评估技术手段来看（表 2.18），70.37%的受访者更加关注在规划环评中纳入碳排放源识别和碳排放量核算技术。这说明我国碳排放清单基础数据还未系统建立起来，急需通过规划环评来完善相关历史碳排放清单数据的积累。在这种情况下，在规划环评中纳入碳排放量模拟和预测技术则相对被忽略了。然而，建立历史碳排放清单数据之后，加强碳排放量模拟和预测技术的开发势在必行。在能源数据方面，由于经过了十多年的数据积累，我国及其区域的历史能源统计数据已经足够完善，因此，68.52%的受访者认为应在规划环评中更多关注能源消费模拟和预测技术。在规划环评中纳入适应气候变化评估技术手段方面，受访者对在规划环评中开发区域气候模拟分析技术的关注程度相对高于开发区域气候变化脆弱性评估技术。

表 2.18　规划环评纳入气候变化因素的评估技术手段

评估技术手段	占比（%）
能源消费模拟和预测技术	68.52
碳排放源识别和碳排放量核算技术	70.37
碳排放量模拟和预测技术	51.23
区域气候模拟分析技术	60.49
区域气候变化脆弱性评估技术	57.41

4. 我国规划环评纳入气候变化因素的评估指标和温室气体减排措施

从表 2.19 的结果可以看出，能源消费总量和区域温室气体年排放量指标的得分都分别高于单位 GDP 能耗和单位 GDP 温室气体排放量指标。这说明在能源和碳排放相关指标内，总量指标的关注程度已经高于强度指标。在碳汇指标方面，森林覆盖率指标的得分明显高于森林蓄积量指标，这可能是因为森林覆盖率指标更易于理解，而且经过多年对提高森林覆盖率的广泛宣传，该指标已经深入人心。在结构指标中，产业结构和能源结构相关指标的得分都较高。其他指标由于未在现行规划体系中设置为约束性指标，所以得分相对较低。在其他意见中，受访者认为重点在于提高评估指标的针对性。

表 2.19　规划环评纳入减缓气候变化措施有效性评估指标

评估技术手段	得分
能源消费总量	215
高耗能、高排放产业的比例	197
非化石能源占一次能源消费比例	188
单位 GDP 能耗	176
单位 GDP 温室气体排放量	171
区域温室气体年排放量	172
单位土地利用面积温室气体排放量	159
森林覆盖率	188
森林蓄积量	166
城市绿化覆盖率	170
农田和草地碳汇	142

从适应气候变化相关评估指标来看（表 2.20），生物多样性指数指标得分最高，说明气候变化与生物多样性变化密切相关并受到规划环评实践者的认同。水资源安全供应率指标的得分也较高，这主要是因为气候变化引起的水资源短缺问题已经严重影响了人类的生活，保障安全的水资源供应理应成为规划环评中应重点关注的适应气候变化主题。海岸防护率和洪泛区开发项目个数占总开发项目比例指标的得分较低。这可能是因为这两个指标都是针对特定区域指标，前者主要针对临海地区，后者则主要针对洪泛区。

表 2.20　规划环评纳入适应气候变化措施有效性评估指标

评估技术手段	得分
水资源安全供应率	181
海岸防护率	131
生物多样性指数	193
洪泛区开发项目个数占总开发项目比例	114

从规划环评中纳入温室气体的减排措施来看（表 2.21），提高能源效率和低碳化能源结构依然被认为是目前规划环评中应纳入的最重要的温室气体减排措施。同时，提高产业的低碳水平和降低碳强度措施的得分也较高。由于这 4 项措施是

目前各项规划中重点推荐的能够量化减排效果的减排措施，因此政府实施这些措施的责任更加明晰，从而执行意愿也更强。这说明受访者普遍认为规划环评中的温室气体减排措施应重在执行，且措施的执行效果要容易定量化。在其他意见中，受访者还提出了控制城市规模和增加绿化率等温室气体减排措施。

表 2.21　规划环评中的温室气体减排措施

温室气体减排措施	得分
降低能源使用	142
提高部门/行业能源利用效率	221
增加可再生能源的比例	216
减少固体废弃物产生量	169
优化土地利用方式减少温室气体排放	179
保护自然碳汇	180
降低碳排放强度	186
提高产业的低碳水平	196

5. 规划环评纳入气候变化因素的方式和制度

从规划环评纳入气候变化因素的方式来看（表 2.22），设置专章评估气候变化影响的得分较高。这可能是因为在规划环评报告中专章评估气候变化因素更能够引起决策者对气候变化的重视。分散的纳入方式和在原评估体系的每一步中纳入气候变化因素的认同较低。在其他意见中，受访者认为应在规划环评的生态影响部分开展产业发展的碳足迹分析以及土地利用方式转变对温室气体源和碳汇转换影响的评估。还有受访者认为环保部门难以获得气象数据成为阻碍规划环评纳入气候变化因素的最大障碍，并建议对气候变化敏感的规划应由专业的气候学相关单位来编制独立的报告。

表 2.22　规划环评纳入气候变化因素的方式

纳入方式	得分
在原有评估体系的每一步加入气候变化因素	25
设置专章评估气候变化影响	143
采用分散和专章结合的方式评估气候变化因素	50

从促进规划环评纳入气候变化因素的制度措施来看（表 2.23），加强气候变化相关信息的公开和共享以及加强应对气候变化的宣传工作得分较高。这是因为信息公开和共享是开展规划环评纳入气候变化因素工作的基础，而宣传工作则是该项工作获得更多民众认可和支持的基础。提高公众参与有效性的得分最低，可能是因为在现行规划环评体系中公众参与的程度本身就有限。政府部门依旧在规划环评工作中起主导作用，因此，有效协调相关政府部门反而能更有效地促进在规

划环评中纳入气候变化因素。

表 2.23　促进规划环评纳入气候变化因素的制度措施

制度措施	得分
加强区域气候信息公开和共享	223
建立应对气候变化相关机构协商制度	175
提高公众参与有效性	159
加强应对气候变化的宣传	186

从规划环评纳入气候变化因素的审查制度来看（表 2.24），减缓气候变化领域重点要审查规划环评是否设置了明确的减排目标和减排措施，而适应气候变化领域重点要审查规划环评是否评估了气候变化风险和脆弱性。并且，受访者关注规划环评是否会通过气候变化因素评估反馈给规划编制机关以回顾、审查和适时修订规划。

表 2.24　规划环评纳入气候变化因素的审查制度

审查制度	得分
背景调查中是否充分进行碳排放量核算	137
是否进行气候变化风险和脆弱性评估	152
是否设置明确的减排目标和减排措施	173
减排指标是否分配到相关次区域	133
是否充分听取相关专家的相关意见	136
是否充分听取公众气候变化的意见	122
是否有相关回顾、审查和适时修订规划程序	141

从优先开展规划环评纳入气候变化因素的行业来看（表 2.25），由于目前减缓气候变化主题的关注度明显高于适应气候变化主题，能源、工业和自然资源开发行业等与减缓气候变化主题密切相关的行业受到的关注度更高。在适应气候变化领域，与适应气候变化主题密切相关的水利部门受到的关注度更高。而农业、林业、交通和城市建设部门尽管也与应对气候变化的关系密切，但是从现状来看受到的关注度还不够。

表 2.25　优先开展规划环评纳入气候变化因素的行业

优先开展行业	得分
工业	194
农业	120
畜牧业	90
林业	139
能源	238
水利	173

续表

优先开展行业	得分
交通	100
城市建设	111
旅游	13
自然资源开发	172
废弃物处理	73

从优先开展规划环评纳入气候变化因素的区域来看（表 2.26），受降雨和洪水影响较大的重要流域地区和受海平面上升影响较大的东部沿海地区受到的关注度更高。西北地区和青藏高原由于生态环境脆弱易受气候变化影响也受到一定的关注。而作为我国重要生态屏障的西南地区和极易受气候变化影响的海岛地区却还未引起应有的重视。在其他意见中，受访者认为优先开展规划环评纳入气候变化因素的区域应结合优先开展此项工作的行业来综合确定。

表 2.26　优先开展规划环评纳入气候变化因素的区域

优先开展区域	得分
东北地区	122
东部沿海地区	172
中部地区	92
西北地区	143
西南地区	120
青藏高原	143
海岛地区	109
重要流域地区	201

2.3　气候变化因素纳入我国战略环境评价的总体架构

2.3.1　评价目的与原则

战略环境评价是在战略方案的编制和决策过程中充分分析和评估各种生态和环境因素及其影响的过程。重点通过对战略实施的资源环境承载力分析和环境风险评价，从环保角度提出战略方案的优化调整建议以及预防和减缓战略方案实施带来的不利环境影响的对策和措施。将气候变化因素纳入战略环境评价体系是在现行的评价过程中多考虑一个因素——气候变化，并不是要重新设计一套评价体系。实际上，许多与气候变化有关的问题都可以依靠既有的战略环境评价过程加以解决。例如，对能耗或能效的评价就可以通过清洁生产和循环经济分析以及环境准入审查来完成，提高森林覆盖率和增加碳汇可以通过生态影响评价和制定生态补偿及恢复措施来实现。当然，也需要针对气候变化问题的特点开展一些专项工作。比如，战略方案实施过程中温室气体排放量的预测和削减，战略方案与应对气候变化政策和规划的协调性分析，战略方案实施对区域气候变化脆弱性和适应能力的影响评价等。最后，要结合气候变化因素重新审视战略环境评价提出的对策措施或替代方案。例如，是不是在战略环境评价中一概要求污染物处理率达到 100%或实现零排放就是最佳的选择？因为目前许多污染物减排工程是靠大量消耗能源来完成的，而且越是接近处理极限就需要消耗越多的能源，在这种情况下这种方案对于降低温室气体排放就不是一个好的方案。此外，一些风险评价的尺度和标准可能也需要适当调整。因此，纳入气候变化因素后，战略环境评价过程确实面临一些新的调整或改进：①评价指标要进行适当增加或调整，需进行温室气体排放源调查；②有的环节要拓展，有的环节要补充，有的环节则需要新的评价标准。

将气候变化因素纳入战略环境评价是依托现行的评价技术体系，在环境影响的识别、预测、分析和评价过程中，将气候变化及其影响作为一个因素同其他常规环境因子一起予以系统的分析和论证。既不是做专门的区域气候变化评价或风险评估，更不是要评估战略方案实施对区域气候（如温度）的影响。前者本质上不是战略环境评价的任务，后者则几乎是无法完成的工作。

2.3.1.1 评价目的

在战略方案编制和决策过程中，充分考虑拟议的战略方案可能涉及的气候变化问题，从减缓和适应气候变化两方面入手，积极落实国家和区域碳排放强度削减目标，提高区域适应气候变化的能力，促进低碳经济发展和加速产业结构转型。通过分析概括，将气候变化因素纳入战略环境评价的目的总结为以下三个方面：

（1）结合区域/流域气候变化因素，更全面地识别和分析受评战略方案实施的环境影响和资源环境制约因素，进一步提高战略环境评价过程的系统性和科学性。《规划环境影响评价条例》要求重点关注和评价规划实施对区域、流域和海域生态系统的整体影响以及对环境和人群健康的长远影响。《第二次气候变化国家评估报告》指出，气候变化将给我国带来包括浅层地下水位不断下降、干旱趋势加重、水资源短缺、生态系统退化等方面的深刻影响。因此，在识别、分析和评价战略方案环境影响的过程中必须认真考虑由气候变化带来的问题，因为两者在战略方案这个拥有较大空间和时间尺度的层面上易发生相互作用并产生协同效应，从而给传统意义上的评价过程带来新的挑战。例如，气候变化可能会加剧咸潮的上溯影响以及流域的干旱频率或程度，因此在对该河流中上游的开发方案进行战略环境评价时就要充分考虑气候变化因素，合理估算支撑开发活动的水资源承载力和安全的下泄流量。否则，就会出现一些沿海城市在咸潮季节由于上游干旱且大量蓄水发电等原因导致的下泄流量显著减少，而不得不放弃使用多年的饮用水取水口的现象。此外，诸如持续干旱背景下的鄱阳湖生态经济区开发方案战略环境评价，已经减弱的台风却导致防波堤溃堤而险些酿成环境风险事故的大连临海石化工业园区的规划环评等，都不断提醒我们在评价过程中要充分考虑气候变化因素。只有考虑气候变化因素才能进一步增强战略环境评价结论的科学性，避免因忽视气候变化影响导致的评价失误。

（2）针对发展低碳经济的要求，分析和评价战略方案的实施对完成既定的区域或行业温室气体排放量（或强度）控制目标的作用或影响。一方面促进温室气体排放削减目标在开发活动和时间段上的分解和落实，另一方面结合清洁生产和循环经济模式积极探索实现区域和行业的低碳发展模式。发展低碳经济既是国际社会应对气候变化的必然选择，更是我国实现可持续发展的当务之急。随着“十三五”期间国家和各省市区碳排放强度削减目标的确立，如何实现这些目标成为制定区域发展战略和开展战略环境评价工作的重要主题。战略环境评价一方面可以通过循环经济分析等手段以优化产业结构，推动区域经济结构的转型；另一方面可以用低碳发展理念约束和完善战略方案，通过加快淘汰落后产能和限制“两高一资”（高能耗、高污染和资源性）产业的发展，实现区域低碳发展和环境保护的双赢。

（3）结合节能减排的任务要求，综合分析和评价污染物减排和不利环境影响减缓措施的效果。通过调整和完善战略方案，实现主要污染物与温室气体的协同减排。实践表明，战略环境评价是加强区域和行业污染物减排的有效工具。作为温室气体减排的主要方式，节能措施与污染物减排密切相关。另外，一些降低大气污染物排放的措施对温室气体减排具有协同效应。但是从实践来看，两者之间并不完全协同。主要表现为：一是减排不低碳，由于工程减排措施普遍存在高耗能现象，温室气体排放量也随之增加。相关研究表明，电力、钢铁企业采用的石灰石工艺脱硫措施每削减 1 吨二氧化硫会增加 0.69 吨二氧化碳排放。二是低碳不减排，例如太阳能光伏发电被纳入低碳产业的范畴，但是在其重要原材料多晶硅的生产环节中不仅耗能较大，而且由于工艺特点每生产 1 吨工业硅直接排放 1.75 吨二氧化碳，同时排放大量废水和废气。从“十二五”时期开始，污染物减排增加了氮氧化物和氨氮两种污染物，任务进一步加重，降低能耗强度和碳排放强度的目标也进一步明确。气候变化因素纳入战略环境评价，将有助于综合考虑战略方案实施过程中主要污染物和温室气体的协同减排。通过综合评估各种减排措施的工程、技术和管理成本，提高协同控制效率，避免低效减排。

2.3.1.2 评价原则

1. 与相关法规、政策和行动方案相协调原则

将气候变化因素纳入战略环境评价应符合气候变化国际公约和我国相关法律法规的应对气候变化要求，并与地方政府应对气候变化方案等文件相协调。

2. 温室气体与主要污染物协同控制原则

推动国家主要污染物和温室气体控制目标的实现，提高温室气体与二氧化硫、氮氧化物等大气污染物的协同减排效率，努力实现主要温室气体与化学需氧量、氨氮等水污染物的协同控制。

3. 区域碳汇能力无净损失原则

通过战略方案的评估和优化调整，确保战略方案的实施不会对区域的净碳汇水平造成损失，并尽可能通过生态修复和补偿等措施进一步提高区域的碳汇水平。

4. 促进低碳经济发展与环保双赢的原则

充分利用环境管理与低碳经济发展、生态建设之间的协同关系，通过战略方案的优化调整措施，促进区域实现低碳经济发展与环境保护的双赢。

5. 气候友好性原则

在战略方案制定和实施过程中充分考虑气候变化因素，加强生态建设和保护，增加碳汇；控制温室气体排放量，降低温室气体排放强度，确保战略方案实施过程中的温室气体排放符合国家和地区法律法规的要求。

2.3.2 评价重点和工作程序

将气候变化因素纳入战略环境评价，应使与气候变化因素有关的主题融入整个战略环境评价框架中。因此，纳入方案和程序应遵循战略环境评价相关导则中既有的环境评价工作程序，将评价的主要内容分为战略方案分析，现状调查、分析与评价，环境影响预测、分析与评价，应对不利环境影响的对策措施，战略方案调整建议等几个方面。重点分析评估温室气体排放、气候和环境风险，以及对应的减缓和适应措施。

2.3.2.1　评价重点

重点评价内容包括三方面：一是战略方案实施后，相关区域内的碳源和碳汇是否发生改变；二是战略方案实施区域应对气候变化风险的能力是否发生改变；三是气候变化对战略方案的实施是否产生不利影响。

因此，在战略环境评价中纳入气候变化因素的评价重点包括以下五个方面：

（1）区域碳源和碳汇解析。主要包括两个方面，一是调查战略方案实施区域范围内的碳源和碳汇现状；二是识别战略方案的实施对区域碳源和碳汇的影响，并按影响程度对各项战略活动进行分析。

（2）战略方案实施后碳排放量水平预测和强度分析。分析战略方案的实施对区域碳排放活动的影响，预测不同战略方案实施情景下区域碳排放量和碳排放强度的变化趋势。

（3）战略方案实施后区域碳汇能力预测及评价。分析战略方案的实施对区域碳汇能力的影响，预测不同战略方案实施情景下区域碳汇水平的变化趋势。

（4）战略方案的实施对区域应对气候变化风险能力的影响分析。识别战略方案实施区域范围内的气候敏感目标，评估战略方案的实施对区域气候敏感目标的影响，评价战略方案实施过程中区域应对气候变化风险能力的变化趋势。

（5）气候变化对战略方案实施的影响分析。结合区域气候变化风险的评价结果，分析未来（特别是长时间尺度的）气候变化风险对战略方案实施的综合影响。

2.3.2.2　评价工作程序

本评价工作程序是基于现行的战略环境评价相关导则，在既有的评价工作程序中，纳入需要重点关注的应对气候变化相关内容（技术框架见图 2.3，详细内容见附表 4）。评价工作程序中与应对气候变化相关的主要内容如下。

1. 战略方案分析

战略方案分析方面主要包括：

（1）识别导致碳源和碳汇发生改变或与气候敏感目标有关的战略活动。

（2）识别战略活动中与气候变化有关的影响，包括有利和不利影响，直接和间接影响，短期和长期影响，以及考虑气候变化因素与其他环境因子（水、气、声、渣、生态）之间的协同影响等。

（3）识别不同时间尺度下气候变化因素对战略方案实施的影响，着重分析各种不利影响和风险。

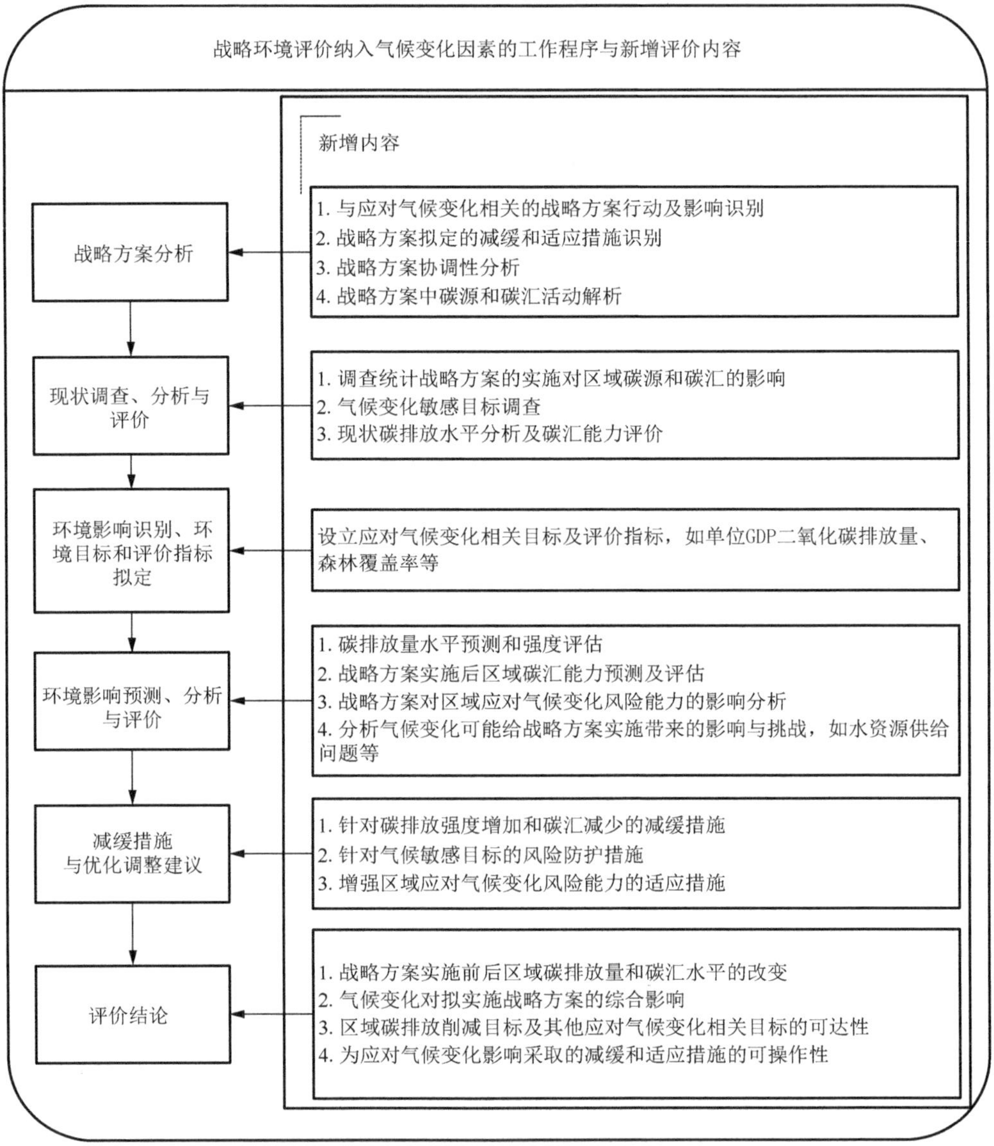

图 2.3　战略环境评价纳入气候变化因素的工作程序与新增评价内容

（4）识别战略方案拟定的气候变化影响减缓措施，分减缓和适应措施进行分析。在战略方案分析的基础上，通过简要分析战略方案的实施对实现区域应对气候变化目标的影响，筛选确定气候可行的战略方案。

（5）分析战略方案的发展目标和产业定位、规模和结构是否满足低碳、节能、协同减排等应对气候变化政策的要求。

（6）分析战略方案与我国应对气候变化相关政策文件的协调性，必要时还应分析其与气候变化相关国际公约（规定/要求）的协调性。

2. 现状调查、分析与评价

战略方案实施的影响区域应在现状资料收集的基础上，对影响范围内的现状碳源和碳汇进行调查，主要调查内容应包括：

（1）主要的碳排放企业名录及地理分布；

（2）各企业生产规模及能源消耗（可选择按年/季度/月进行统计）；

（3）区域土地利用数据，重点应统计植被资料（包括农田），具体内容包括植被覆盖面积和植被类型等，以获得计算植物碳汇能力的基础数据；

（4）气候变化敏感目标调查。视区域具体情况而定，一般包括重要水源地、生态脆弱区、珍稀濒危物种栖息地、关键性的防洪工程、敏感人群等。气候敏感目标可能在战略方案实施前即已存在，也可能因战略方案的实施而新出现。

基于区域碳源、碳汇及气候敏感目标的调查和统计数据，重点评价以下三方面内容：

（1）现状产业定位、规模和结构与碳排放量变化的关系；

（2）区域现状的植被组成、生物量及碳吸收能力；

（3）气候敏感目标的脆弱性分析。

在上述分析的基础上，设置“零战略方案”情景，进行碳源、碳汇及气候敏感目标受影响程度的基准情景分析。

3. 环境影响预测、分析与评价

该部分主要预测和评价三大影响：一是战略方案实施对受评区域碳源和碳汇的影响；二是战略方案实施对气候敏感目标的影响；三是长时间尺度下，气候变化对拟实施战略方案的影响。重点应关注各种不利影响、不可逆影响、累积影响以及与其他环境因子之间的协同影响。

（1）战略方案情景下净碳排放量预测和评价。战略方案情景下的净碳排放量是指在预测未来碳排放量时，考虑战略方案拟定的各种减缓措施后的碳排放量。

可采用“现状量+新增量-消减量”模式进行分析。

“现状量”对应区域现状的碳排放和碳汇水平，引用“现状调查、分析与评价”中的结果。

“新增量”包括两个方面：一是经济活动的改变（如产业定位的改变，产业结构调整和产业规模的扩大等）导致的碳排放量增加，一般与能耗增加有关；二是区域碳汇减少导致的碳排放量增加。

"消减量"是指减缓措施和增加碳汇等带来的碳排放消减量，具体措施包括：规模减排、结构减排、技术减排和碳汇培育等。

在此基础上，对战略方案实施后的碳减排目标的可达性和协同减排能力进行分析和评价。

（2）战略方案实施对气候敏感目标的影响分析和评价。分析战略方案实施是否导致区域气候变化风险的增加，并对各种气候变化风险进行风险概率分析；在此基础上，结合战略方案拟定的适应性方案，对气候敏感目标进行脆弱性评价。

（3）气候变化对拟实施战略方案的影响分析和评价。分析在不同时间尺度下，拟实施战略方案是否受到气候变化的影响。对较短的时间尺度，重点考虑极端气候事件的影响；对长时间尺度，重点考虑温度升高和海平面上升的影响。对存在的气候变化影响，可以采用"风险概率分析"和"情景分析"相结合的模式进行评价。

4. 战略方案优化调整建议

根据上述评价结果，从以下方面对受评战略方案提出调整建议：导致区域碳排放量极大增加的战略活动、导致区域碳汇极大减少的战略活动、对区域气候敏感目标造成重大影响的战略活动、受气候变化影响重大的战略目标和战略活动等。对战略目标、产业结构、发展规模和选址等提出相应的调整建议。

5. 应对不利影响的对策措施

应对气候变化不利影响的对策措施主要包括减缓和适应两个方面。

（1）减缓气候变化措施。针对导致区域碳排放量增加的战略活动，按照清洁生产、循环经济和低碳节能的要求，结合区域碳排放量消减目标和污染物协同减排要求，提出碳减排的对策和措施。

对导致碳汇减少的战略活动，按照碳汇水平无净损失原则，提出相应的补偿措施，如针对绿色设施的破坏，应提出重建方案，使其恢复到战略方案实施前的水平。

（2）适应气候变化措施。以增强区域适应气候变化能力为原则，针对各类气候敏感目标，提出预防气候变化风险的对策建议；对特别敏感目标，应制定专项防护方案。

6. 环境影响评价结论

结合其他环境因子的评价结果，针对受评战略方案提出结论性意见与建议。

应对气候变化的战略环境评价结论应包括：战略方案实施前后碳源和碳汇的变化；气候敏感目标在战略方案实施后适应气候变化能力的变化；气候变化对拟实施战略方案的影响；区域碳减排目标及其他应对气候变化目标的可达性；区域气候变化利益相关者公众参与的调查结论等。最后得出战略方案的气候变化可行性结论，并提出应对气候变化的减缓和适应措施及战略方案的调整建议。

7. 其他评价内容

针对公众参与，应广泛收集与气候变化有关的部门、机构、专家及公众的意见，充分考虑社会各方面的利益和主张，并就意见采纳情况进行解释和说明。

针对监测及跟踪评价，应要求相关部门建立和完善温室气体监测和管理的长效机制，以及应对气候变化不利影响的应急响应机制。同时，对专项规划或项目环境评价，提出与气候变化有关的评价要求。

2.3.3 评价指标

本节结合我国目前应对气候变化的目标和要求，在现有战略环境评价技术框架下，遵循应对气候变化相关政策和要求，兼顾减缓与适应气候变化的双重任务，并充分体现受评区域和行业部门的特点，提出备选的基础指标和行业特征指标。

1. 基础评价指标

根据相关评价指标的筛选原则和方法，通过构建战略环境评价任务与气候变化因素的相关性矩阵，筛选战略环境评价中气候变化评价的基础指标。由于应对气候变化包括减缓和适应两大类措施，因此将战略环境评价中纳入气候变化因素的基础评价指标分为减缓指标和适应指标。其中，减缓指标主要从控制碳排放强度、优化产业结构、提高能源效率、改善能源结构、发展节能技术和加强碳汇能力 6 个方面构建，共 12 个指标；适应指标主要包括建筑适应气候变化、交通适应气候变化、提高公众适应气候变化意识和建立应急措施 4 个方面，共 4 个指标。根据我国“十三五”规划中提出的与气候变化相关的要求，从基础指标中筛选出了“十三五”期间开展将气候变化因素纳入战略环境评价应重点考虑的 5 个核心指标，包括碳排放强度、能源效率、能源结构、碳汇能力和应急预案 5 个方面的指标，具体指标见表 2.27。

表 2.27　战略环境评价中纳入气候变化因素的基础评价指标

作用	评价目的	评价指标	单位	备注
减缓	控制碳排放强度	单位 GDP 二氧化碳排放量*	吨/万元	定量
		人均二氧化碳排放量	吨/人	定量

续表

作用	评价目的	评价指标	单位	备注
减缓	优化产业结构	服务业占 GDP 的比例	%	定量
		高新技术产业占 GDP 的比例	%	定量
		节能环保产业占 GDP 的比例	%	定量
	提高能源效率	单位 GDP 能耗*	吨/万元	定量
		能源消耗弹性系数	%	定量
	改善能源结构	非化石能源占一次能源消费比例*	%	定量
	发展节能低碳技术	节能低碳技术使用率	%	定量
	加强碳汇能力	森林覆盖率	%	定量
		森林蓄积量*	立方米	定量
		新增森林面积	公顷	定量
适应	建筑适应气候变化	绿色建筑设计标准执行率	%	定量
	交通适应气候变化	交通适应气候变化措施执行率	%	定量
	提高公众适应气候变化意识	适应气候变化相关知识公众普及率	%	定量
	建立应急措施	有无极端天气应急预案*	—	定性

* 为“十三五”期间考虑气候变化因素的核心指标

2. 行业特征指标

通过对《中华人民共和国国民经济和社会发展第十三个五年规划纲要》《“十三五”节能减排综合工作方案》《“十三五”控制温室气体排放工作方案》《中国应对气候变化国家方案》《中国应对气候变化的政策与行动》等一系列重要报告进行分析，总结出目前国家应对气候变化的重点行业部门和领域。本书针对工业、能源、林业、交通、农业和城市六类与气候变化密切相关的重点行业，提出了备选的行业特征指标，详见表 2.28。根据不同行业发展战略的具体内容，在基础评价指标的基础上结合具有针对性的行业特征指标进行综合性评价，以更全面地指导区域和重点行业开展纳入气候变化因素的战略环境评价工作。

表 2.28　重点领域发展战略环境评价中纳入气候变化因素评价指标

战略类型	评价目标	评价指标	单位	备注
工业发展战略	控制单位工业增加值的碳排放量和能耗，增强工业适应气候变化能力	单位工业增加值二氧化碳排放量	吨/万元	定量
		单位产品二氧化碳排放量	克/千克（固体和液体），克/立方米（气体）	定量
		单位工业增加值能耗	吨标准煤/万元	定量
		煤炭占工业能源消费的比例	%	定量
		工业基地（园区）绿化率	%	定量
		工业基地（园区）极端天气应急预案	—	定性

续表

战略类型	评价目标	评价指标	单位	备注
能源发展战略	调整能源结构，增加清洁能源的使用，控制单位能源消耗的碳排放量	清洁能源占能源消费的比例	%	定量
		非化石能源生产占能源生产的比例	%	定量
		碳捕集、封存和利用技术的使用率	%	定量
		单位能源消耗的 GDP 产出	万元/吨	定量
		能源消费总量	万吨	定量
林业发展战略	提高植被覆盖率，加强碳汇能力建设	毁林造成的二氧化碳排放量	吨	定量
		速生丰产用材林占比	%	定量
		林木蓄积量	立方米	定量
		植被覆盖率	%	定量
		林业可持续管理执行率	%	定量
		适应气候变化的林业种植结构	—	定性
交通发展战略	提高交通运输能耗效率，优化交通能源结构，提倡低碳交通出行，控制交通运输二氧化碳排放量	单位交通运输产值二氧化碳排放量	吨/万元	定量
		飞机每万人公里油耗	千克/（千米·万人）	定量
		铁路运输综合能耗	吨标准煤/百万换算吨公里	定量
		机动车百公里平均油耗	升/百公里	定量
		运输船舶综合能耗	吨标准煤/百万换算吨公里	定量
		节能环保型汽车占比	%	定量
		清洁能源占交通总能耗的比例	%	定量
		低碳出行比例	%	定量
农业发展战略	提高农业资源利用效率，发展农业节能，保证农业用水，增强适应气候变化能力	单位面积农用地二氧化碳排放量	吨/公顷	定量
		农村废弃物资源化率	%	定量
		农作物秸秆综合利用率	%	定量
		清洁能源占能源消费的比例	%	定量
		农业机械节能技术的使用率	%	定量
		适应气候变化的农作物种植结构	%	定量
		农业用水保证率	%	定量
城市发展战略	加强低碳城市建设，完善城市基础设施，提高适应气候变化能力	城市交通二氧化碳排放量	吨/年	定量
		单位建筑面积能耗	吨/平方米	定量
		清洁能源占居民能源消费的比例	%	定量
		人均绿地面积	平方米/人	定量
		城市生活用水保障率	%	定量
		建筑节能标准执行率	%	定量
		城市下水道应对极端降水能力	—	定性

第 3 章　碳足迹评估理论和方法研究及应用进展

3.1　碳足迹核算和结构解析

碳足迹（carbon footprint）的概念来源于生态足迹（ecological footprint）的概念（Wackernagel and Rees，1996），但是又与生态足迹的含义有本质区别。生态足迹是指为了满足一定区域内人们的最终需求，需要多大的具有生态生产力的土地面积；而碳足迹是指为了满足一定区域的最终需求，生产这些最终需求产品在区域内和区域外排放的温室气体的质量（Hammond，2007；Minx et al.，2009；Peters，2010）。生态足迹是转换成土地使用面积来衡量，而碳足迹是用排放的温室气体的质量来衡量。为了评估经济发展战略对碳足迹变化的影响，识别区域内的碳排放源并核算其直接碳排放量是基础工作。在《联合国气候变化框架公约》组织架构下，为了帮助各国了解自身碳减排政策的实施效果和设计未来碳减排计划，IPCC 最早发布了从供给侧（即生产端）核算一国范围内的排放源碳排放清单的指南（IPCC，1996，2006）。指南提出的排放因子法被广泛推广应用于区域、社区、企业和产品的碳排放量核算中（刘竹等，2011b）。根据碳排放量核算结果和未来减缓气候变化目标（如温室气体浓度不至于使温升超过 2℃）就能将未来允许的累积碳减排量按照一定的标准（如人均累积碳排放量相等）分配给不同国家和地区（Robaina-Alves and Moutinho，2014；Meinshausen et al.，2015）。但是仅从生产视角来核算一定区域内的碳排放量从而认定区域的碳减排责任受到了很多质疑（Peters，2008；Liu et al.，2015b；Steininger et al.，2016）。因为生产的产品（本书中的产品包括货物和服务，下同）最终被消费者用于消费，且对于省域来说一部分生产的产品用于流出（包括出口和调出）[①]从而满足其他区域的消费，同时该省域会从其他区域流入（包括进口和调入）[②]一定数量的产品来满足省域内的需求（图 3.1）（Hertwich and Peters，2009）。因此，很多学者提出从需求侧（即消费端）视角核算一定区域的碳排放量（即核算区域的碳足迹）（Peters, 2008；Davis and Caldeira，2010）。

①流出表示销往省域外，出口表示销往国外，调出表示销往国内省域外。

②流入表示省域外购进，进口表示国外购进，调入表示国内省域外购进。

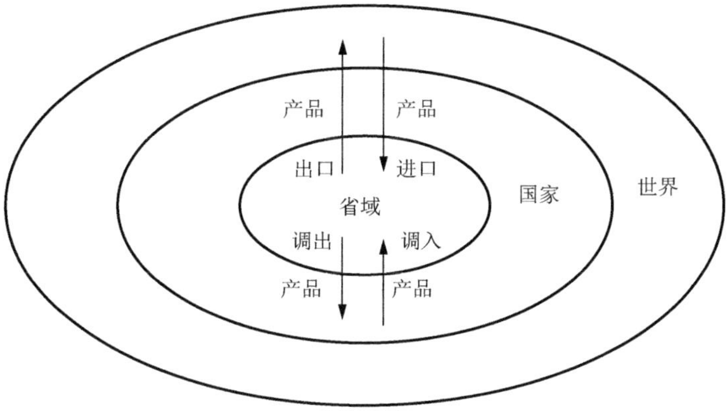

图 3.1　省域、国家和世界之间产品的流动关系

产品的碳足迹是指生产产品的整个产业链（或者产品整个生命周期）中所有的碳排放量（Matthews et al.，2008；Weber and Clavin，2012）。碳足迹的概念更多地应用于存量碳的核算，包含投入生产中的中间产品的隐含碳（Matthews et al.，2008；Peters，2010）。隐含碳（embodied carbon）或者虚拟碳（virtual carbon）是指隐含在产品或服务中的在生产过程中排放过了的二氧化碳，隐含碳的概念一般多用于流量碳的核算中，如区域间贸易和经济部门间流动的中间产品的隐含碳核算（Peters，2010）。目前，碳足迹评估理论、方法和标准主要应用于评估企业和产品的碳足迹，且一般采用生命周期核算法（耿涌等，2010；蒋婷，2010）。而区域的碳足迹等于区域碳排放量减去区域流出产品中的隐含碳加上区域流入产品中的隐含碳（Peters，2010；耿涌等，2010）。因此，核算区域的碳足迹及其隐含碳流动主要采用投入产出法（Matthews et al.，2008；Minx et al.，2009）。本书中省域生产端直接碳排放量被定义为省域碳排放，而省域消费端碳排放量被定义为省域碳足迹。省域碳排放和碳足迹的关系如图 3.2 所示。图中，箭头的初始端表示生产活动产生的碳排放，箭头的末端表示产品中隐含碳满足最终需求的类型。1 为省域内生产活动产生的碳排放；2 为国内省域外生产活动产生的碳排放；3 为国外生产活动产生的碳排放；4 为国内省域外生产中间投入产品产生的碳排放；5 为国外生产中间投入产品产生的碳排放；6 为居民生活碳排放，即居民生活碳足迹。其中，总碳排放为 1a、1b、1c 和 6 相加，总碳足迹为 1a、2a、3a、4a、5a 和 6 相加；产业碳排放为 1a、1b 和 1c 相加，产业碳足迹为 1a、2a、3a、4a 和 5a 相加；内部碳足迹为 1a，外部碳足迹为 2a、3a、4a 和 5a 相加。为了评估经济发展战略对省域碳排放和碳足迹部门结构变化的影响，核算不同经济部门的碳排放

量（即部门生产端碳排放量）非常重要。在 IPCC 的核算体系中，分部门碳排放量核算被分为能源、工业过程、农业、土地利用和废弃物处理五大部门（IPCC，2006）。而为了适应中国的经济部门分类，很多学者核算了中国及其省市区的分经济部门碳排放量（Peters et al.，2006；Tian et al.，2014）。同时，区域碳排放和碳足迹在经济部门间的责任划分也受到了研究者的重视。一些研究指出区域碳排放和碳足迹在产业部门的责任分配也应该从供给和需求两个视角来考虑（Peters，2008）。因此，本书中经济部门的生产端直接碳排放量被定义为部门碳排放，而经济部门的消费端碳排放量被定义为部门碳足迹。从供给侧视角来看，电力、钢铁和水泥等消耗化石能源较多的部门往往是碳排放量较多的部门。而从需求侧视角来看，建筑、交通设备制造等部门往往碳足迹较多，因为这些部门的最终需求产品具有高碳的原料供应链。比如建筑部门需要消耗大量的钢铁和水泥等高碳中间产品。因此，根据碳排放责任在区域间和经济部门间的不同划分原则，省域碳足迹结构评估分为四个维度（图 3.3）。

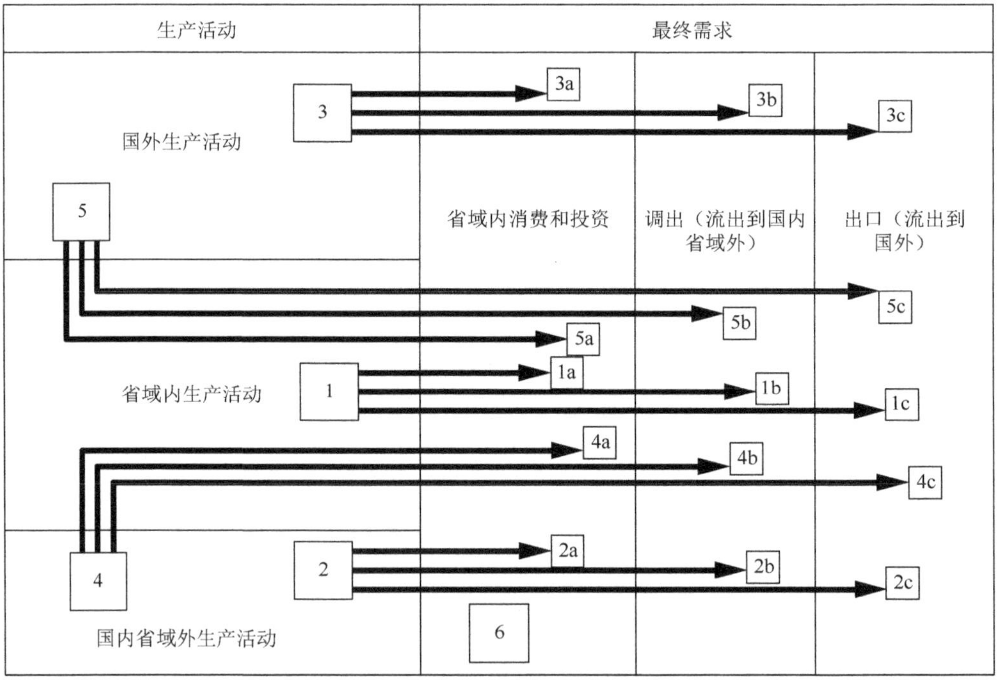

图 3.2　碳排放和碳足迹的关系

资料来源：总结文献 Barrett 等（2009）中关于英国国家尺度碳排放与碳足迹关系并应用到省域尺度

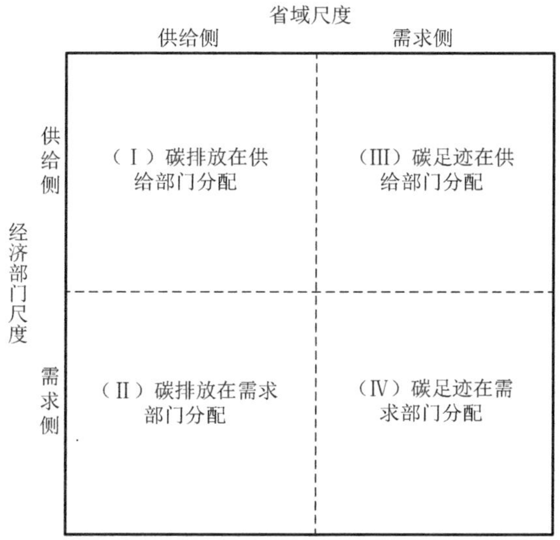

图 3.3　碳排放和碳足迹在经济部门间的分配

3.2　经济部门间隐含碳流动分析

公平合理地划分产业链中各部门的碳减排责任能够提高经济部门的碳减排效率，提高部门碳减排政策的有效性。区域碳排放和碳足迹责任能够完全划分给不同的生产部门或者消费部门，从而形成碳减排责任在不同生产和消费部门的分配结构（Liu et al.，2012a；赵红艳等，2012）。然而，这种责任的划分忽略了中间投入产品或者产业链的影响。原始生产资料是通过中间投入过程和整个产业链后才最终生产出最终需求产品的。因此，只有深入分析中间产品中隐含碳的流动量和流动规律才能从整个产业链的视角分配碳减排责任。对于单一产品或产业部门生产活动上游和下游供应链的隐含碳的核算，一般采用生命周期核算法（Hendrickson et al.，1998）。但是将区域内所有部门通过生命周期法核算的碳足迹加总会远远大于区域实际碳足迹总量，因为各部门碳足迹存在着重复核算的部分（Lenzen et al.，2007）。Gallego 和 Lenzen（2005）与 Lenzen 等（2007）从理论上讨论了碳减排责任在产业链的分配问题，并依据不同部门增加值的占比设计了定量计算在产业链中分配碳减排责任的计算模式和方法。Lenzen 等（2003）分析了处于不同产业链位置的部门投入的环境容量和资源的量。这些研究从理论上探讨了从产业链角度分配碳减排责任的必要性和可行性。但是只有核算出产业链中隐含碳的流动量，并深入分析其变化规律，才能更加精确和有效地在产业链中的各部门分配碳减排责任。Huo 等（2014）分析了空气污染物在产业部门间的定量流动过程。计军平等（2011）则分析了 2007 年中国重点部门的隐含碳流动。通过总结这些研究，本书得到省域产业碳排放以隐含碳的形式从生产部门的能源消费到中间投入产品再到满足最终需求的消费品的流动过程，如图 3.4 所示。对于省域产业碳足迹则引入了流入产品投入到产业链中，省域产业碳足迹以隐含碳的形式在产业链中的流动过程如图 3.5 所示。

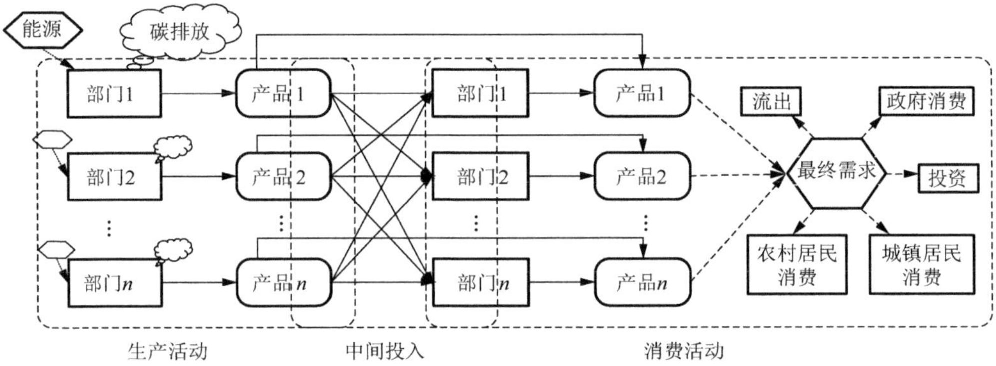

图 3.4　省域产业碳排放以隐含碳形式在产业链中的流动

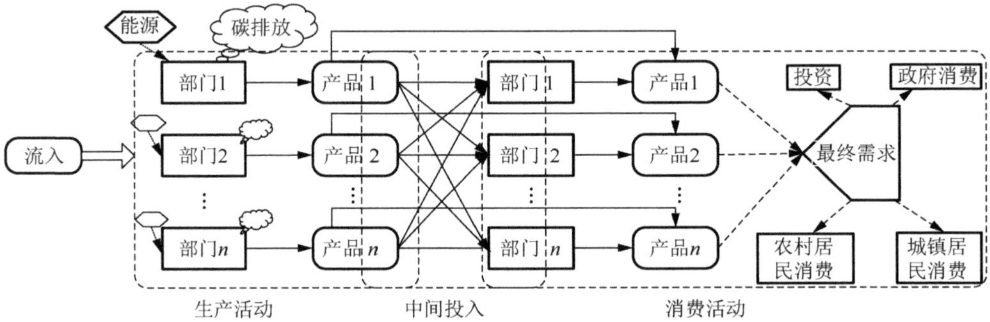

图 3.5　省域产业碳足迹以隐含碳形式在产业链中的流动

3.3　碳足迹变化驱动因子分解分析

在对单一年份的碳排放量进行核算和对部门碳排放和碳足迹结构进行分析的基础上，当有多年分部门碳排放和碳足迹数据时，分析不同时间区间内碳排放和碳足迹变化的驱动因子成为可能。深入分析碳排放历史变化的驱动因子的变化规律，不但能识别出不同经济发展战略措施实施的情况下影响碳足迹变化的关键因子，而且能为分析不同经济发展战略情景下未来碳足迹的变化趋势从而提出经济低碳转型的发展路径奠定基础。目前，分解碳排放和碳足迹变化驱动因子的模型主要有指数分解模型（index decomposition analysis，IDA）和结构分解模型（structural decomposition analysis，SDA）两种。关于这两种分解模型的对比研究见文献 Hoekstra 和 van der Bergh（2003）与 Su 和 Ang（2012a），两种分解模型的不同点的总结见表 3.1。指数分解模型已经被应用于分析不同国家和地区以及不同经济部门的碳排放变化的驱动因子（Akbostanci et al.，2011；Wang et al.，2011；de Freitas et al.，2011；Chen et al.，2013a；Robaina-Alves and Moutinho，2014）。然而，由于缺少整个经济系统中从中间投入到最终需求的过程和经济部门间相互作用的关系等信息，指数分解模型一般用于分解单个经济部门碳排放变化的驱动因子，且只能分析直接碳排放变化（Peters et al.，2007；Su and Ang，2012a）。与指数分解模型相比，结构分解模型是基于环境投入产出分析框架的分解模型（Leontief，1986）。由于利用了投入产出表中关于整个经济系统从中间投入到最终需求中的产品流动信息，结构分解模型不但能够分析经济部门直接碳排放变化，而且能分析隐含在经济部门供应链中的间接碳排放变化（Su and Ang，2012a）。由于结构分解模型在这些方面的优势，它被广泛应用于分析不同国家和区域碳排放和碳足迹变化的驱动因子（Wood，2009；Liang and Zhang，2011；Feng et al.，2012；Geng et al.，2013；Tian et al.，2013；Wang et al.，2013；Tian et al.，2014；Deng et al.，2016）。

表 3.1　指数分解模型和结构分解模型的特点和应用范围

分解模型	模型特点和应用范围
指数分解模型（IDA）	易于构建，应用范围广； 主要应用于分析单个经济部门； 年度数据易得，能进行年度比较分析； LMDI 分解方法应用最广，可以分解大量驱动因子； 只能进行一阶分解； 只能分析直接效应
结构分解模型（SDA）	依赖投入产出表，投入产出表的可获得性决定了研究的时间跨度； 主要应用于分析整个经济系统和全部经济部门； 由于投入产出表一般未每年编制，因此相关研究有一定时间间隔； 一般采用加法分解形式，乘法分解形式应用较少； 研究驱动因子数量相对较少； 可以进行二阶分解； 不但能够分析直接效应，而且可以分析间接效应

注：根据文献 Su 和 Ang（2012a）中的信息整理做表

在结构分解模型中，可以应用不同的分解形式，包括加法分解和乘法分解（Su and Ang，2012a）。同样，在具体的分解方法的选择方面也有 D&L 方法和 LMDI

方法可供选择。Su 和 Ang（2012a）对能源和污染物排放领域应用结构分解模型的研究进展进行了总结，并提供了在加法分解形式的结构分解模型中如何选择具体的分解方法的指导意见（图 3.6）。根据对 2000～2010 年相关文献的总结和分析结果，大部分应用结构分解模型研究能源和碳排放变化驱动因子的文献都采用了加法分解形式和D&L分解方法。然而，最近研究中国出口隐含碳（Su and Ang，2014）和碳排放强度变化驱动因子（Su and Ang，2015）的文献中开始采用乘法分解形式。同时，Su 和 Ang（2012a）建议当分解的驱动因子多于 4 个时，应该在结构分解模型中选用 LMDI 分解方法，即 SDA-LMDI 模型。然而，几乎所有的研究中国及其区域碳排放变化驱动因子的文献都采用了 D&L 方法，即 SDA-D&L 模型（Dietzenbacher and Los，1998）。SDA-D&L 模型在分解过程中具有分解结果不唯一的问题，当研究的驱动因子的数量增加时，该模型的计算量会大幅增加（Dietzenbacher and Los，1998；Su and Ang，2012a）。与 SDA-D&L 模型相比，SDA-LMDI 模型具有分解结果唯一、表达清晰简洁和计算量小的特点（De Boer，2008），尤其对于驱动因子数量大于 4 个的研究，这种优势体现得更加明显。目前，SDA-LMDI 模型已经被广泛应用于不同国家和区域分析经济系统（De Boer，2008）、能源消费总量和能源强度（Chai et al.，2009；Wachsmann et al.，2009）以及温室气体排放（Wood，2009；Deng et al.，2016）变化的驱动因子。

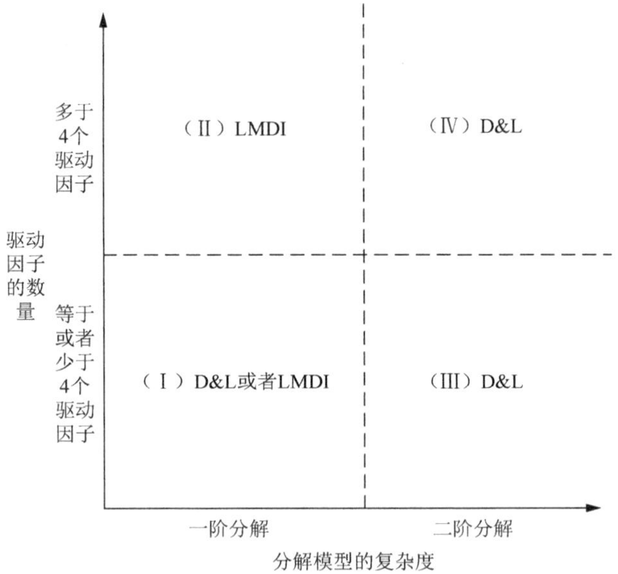

图 3.6　结构分解模型中加法分解形式下具体分解方法的选择

资料来源：Su and Ang，2012a

3.4　碳足迹未来变化趋势情景分析

对不同经济发展战略方案情景下碳排放和碳足迹未来结构、隐含碳流动和驱动因子变化趋势的情景分析能为优化经济发展战略措施提供参考。IPCC 开发了一系列全球温室气体浓度情景和影响全球温室气体排放变化的社会经济情景（曹丽格等，2012）。IPCC 第一工作组研究了不同温室气体排放和温室气体浓度情景下未来温升和气候变化风险情况，得出了只有将全球到 2100 年的温升控制在 2℃以内才能避免气候变化高风险的科学结论（IPCC，2014），并在此基础上反推出未来允许的大气中温室气体浓度和温室气体累计排放量。在温室气体排放量的约束下，IPCC 第三工作组预测了不同政策措施和技术手段实现温室气体减排量的程度，并探讨了未来累计排放量和减排量在不同国家和部门的公平分配问题（IPCC，2014）。Davis 等（2010）则分析了在不增加新排放源的情况下，不同情景下未来能源相关设施在其生命周期内的累计碳排放量及其对全球温升的影响，并提出了关于促进全球碳减排的相关政策建议。在国家和区域尺度，研究者主要研究不同政策选择和技术手段对区域碳减排目标实现的影响，并提出优化政策和技术选择的建议（Lechtenböhmer et al.，2015）。

由于我国碳排放量的迅猛增长，关于我国及其区域未来碳排放量情况的情景分析越来越受到研究者的重视。Guan 等（2008）在研究中国 1980～2002 年碳排放量变化驱动因子特征的基础上，预测了不同经济社会发展情景下碳排放量变化驱动因子到 2030 年的变化趋势。根据其分析结果，如果中国 2030 年实现和发达国家现在一样的消费水平，只依靠技术进步无法达到降低碳排放总量的目的。Wang 和 Liang（2013）从生产和消费视角预测了不同技术水平和经济结构情景下，2020 年中国碳排放的部门分布结构变化，从而识别出未来控制碳排放量的关键部门。周大地等（2003）与中国能源和碳排放研究课题组（2009）分别预测了不同情景下中国到 2020 年和 2050 年能源相关碳排放量和部门碳排放结构。利用 IMAGE/TIMER 模型，Vuuren 等（2003）开发了 1995～2100 年中国能源和碳排放情景，并探讨了未来中国节能减碳的政策和技术选择。由于我国各省市区发展不平衡，不同省市区的发展阶段和技术水平差异较大，对各省市区碳排放量的预测也受到研究者的重视。郭茹等（2011）和世界自然基金会上海低碳发展路线图课题组（2011）利用情景分析法对 2050 年上海市低碳转型和路径选择进行了模拟和分析。利用 LEAP 模型，Zhang 等（2011）开发了北京 2007～2030 年低碳城市发展情景，对北京未来的低碳发展路径选择进行了探讨。

3.5 进展总结

目前，碳足迹评估研究方面，企业和产品碳足迹评估理论和方法体系日趋完善，并得到了广泛应用。另外，通过 IPCC 在相关研究领域的引导，学者对不同社会经济技术发展情景下区域碳排放量的核算、经济部门碳减排责任的划分、碳排放和碳足迹变化驱动因子的识别和分解分析、经济部门间隐含碳流动，以及不同情景下未来碳排放和碳足迹变化趋势和经济部门碳减排潜力进行了理论探讨和实证研究。目前，这方面的研究基本形成了三大相对封闭的研究板块：第一，区域碳排放和碳足迹结构和碳减排责任划分研究；第二，区域经济部门间隐含碳流动和供应链中各参与主体的碳减排责任划分研究；第三，区域碳排放和碳足迹变化驱动因子分析。根据数据的可得性，研究者从不同时间尺度对这三个方面中的某一部分内容进行了单独研究。然而，从研究现状来看主要存在以下内容需要进一步深入研究：

第一，碳足迹评估研究主要集中于评估企业和产品的碳足迹，宏观战略和政策方面的碳足迹评估则主要评估某项社会经济技术调整对碳足迹结构、隐含碳流动和驱动因子的某一方面的影响，缺乏系统的战略碳足迹评估理论、方法和指标体系。

第二，碳排放和碳足迹结构及经济部门间隐含碳流动的研究主要局限于分析单一年份的数据，缺少对不同战略情景下碳排放和碳足迹结构及隐含碳流动的动态变化分析和情景分析。

第三，碳排放和碳足迹变化驱动因子的研究主要分析历史变化趋势，缺少对驱动因子变化的情景分析。在结构分解方法中主要应用 SDA-D&L 模型，对更具优势的 SDA-LMDI 模型应用较少。

第四，区域碳减排责任的划分主要研究不同区域间的责任划分，对于区域内部供应链中各参与主体的碳减排责任划分主要局限于理论探讨，缺少定量分析。

第4章　战略环境评价中碳足迹评估的技术框架

4.1　战略碳足迹评估的概念框架

“战略”一词最早用于军事领域，是“战争的谋略”的简称；被应用于经济领域则表示对经济发展进行中长期谋划。经济领域的战略主要包括经济发展政策、规划和计划，因此，战略环境评价被定义为对经济发展政策、规划和计划实施对环境的影响进行的评价（李巍等，2006）。本书借鉴战略环境评价的概念，将战略环境评价中碳足迹评估定义为战略碳足迹评估，即对经济发展政策、规划和计划实施对碳足迹变化的影响进行的评估。“评价”更多地强调依照一定的标准对事物的好坏做出评判，而“评估”则强调对未来的中长期发展趋势进行预测和估算。通过评估战略方案对碳足迹变化的影响，能有效识别经济发展战略方案实施过程中存在的重视短期GDP增长而忽视长期可持续发展，重视发展高碳的重化工业和投资而忽视低碳服务业和消费的发展等问题。因此，战略碳足迹评估是一种测度经济发展战略低碳化程度的有效工具。

在对过去实施的经济发展战略进行总结和未来经济发展战略情景进行构建的基础上，本书分三大模块对经济发展战略措施的实施对碳足迹变化的影响进行综合评估。模块一，评估经济发展战略措施的实施对碳足迹结构变化的影响；模块二，评估经济发展战略措施的实施对经济部门间隐含碳流动变化的影响；模块三，评估经济发展战略措施的实施对碳足迹变化驱动因子变化的影响。三大评估模块构成了战略碳足迹评估的理论框架。在此基础上，本书从碳排放量核算和预测，到碳足迹估算和隐含碳流动分析，再到碳排放和碳足迹变化驱动因子分解，构建了一整套战略碳足迹评估的技术方法体系。具体而言，该体系包括基于排放因子法的不同经济部门碳排放量核算、基于情景分析和LEAP模型的不同经济部门碳排放量预测、基于RAS方法的投入产出表中中间产品最终矩阵预测、基于生命周期投入产出（economic input output-life cycle assessment，EIO-LCA）模型的碳足迹结构和隐含碳流动解析、基于Kaya公式和IPAT模型的碳足迹变化驱动因子识别、基于SDA-LMDI模型的碳足迹变化驱动因子定量化分解6个子模块。在本书构建的战略碳足迹评估模块架构中，三大评估模块和6个子模块构成了模块架构的基础，即模块层。结合战略碳足迹评估相关指标体系，形成支持战略碳足迹评估模块架构的指标层。最终构建由模块层和指标层构成的相互影响、相互反馈的有机整体——战略碳足迹评估的模块架构（图4.1）。战略碳足迹评估指标体系的构建

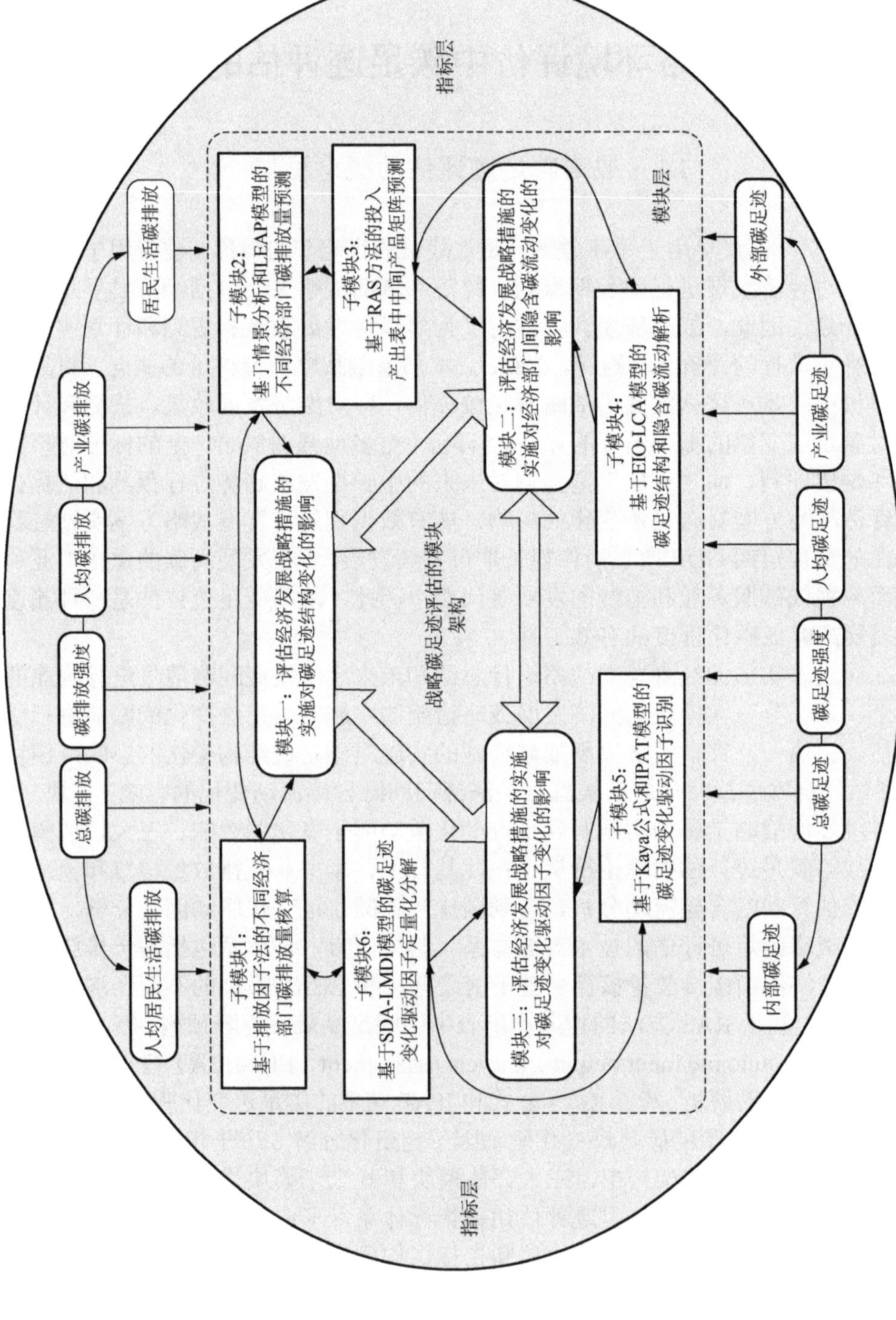

图 4.1 战略碳足迹评估的模块架构

过程将在本章 4.3 节中进行详细介绍，6 个子模块中的具体技术方法将在第 5 章中进行详细推导和介绍。

4.2　战略碳足迹评估的技术程序

本节的目的在于分析在战略环境评价的每一步技术程序中是否需要纳入碳足迹评估相关内容，需要纳入哪些碳足迹评估相关内容以及如何纳入这些内容。战略环境评价中纳入碳足迹评估的技术程序如表 4.1 所示。战略环境评价中碳足迹评估的详细技术流程见图 4.2。本书推荐的战略环境评价中碳足迹评估的技术程序包括以下几方面内容。

表 4.1　战略环境评价中碳足迹评估的技术程序

战略环境评价技术程序	碳足迹评估相关内容
战略方案分析	初步识别战略方案对碳足迹变化的影响
现状调查与评价	如果初步识别战略方案对碳足迹变化有一定影响，需要在此阶段收集战略方案影响区域范围内的碳源和碳汇资料以及投入产出资料，并对区域碳排放的历史变化趋势进行总体评价
环境影响识别与评价指标体系构建	识别战略方案对碳足迹变化的具体影响，并构建碳足迹评估指标体系
环境影响预测与评价	对不同战略方案情景下碳足迹的变化进行预测与评估
战略方案综合论证和优化调整建议	根据碳足迹变化评估结果对战略方案进行综合论证，并提出优化调整建议
环境影响减缓对策和措施	对最优战略方案下仍存在的对碳足迹变化的不利影响，提出减缓对策和措施
环境影响监测和跟踪评价	监测碳足迹的变化情况与预测分析结果的差异，跟踪评价减缓对策和措施的有效性

（1）初步识别战略方案对碳足迹变化的影响。初步识别战略方案对碳足迹变化影响的目的在于，让评估者在评估的早期用相对快速的评估方法，能够尽早对战略方案对碳足迹变化的影响有个初步的认识和判定。结合提问式的为什么影响和为什么不影响的定性分析，能够较早地得到战略方案需不需要做更详细的碳足迹评估的结论。一则可以排除一些对碳足迹变化影响较小的战略方案，节省时间和资金的投入；再则对于需要进一步进行碳足迹评估的战略方案有了初步认识，有利于下一步评估工作的有序展开。

战略方案对碳足迹变化影响的初步识别应作为战略环境评价初步识别程序的一部分，和其他环境因子的初步识别工作同步进行。初步识别应将主要精力放在总体考虑和定性分析而不是详细评估和定量分析。在此阶段，评估者应集中精力于获得与战略方案直接相关的、可能产生重大影响的且易获得证据的材料上。例如，战略方案起草和提出者提交的背景和参考材料，或者对其他区域进行类似的

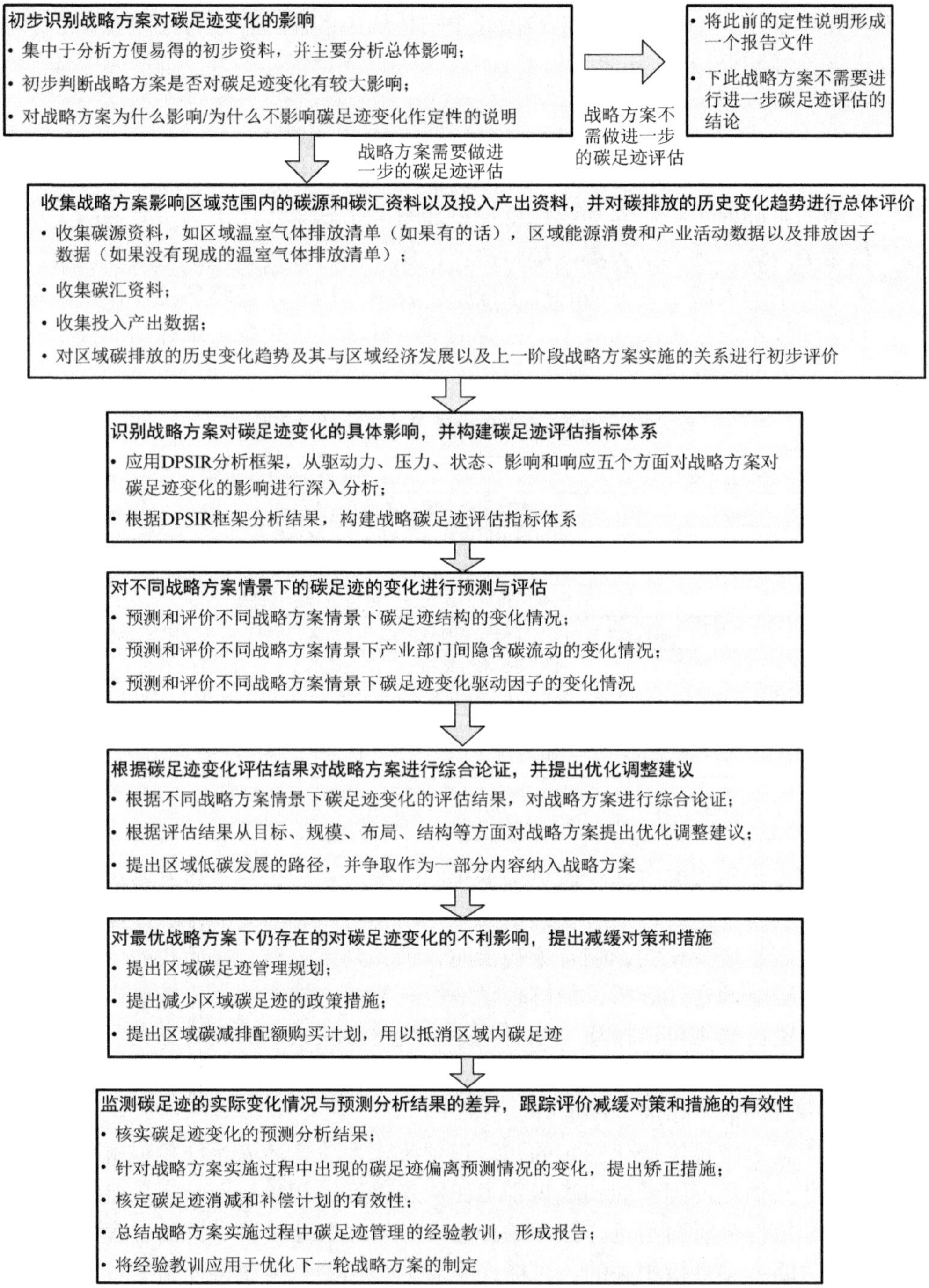

图 4.2　战略环境评价中碳足迹评估的详细技术流程

战略方案环境影响评价的相关材料。此阶段要探寻的关键问题在于，在战略方案实施的每个阶段是否会对受影响区域的碳足迹变化产生较大的影响。受影响区域及其上级管辖区域出台的相关应对气候变化和低碳发展的文件和方案中规定的低碳发展目标，将为评估者做出正确的判断提供一定的帮助。如果能够判断战略方案的实施对碳足迹变化的影响较小，就不需要再对战略方案进行进一步的碳足迹评估了。从目前的情况来看，大部分与经济发展和产业政策无关的战略方案不需要做详细的碳足迹评估。表 4.2 中提供了可能的问题和相关案例清单以帮助评估者初步判断战略方案是否会对碳足迹变化产生较大的影响。

表 4.2　初步识别阶段的问题和相关案例清单

问题	相关案例
评估的战略方案是否是综合性的经济发展方案？	国民经济和社会发展“十三五”规划纲要 经济结构调整方案 “十三五”投资计划方案 供给侧结构性改革方案
如果战略方案是单个产业部门的规划或者计划，那么从生产视角来看，这个产业部门是不是温室气体排放的重点部门？	煤电基地建设规划 石化行业发展规划 交通网建设规划
如果战略方案是单个产业部门的规划或者计划，那么从需求视角来看，这个产业部门是不是引起温室气体排放的重点部门？	基础设施建设投资计划 建筑业发展规划 电力价格调整规划
如果战略方案是单个产业部门的规划或者计划，那么从生命周期视角来看，这个产业部门是不是会引起区域碳汇的较大变化？	生物质能源发展规划 纸浆林产业发展规划 畜牧业发展规划

（2）如果初步识别战略方案对碳足迹变化有一定影响，需要在此阶段收集战略方案影响区域范围内的碳源和碳汇资料以及投入产出资料，并对区域碳排放的历史变化趋势进行总体评价。

如果初步识别阶段得出的结论是战略方案的实施将对受影响区域的碳足迹变化产生较大影响，或者说战略方案的实施将使区域碳足迹变化偏离区域和产业部门低碳发展相关目标，则需要对战略方案进行详细的碳足迹评估。首要工作就是要收集详细的受影响区域范围内关于碳足迹管理的相关政策和文件、温室气体和碳汇清单资料、区域投入产出资料，以及涉及的产业和行业部门的详细资料等。

碳足迹管理的相关政策和文件主要包括：国家和区域的应对气候变化方案；国民经济和社会发展五年规划和节能减排规划（方案）中的能源总量和强度、可再生能源占总能源消费的比例、碳排放强度以及森林覆盖率和森林蓄积量等指标，应对气候变化篇章中对于区域和产业部门提出的低碳发展要求；国家和区域的低碳发展实施方案中的低碳发展目标、指标和要求等。

温室气体及碳汇清单资料的来源包括：国家和区域的温室气体清单资料、国家和区域的碳汇清单资料、相关研究文献中的温室气体和碳汇核算清单资料。如果没有现成的温室气体和碳汇清单资料，需要评估者自行核算受影响区域的碳源和碳汇清单。能源消费的碳源清单的核算资料主要有：中国能源统计年鉴、区域能源统计年鉴、能源平衡表、国际能源署（International Energy Agency，IEA）数据库中的资料、IPCC 数据库中的相关资料等。生产过程和其他排放源温室气体排放清单资料需要去相关产业部门的管理机构收集。碳汇资料主要从农业和林业部门及其管理部门获得。排放因子数据的获得主要参考 IPCC 的推荐值和最新研究文献中的数据。如有需要，可以适当进行抽样和实验，以获得一些实测的排放因子数据。上述资料在缺失或者数据不确定性较大时，可以采用相关研究文献中的数据。

区域投入产出资料主要从统计部门获得，投入产出协会的网站上和一些有关投入产出分析的论坛上也能够获得部分电子版投入产出资料，二手书店里可以获得部分纸质版的投入产出资料。产业和行业部门的详细资料可以从相关部门的统计年鉴或者年鉴中获得，例如，《云南工业经济信息资料》里统计了云南省大部分工业部门的数据资料。

（3）识别战略方案对碳足迹变化的具体影响，并构建碳足迹评估指标体系。应用 DPSIR 分析框架，从驱动力、压力、状态、影响和响应五个方面对战略方案的实施对碳足迹变化的影响进行深入分析。战略方案的实施对碳足迹变化的影响识别既要考虑直接影响也要考虑间接影响。然后，根据 DPSIR 框架分析的结果，构建战略碳足迹评估的指标体系。评估指标体系应以定量指标为主，同时，考虑战略方案具有一定的宏观性，适当纳入一些定性评估指标有利于对战略方案实施的碳足迹变化影响有更加全面的认识。战略方案的实施对碳足迹变化影响的识别过程和战略碳足迹评估指标体系的构建将在 4.3 节进行详细阐述。

（4）对不同战略方案情景下的碳足迹变化进行预测与评估。首先预测参考情景下和不同战略方案情景下受影响区域分部门直接碳排放数据和投入产出数据，然后利用以上预测数据对不同战略方案情景下的碳足迹数据与参考情景下的碳足迹数据的变化进行综合分析和评估。战略方案的实施对碳足迹变化的影响主要从以下三个方面进行评估：第一，评估战略方案的实施对碳足迹结构变化的影响；第二，评估战略方案的实施对经济部门间隐含碳流动变化的影响；第三，评估战略方案的实施对碳足迹变化驱动因子变化的影响。详细的预测和评估方法的阐述见第 5 章。

（5）根据碳足迹变化评估结果对战略方案进行综合论证，并提出优化调整建议。依据影响识别建立的战略方案要素与碳足迹变化之间的动态响应关系，综合碳足迹变化的预测和评估结果，论证战略方案的目标、规模、布局、结构等要素的合理性以及碳足迹控制目标的可达性。动态判定不同战略方案情景和实施阶段下战略方案的实施有无重大碳足迹制约因素，详细说明制约的程度、范围和方式等，进而提出战略方案的优化调整建议和推荐最优的战略方案。

战略方案综合论证包括：①根据碳源变化评估结果，对战略方案的目标、规模和结构要素进行综合论证；②根据碳汇变化评估结果，对战略方案的目标、规模和布局要素进行综合论证；③根据碳足迹评估的综合结论，论证战略方案与国家和区域低碳发展的战略目标和要求的符合性。

战略方案优化调整建议包括：①对于战略方案的目标、规模、布局和结构等要素与国家和区域低碳发展要求严重冲突的地方提出优化调整建议；②对于战略方案中存在的不符合国家低碳发展政策的产业项目提出优化调整建议；③对于战略方案中采取碳减排措施后，区域的碳足迹空间仍无法支持战略方案实施的规划要素提出优化调整建议；④对于未纳入低碳发展路径内容的战略方案，应提出区域的低碳发展路径，并争取作为一部分内容纳入战略方案中。

（6）对最优战略方案下仍存在的对碳足迹变化的不利影响，提出减缓对策和措施。如果最优战略方案仍对受影响区域的碳足迹变化产生一定的不利影响，则需要提出碳源和碳汇的管理规划以及减缓对策和措施。碳足迹管理规划应作为区域环境管理体系的一部分，在区域环境管理规章和制度、设定的环境准入条件以及应急预案中应纳入对碳足迹管理的相关内容。减少区域碳足迹的政策措施应从供给和需求两个方面提出，对于战略方案实施期内不同时期应采用的低碳技术，要设置推荐技术目录并及时更新。最后，对于区域内无法避免的碳足迹，应积极采取措施进行相关抵消或者补偿，例如，购买适当的碳减排配额，资助建设碳汇林或者湿地公园等。

（7）监测碳足迹的实际变化情况与预测分析结果的差异，跟踪评价减缓对策和措施的有效性。在战略方案实施的过程中要定期对受影响区域的碳足迹变化情况进行监测，以掌握区域碳足迹的变化趋势及其与预测的碳足迹变化趋势的偏离情况。如果实际监测的碳足迹变化趋势与预测的碳足迹变化趋势偏离较大，需要深入分析偏离产生的原因并提出矫正措施。对评估中提出的碳足迹减缓、抵消和补偿措施所达到的效果进行后评估，并与此前的预测评估结果进行对比分析，深入分析这些措施是否达到预期效果。如果未达到预期效果，则要提出进一步的补救措施。同时，总结战略方案实施过程中碳足迹管理的经验教训，形成经验教训报告，并将获得的经验教训应用于下一轮战略方案的优化、调整和改进过程中。

4.3　战略碳足迹评估的指标体系

为了评估经济发展战略对碳足迹变化的影响，需要构建适合战略尺度的碳足迹评估指标体系。本书在构建战略碳足迹评估的指标体系时参考了 DPSIR 框架的分析思路（图 4.3）。DPSIR 框架由欧洲环境局提出，框架中 D（drivers）代表驱

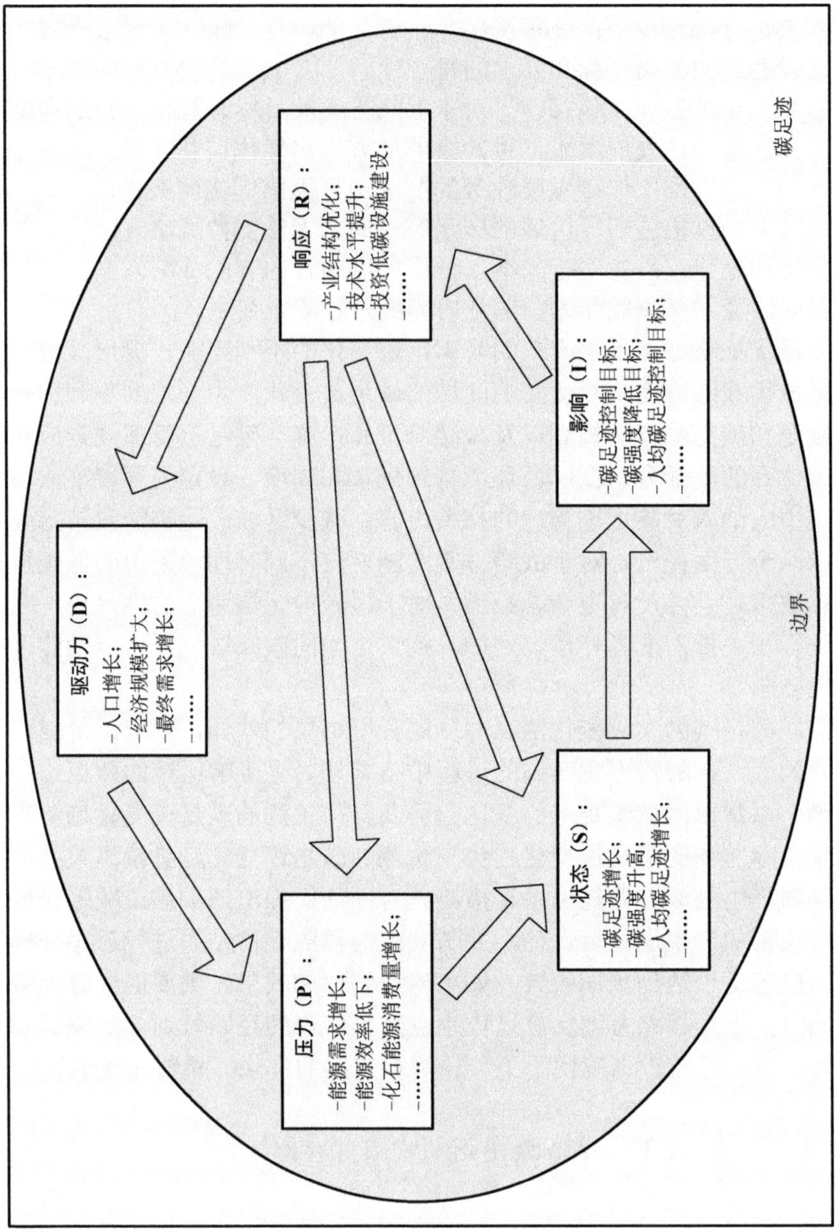

图 4.3 战略碳足迹评估指标体系构建的 DPSIR 框架

动力，P（pressures）代表压力，S（status）代表状态，I（impacts）代表影响，R（responses）代表响应（Atkins et al.，2011；邵超峰和鞠美庭，2010）。DPSIR 框架描述了完整的环境问题从产生到形成影响到减缓影响的闭合循环和反馈过程。按照 DPSIR 框架的思路可以找出反映环境问题状况的所有关键因子，形成综合的环境评估指标体系。在战略碳足迹评估中，驱动力主要包括人口增长、经济规模扩大和对最终需求产品需求量的增长等。为了支持经济规模的持续扩张和满足不断增长的最终需求，需要提升各种能源特别是化石能源的开发和应用水平。同时，能源效率低下的生产能力和方式也有可能被利用起来，从而产生了能源需求增长、化石能源消费量增长和能源效率低下等压力。化石能源消费量增长和能源效率低下等强大压力必然促使碳足迹增长、碳强度升高和人均碳足迹增长等状态的形成，并将影响碳足迹总量控制目标和碳强度降低目标等低碳目标的实现程度。为了应对碳足迹驱动力、压力和状态的持续恶化，需要采取产业结构优化、技术水平提升、投资低碳设施建设等措施以实现经济低碳转型。本书通过找出驱动力-压力-状态-影响-响应五个环节中的关键因子，构建了战略碳足迹评估的指标体系（表 4.3），对案例研究中计算结果的讨论和分析将围绕这些指标展开。

表 4.3　战略碳足迹评估的指标体系

目标	评价指标	
经济低碳转型	驱动力指标	人口数量
		人均 GDP/需求量
		投资规模
		流出规模
		投资占 GDP/需求量的比例
		高碳产品需求量占总需求量的比例
		高碳产业增加值占 GDP 的比例
	压力指标	能源消费总量
		化石能源消费总量
		化石能源消费量占能源消费总量的比例
		能源强度
		产业能源消费量
		居民生活能源消费量
	状态指标	总碳排放/足迹
		碳排放/足迹强度
		产业碳排放/足迹
		居民生活碳排放/足迹
		外部/内部碳足迹
		人均碳排放/足迹

续表

目标	评价指标	
经济低碳转型	影响指标	碳排放/足迹总量控制水平实现程度
		碳排放/足迹强度降低目标实现程度
		人均碳排放/足迹降低目标实现程度
	响应指标	第三产业增加值占 GDP 的比例
		研发投入占 GDP 的比例
		可再生能源消费量占能源消费总量的比例
		消费占 GDP/需求量的比例
		全产业链隐含碳流量控制水平
		低碳设施投资强度

4.4 案例研究的技术路线

本节的案例研究是指云南省经济结构调整战略碳足迹评估研究，本书的案例研究部分是指第 6 章。案例研究的技术路线包括以下六个步骤。

第一步，构建战略碳足迹评估的理论框架、模块架构、技术方法和指标体系。深入融合战略碳足迹评估三大模块：碳足迹结构解析、经济部门间隐含碳流动分析和碳足迹变化驱动因子剖析。通过方法选择和模型融合，构建基于经济投入产出（economic input output，EIO）模型的从供给和需求视角解析经济部门碳足迹结构的方法，基于 EIO-LCA 模型的经济部门间隐含碳流动分析方法，基于 Kaya 公式和 IPAT 模型的碳足迹变化驱动因子识别模型与基于 SDA-LMDI 模型的碳足迹变化驱动因子分解方法。结合碳足迹评估指标体系，形成支持战略碳足迹评估的指标层。

第二步，案例研究所需数据的搜集和预处理。本书中案例研究部分需要多年份的投入产出表、不同经济部门能源消费数据和不同能源的碳排放因子数据（包括能源净热值含量、潜在碳含量和碳氧化率数据），并对基础数据进行预处理。数据来源和预处理过程如下。

投入产出表：我国省市区投入产出表每 5 年编制一次。云南省 1997 年、2002 年、2007 年和 2012 年的投入产出表由云南省统计局编制。其中，1997 年投入产出表包括 40 个部门，而其他 3 年的投入产出表包括 42 个部门。2007 年和 2012 年投入产出表的最终需求列包括消费（可细分为农村居民消费、城镇居民消费和政府消费）、投资（可细分为固定资本形成和存货增加）、流出［可细分为国内省外调出（以下简称调出）和出口］和流入［可细分为国内省外调入（以下简称调入）和进口]。1997 年投入产出表的最终需求列中有一列被标注为“其他”，表示不同数据来源的误差大小。为了排除误差项的干扰，本书从最终需求列中排除了“其他”列。因此，1997 年投入产出表中的分部门总产出等于中间使用加上最终需求而不包括“其他”列。由于 1997 年和 2002 年的投入产出表未区分调出/出口和调入/进口，这四列被合并成“流出”和“流入”两列。由于各年投入产出表都是按照当年价格来编制的，在分析不同年份间碳排放和碳足迹变化驱动因子时，为了消除价格因素对结果的影响，本书利用双收缩法（double deflation method）将各年的投入产出表转化成 2002 年的不变价投入产出表（Durand，1994；Dietzenbacher and Hoen，1998；UNDESASD，1999）。双收缩法的具体处理过程参见文献 Peters 等（2007）与 Miller 和 Blair（2009），处理过程需要的不同经济部门的价格指数数据来源于《云南调查年鉴 2015》(国家统计局云南调查总队，2015)。

不同经济部门能源消费数据：本书计算的能源类型包括 19 种，分别是原煤、洗精煤、其他洗煤、型煤、焦炭、焦炉煤气、其他煤气、原油、汽油、煤油、柴油、燃料油、液化石油气、天然气、其他石油产品、其他焦化产品、热能、电力和其他能源。农业、工业、建筑业、交通运输仓储和邮政业、批发零售和餐饮住宿业以及其他服务业 19 种能源的终端消费量数据来源于 1997～2012 年云南能源平衡表，这些能源平衡表通过 1998～2013 年中国能源统计年鉴和 2000～2013 年云南能源统计年鉴获得。2000 年、2002 年、2007 年和 2012 年工业内部不同行业部门能源终端消费数据来源于 2000～2013 年云南能源统计年鉴。1997 年工业内部不同行业部门能源终端消费数据缺失，为了获得相关数据，1997 年工业内部不同行业部门能源消费数据由能源平衡表中获得的 1997 年工业终端能源消费总量数据和 2000 年工业内部不同行业部门能源消费量的比例估算得到。

不同类型能源碳排放因子数据：由于我国煤炭使用效率较低，不宜使用 IPCC 的排放因子缺省数据（Guan et al.，2012；Liu et al.，2015b）。本书从文献 Peters 等（2006）和苏伟（2014）中获得了更适合我国现状的煤炭碳排放因子数据。对于其他类型能源的碳排放因子数据，本书参考其他相关研究的做法，采用了 IPCC 的碳排放因子缺省值(具体碳排放因子数据见 5.1.1 节)(Peters et al.，2007；Deng et al.，2016)。

经济部门合并：为了保持投入产出表中部门分类和能源数据部门分类的一致，本书根据《国民经济行业分类》(GB/T 4754—2011）将部门合并成 29 个（国家统计局，2011)（表 4.4)，不同年份投入产出表和能源消费详细部门分类及部门合并过程见附表 5。

表 4.4　29 个部门的编号及名称

部门	名称	部门	名称
1	农林牧渔业	16	通用、专用设备制造业
2	煤炭开采和洗选业	17	交通运输设备制造业
3	石油和天然气开采业	18	电气机械及器材制造业
4	金属矿采选业	19	通信设备、计算机及其他电子设备制造业
5	非金属矿及其他矿采选业	20	仪器仪表及文化办公用机械制造业
6	食品制造及烟草加工业	21	工艺品及其他制造业
7	纺织业	22	废品废料
8	纺织服装鞋帽皮革羽绒及其制品业	23	电力、热力的生产和供应业
9	木材加工及家具制造业	24	燃气生产和供应业
10	造纸印刷及文教体育用品制造业	25	水的生产和供应业
11	石油加工、炼焦及核燃料加工业	26	建筑业
12	化学工业	27	交通运输仓储及邮政业
13	非金属矿物制品业	28	批发零售和住宿餐饮业
14	金属冶炼及压延加工业	29	其他服务行业
15	金属制品业		

经济结构调整战略相关政策、规划和计划文本及其他数据：云南经济结构调整政策、规划和计划文本可以通过政府部门、网络和相关文献获得①。人口、城镇化率、三次产业结构和支出法 GDP 等数据来源于 1998～2015 年云南统计年鉴和《2015 年云南经济发展报告》（云南省统计局，2016）。

第三步，云南经济部门碳足迹结构分析。以云南省 2012 年投入产出表为基本表，通过 RAS 方法预测不同经济结构调整战略情景下未来投入产出表中的中间产品最终矩阵。以 2012 年部门能源消费数据为基础，利用 LEAP 模型预测不同经济结构调整战略情景下未来不同经济部门能源消费数据。结合碳排放因子数据，利用经济投入产出模型，分别从供给侧和需求侧视角分析不同经济部门碳排放和碳足迹结构及其变化规律。

第四步，云南经济部门间隐含碳流动分析。利用 EIO-LCA 模型，建立供给侧部门和需求侧部门碳排放和碳足迹的联系，构建部门间隐含碳流动矩阵，分析部门间隐含碳流动的变化规律。

第五步，云南碳足迹变化驱动因子分解分析。应用 Kaya 公式和 IPAT 模型识别影响碳排放和碳足迹变化的驱动因子。通过 SDA-LMDI 模型对不同时期内各驱动因子的贡献进行分解，深入分析各驱动因子的驱动机制及其变化规律。

第六步，构建云南经济低碳转型的政策框架和发展路径。在以上分析的基础上，提炼出云南优化经济结构调整战略方向促进经济低碳转型的政策框架，探讨云南通过经济结构战略性调整促进经济低碳转型的发展路径，具体技术路线见图 4.4。

① 经济结构调整政策、规划和计划文本的最重要来源为历年的《云南政报》（从 2014 年 1 月起《云南政报》更名为《云南省人民政府公报》）。

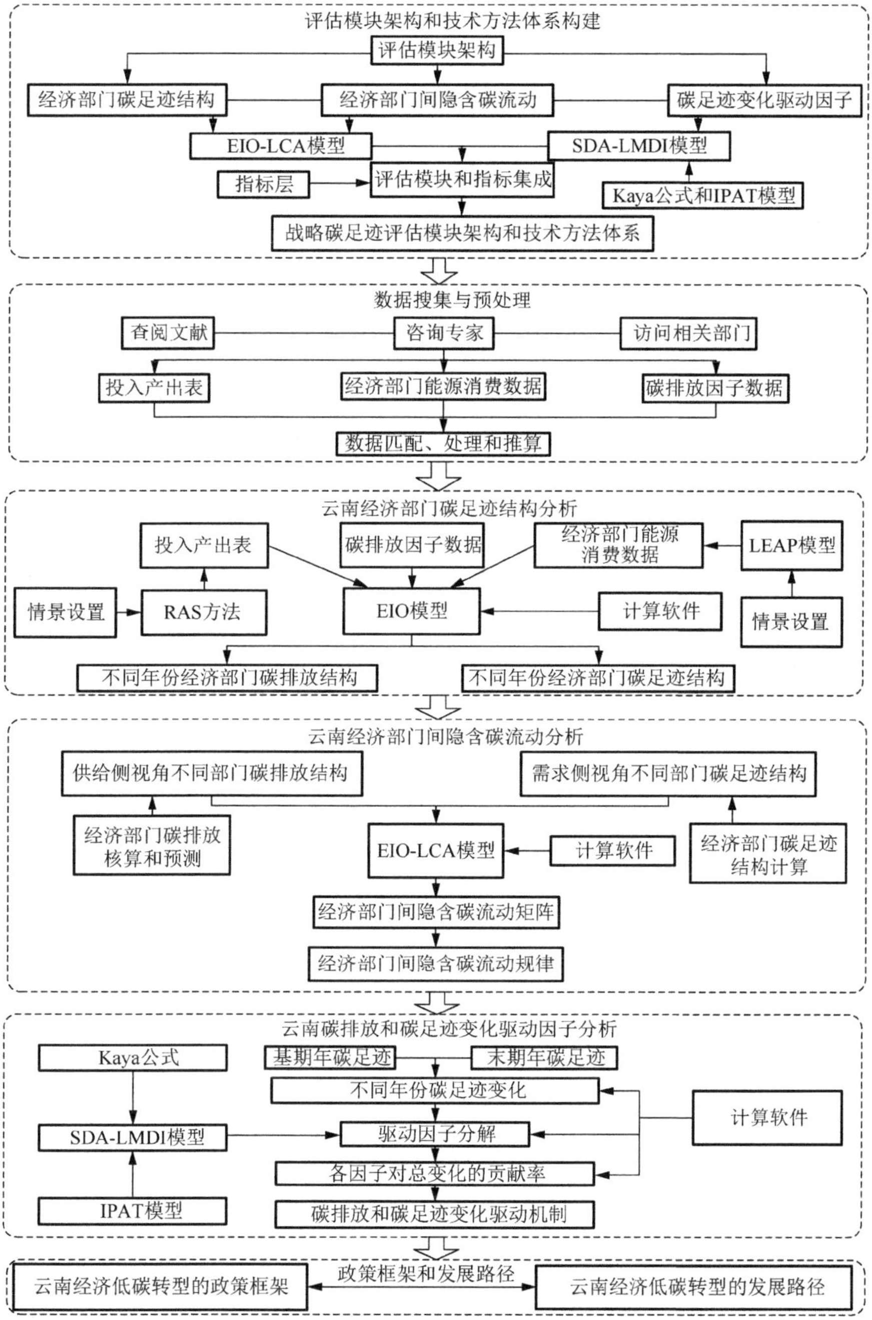

图 4.4　云南经济结构调整战略碳足迹评估的研究技术路线

第5章　战略环境评价中碳足迹评估的重点任务和方法

5.1　战略环境评价中碳足迹结构解析及方法

5.1.1　基于排放因子法的不同经济部门碳排放量核算

在总结和剖析区域发展战略方案的基础上，核算时间序列的区域内不同经济部门的直接碳排放量，才能为深入分析区域发展战略方案对碳足迹结构、隐含碳流动和驱动因子变化的影响奠定基础。本书采用排放因子法核算不同经济部门的直接碳排放量，部门直接碳排放量核算的公式如下：

$$e_i = \sum_{j=1}^{n} n_{ij} \cdot \mathrm{NCV}_j \cdot C_j \cdot O_{ij} \cdot \frac{44}{12} \tag{5.1}$$

式中，e_i 表示部门 i 能源消费直接碳排放量；n_{ij} 表示部门 i 在生产过程中消耗能源 j 的物理量；NCV_j 表示单位物理量能源 j 的净热值含量；C_j 表示单位热值能源 j 的潜在碳含量；O_{ij} 表示能源 j 在部门 i 被消耗时的碳氧化率；44/12 表示将碳转换成二氧化碳的转换因子。

经济部门直接碳排放量核算的关键是要确定各部门消耗各种能源的量和各种能源的碳排放因子（Xi et al., 2011）。部门直接碳排放量核算的过程和处理方法参照 Peters 等（2006）和苏伟（2014）的相关研究。本书所使用的不同类型能源的碳排放因子数据见表 5.1。

表 5.1　不同类型能源的碳排放因子

类型	净热值含量[a]	单位热值潜在碳含量[b]	碳氧化率[c]
原煤	209.1	24.7	80～98
洗精煤	263.4	24.7	80～98
其他洗煤	153.9	24.7	80～98
煤制品	178.0	24.7	80～98
焦炭	284.4	29.5	97
焦炉煤气	1630.8	20.2	99
其他煤气	864.3	20.2	99
原油	418.2	20.0	98
汽油	431.2	18.9	98
煤油	431.2	19.6	98

续表

类型	净热值含量[a]	单位热值潜在碳含量[b]	碳氧化率[c]
柴油	426.5	20.2	98
燃料油	418.2	21.1	98
液化石油气	501.8	17.2	99
天然气	3893.1	15.3	99
其他石油制品	418.2	20.2	98
其他焦化产品	284.4	25.8	97
热力	10.0	0	0
电力	948.3	0	0
其他能源	293.1	0	0

注：a. 固体和液体燃料的单位为太焦（10^{12} 焦）/万吨，气体燃料的单位为太焦/亿立方米，热力的单位为太焦/万百万千焦，电力采用等价热值法，单位为太焦/亿千瓦时，其他能源的单位为太焦/万吨标准煤；b. 单位为吨碳/太焦；c. 单位为%，原煤、洗精煤、其他洗煤和煤制品的碳氧化率不同部门不一样，具体部门的碳氧化率见文献 Peters 等（2006）

5.1.2　基于情景分析和 LEAP 模型的不同经济部门碳排放量预测

本书利用情景分析法和 LEAP 模型来预测未来不同经济部门的直接碳排放量。在预测不同经济发展战略方案情景下未来不同经济部门直接碳排放量的基础上，结合投入产出表的预测结果，就可用以分析未来不同情景下碳足迹结构、经济部门间隐含碳流动和碳足迹变化驱动因子的变化规律。

1. 情景分析法

由于未来的中长期发展趋势存在不确定性，普通的趋势外推的预测方法很难胜任对中长期发展趋势的战略预测（宗蓓华，1994）。而用条理清晰和富有逻辑的语言和数字勾勒出未来可能的路径演化和发展情景，能够帮助人们有效地理解不同情景下未来的发展趋势以及为了达到相关情景需要什么样的前提条件和选择什么样的发展路径（Chermack，2005）。在对未来各种发展趋势和路径进行综合系统分析的基础上，情景分析能够综合评估和深入研究制定的战略、规划、计划和政策对未来相关领域发展趋势的影响和效果。由于上述优点，19 世纪 70 年代以来，情景分析法已经逐渐成为主流的中长期战略预测方法，在企业、经济、军事和环境领域的战略预测和评估中被广泛应用（周大地等，2003；付加锋和刘小敏，2010）。20 世纪 90 年代以来，随着温室气体排放引起的全球气候变化问题在国际上受到的关注不断增加，情景分析法越来越多地被应用于预测未来中长期发展战略情景下温室气体排放的变化趋势（周大地等，2003；IPCC，2014）。情景设置和分析的过程包括定义问题的边界、现状发展特征的分析、变化过程主要驱动因子的分析、关键假设和不确定性的处理，以及对未来的构想。因此，情景分析不是对未来的准确预测，而是对高度不确定的未来的一种假设可能性的分析（Swart et al.，2004）。

能源活动是引起人为温室气体排放的最主要原因（陈靓，2013）。由于能源生产和消费受到诸如能源储量、供需和价格变化等多种不确定性因素的影响，对未来能源相关碳排放量的战略预测往往涉及较长的时间尺度且具有多种可能性和很大不确定性（谢元博，2014）。因此，在预测长时间尺度省域内不同经济部门碳排放量的未来变化趋势时，情景分析法是最适合的应用方法（陈靓，2013）。传统预测分析方法试图精确描绘未来会发生什么情况，而情景分析法描绘的是一定假设情景下，未来可能会出现的情况（宗蓓华，1994）。因此，传统预测结果是战略情景分析预测的一种特殊结果。情景分析中所描述的发展情景并不一定在将来就会出现，但情景分析可以帮助人们了解如果采取一定的发展战略，将会对未来碳排放变化趋势产生怎样的影响或者说要将碳排放控制在一定范围内需要采取怎样的发展战略措施（Swart et al.，2004；Postma and Liebl，2005）。

本书将结合定性和定量分析的优点，采用综合的分析模式来进行情景分析。首先，定性分析和描述影响碳排放量变化的社会经济技术水平和战略措施实施情况；在此基础上，量化部门产业结构和规模、部门能源结构、部门能源强度和技术水平等相关参数和指标（周大地等，2003）。对于设定的情景，借助 LEAP 模型测算不同经济发展战略措施实施方向和力度对各经济部门生产结构、技术进步水平和能源消费结构等的影响程度，从而对经济发展战略措施的实施对经济部门碳排放量变化的影响进行综合模拟分析。本书中针对碳排放量水平的情景分析分为两个阶段：第一阶段，设定碳排放相关情景的外部参数；第二阶段，测算部门的能源需求和碳排放量，并对比分析不同情景下的部门碳排放量和碳强度结果（周大地等，2003）。具体情景设定和计算步骤见图 5.1。

2. LEAP 模型

本书在进行情景分析时采用了 LEAP 模型作为主要的定量分析工具。LEAP 模型的中文全称为长期能源战略选择规划系统（long-range energy alternatives planning system，LEAP），它是 20 世纪 60 年代由斯德哥尔摩环境研究院（Stockholm Environment Institute，SEI）开发的能源-环境模型（周大地等，2003；SEI，2015）。该模型为“自下而上”的模拟模型，可以用于计算能源转换和消费需求及其引起的能源资源消耗量和污染物排放量（周大地等，2003；郭茹等，2011）。由于能源危机的频繁爆发和气候变化问题越来越受到重视，过去几十年里，LEAP 模

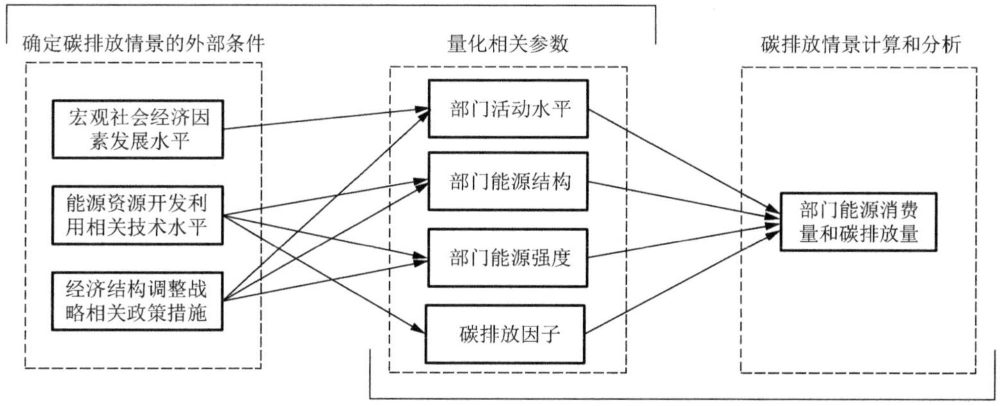

图 5.1　经济部门碳排放预测的情景分析过程

资料来源：周大地等，2003

型已被广泛应用于国家和区域的能源战略研究和温室气体减排评价（Shin et al.，2005；Shabbir and Ahmad，2010；Ozer et al.，2013；Wen and Li，2014；Yu et al.，2015）。LEAP 模型具有透明的数据来源和输入、相对较小的数据需求量、灵活的输入数据要求和强大的情景分析和管理能力等优点（Shin et al.，2005；Shabbir and Ahmad，2010）。本书构建的“LEAP-云南经济部门碳排放”模型结构如图 5.2 所示，该模型通过预测不同情景下不同部门和不同类型的能源消费总量，并在 LEAP 模型中内嵌 RAS 方法，用以测算未来不同部门不同类型能源消费量矩阵。结合碳排放因子数据，测算不同部门不同类型能源的碳排放量矩阵，从而用以评估不同情景下部门碳排放量和碳强度变化。LEAP 模型的操作界面如图 5.3 所示。

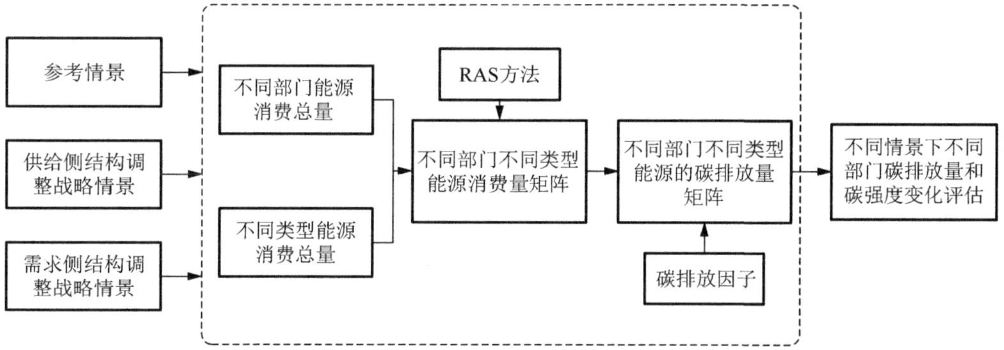

图 5.2　本书中 LEAP 模型的运行过程

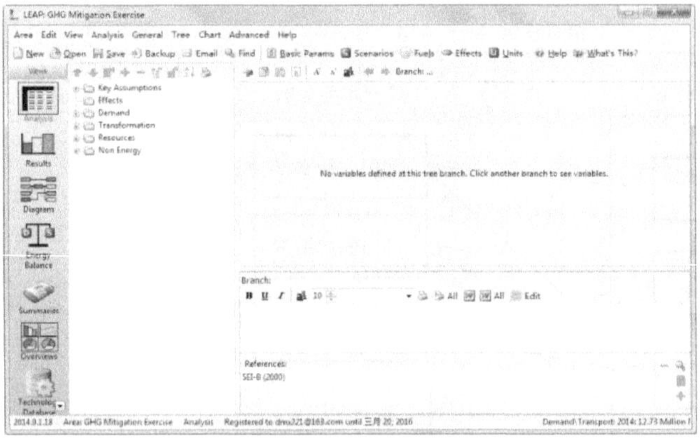

（a）情景管理和参数设定界面

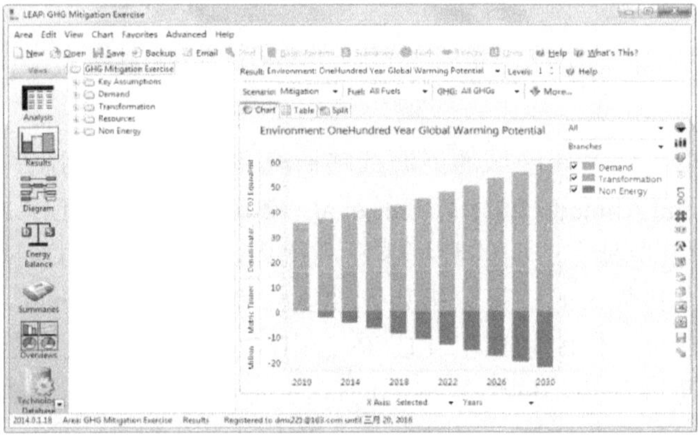

（b）结果展示界面

图 5.3　LEAP 模型操作界面

5.2　战略环境评价中经济部门间隐含碳流动分析及方法

5.2.1　基于 RAS 方法的投入产出表中中间产品最终矩阵预测

对未来的省域碳足迹变化进行情景分析时，需要推算未来不同经济发展战略情景下的投入产出数据。RAS 方法是指在已知目标年投入产出表中中间产品最终矩阵的各行之和（即行控制数）和各列之和（即列控制数）的情况下，通过调整初始年投入产出表中的中间产品原始矩阵，使其符合目标年行列控制数的约束，从而得到目标年中间产品最终矩阵的方法（Miller and Blair，2009）。RAS 方法具有操作简单、能够快速收敛且具有唯一解、对数据要求较少和结果可靠等优势（支援，2015）。因此，本书应用 RAS 方法来推算未来目标年投入产出表中的中间产品最终矩阵和直接消耗系数矩阵。

为了公式和符号的表述清晰，矩阵用大写的斜体加粗字母表示，向量用小写的斜体加粗字母表示，标量用斜体小写字母表示。如图 5.4 所示，RAS 方法推算未来目标年投入产出表中的中间产品最终矩阵和直接消耗系数矩阵的主要步骤如下（陈锡康，2011；支援，2015）。

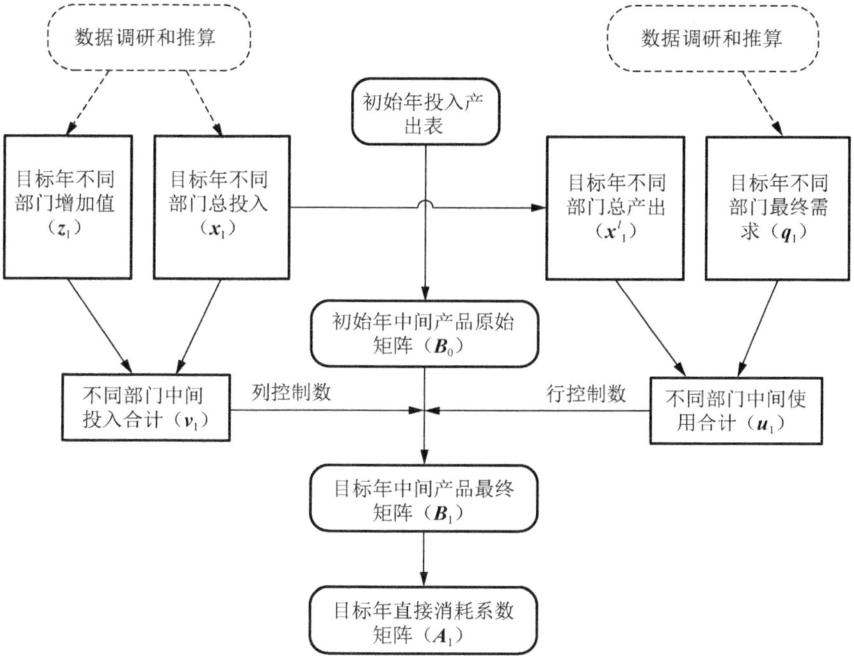

图 5.4　RAS 方法推算未来投入产出表中中间产品最终矩阵示意图

资料来源：支援，2015

（1）通过数据调研和推算，确定目标年份各经济部门的增加值、总投入和最终需求量（分部门总产出等于相同部门的总投入）。

（2）以目标年各部门中间使用合计列向量作为行控制数列向量，中间投入合计行向量作为列控制数行向量。最终生成的目标年中间产品最终矩阵中各行之和应等于对应的行控制数列向量中的元素，各列之和应等于对应的列控制数行向量中的元素。

（3）按照目标年中间产品最终矩阵和分部门总产出，计算目标年直接消耗系数矩阵。

RAS 方法的主要计算公式见公式（5.2）～公式（5.6）：

$$\boldsymbol{u}_1 = \boldsymbol{x}_1^I - \boldsymbol{q}_1 \tag{5.2}$$

$$\boldsymbol{v}_1 = \boldsymbol{x}_1 - \boldsymbol{z}_1 \tag{5.3}$$

$$\boldsymbol{B}_1 = \boldsymbol{R}\boldsymbol{B}_0\boldsymbol{S} \tag{5.4}$$

$$\boldsymbol{R} = \left[u_{i1} / u_{i0}\right] \tag{5.5}$$

$$\boldsymbol{S} = \left[v_{i1} / v_{i0}\right] \tag{5.6}$$

式中，$\boldsymbol{x}_1$为目标年不同部门总投入行向量；$\boldsymbol{x}_1^I$为将$\boldsymbol{x}_1$转换成列向量形式，表示目标年不同部门总产出列向量；$\boldsymbol{z}_1$为目标年不同部门增加值行向量；$\boldsymbol{q}_1$为目标年不同部门最终需求量列向量；$\boldsymbol{B}_1$为调整后的目标年中间产品最终矩阵；$\boldsymbol{B}_0$为初始年中间产品原始矩阵；$\boldsymbol{R}$为行控制数对角矩阵，其对角元素为$\boldsymbol{B}_1$中各部门中间使用合计u_{i1}与$\boldsymbol{B}_0$中的各部门中间使用合计u_{i0}的比值；$\boldsymbol{S}$为列控制数对角矩阵，其对角元素为$\boldsymbol{B}_1$中各部门中间投入合计v_{i1}与$\boldsymbol{B}_0$中的各部门中间投入合计v_{i0}的比值。由于该模型是在行控制数$\boldsymbol{R}$和列控制数$\boldsymbol{S}$的约束下最终求得目标年直接消耗系数矩阵$\boldsymbol{A}_1$，因此称为RAS模型。

5.2.2 基于EIO-LCA模型的碳足迹结构和隐含碳流动解析

在本节的公式推导中，向量被定义为列向量，如果将列向量转换成行向量，则在原向量上加一撇表示（例如：$\boldsymbol{x}$的行向量用$\boldsymbol{x}'$表示）。对于以向量$\boldsymbol{x}$的元素为主对角线元素，其他元素为零的对角矩阵，则在向量上加“ ˆ ”表示（例如：向量$\boldsymbol{x}$的对角矩阵用$\hat{\boldsymbol{x}}$表示）。

1. 非竞争型投入产出表的构建

我国及其省市区编制的投入产出表是竞争型投入产出表。在竞争型投入产出表中，流入产品和本地产品在中间产品和最终需求产品中具有替代和竞争关系（Zhao et al.，2009；赵旭，2009）。竞争型投入产出表的基本表式见表5.2，表中$\boldsymbol{B}=(x_{ij})$为$n \times n$的矩阵，表示中间产品矩阵，n表示经济部门的个数，i表示第i行(i=1,2,⋯,n)，j表示第j列(j=1,2,⋯,n)，x_{ij}表示部门i生产的产品提供给部门j使用的价值量或者说部门j在生产过程中消耗部门i产品的价值量；$\boldsymbol{y}^C=(y_i^C)$为$n \times 1$的列向量，表示消费需求列，y_i^C表示对部门i产品的消费需求，可细分为农村居民消费$\boldsymbol{y}^{CR}$、城镇居民消费$\boldsymbol{y}^{CU}$和政府消费$\boldsymbol{y}^{CG}$；$\boldsymbol{y}^I=(y_i^I)$为$n \times 1$的列向量，表示投资需求列，y_i^I表示对部门i产品的投资需求，可细分为固定资本形成$\boldsymbol{y}^{IF}$和存货增加$\boldsymbol{y}^{IS}$，当存货增加为负值时，表示存货减少；$\boldsymbol{y}^E=(y_i^E)$为$n \times 1$的列向量，表示流出需求列，y_i^E表示对部门i产品的流出需求，可细分为出口$\boldsymbol{y}^{EE}$和调出

$\boldsymbol{y}^{ED}$；$\boldsymbol{y}^{J}=(y_i^J)$为 $n\times1$ 的列向量，表示流入需求列，y_i^J 表示对部门 i 产品的流入需求，可细分为进口 $\boldsymbol{y}^{JJ}$ 和调入 $\boldsymbol{y}^{JD}$；$\boldsymbol{x}=(x_i)$是 $n\times1$ 的列向量，表示 n 个部门的总产出，x_i 表示部门 i 的总产出；$\boldsymbol{x}'=(x_j)$是 $1\times n$ 的行向量，表示 n 个部门的总投入，x_j 表示部门 j 的总投入；$\boldsymbol{v}'=(v_j)$为 $1\times n$ 的行向量，表示 n 个部门的增加值，v_j 表示部门 j 的增加值。

表 5.2　竞争型投入产出表表式

投入＼产出	中间使用	省域内最终需求		流出	流入	总产出
		消费	投资			
中间投入	$\boldsymbol{B}$	$\boldsymbol{y}^C$	$\boldsymbol{y}^I$	$\boldsymbol{y}^E$	$\boldsymbol{y}^J$	$\boldsymbol{x}$
增加值	$\boldsymbol{v}'$	—	—	—	—	—
总投入	$\boldsymbol{x}'$	—	—	—	—	—

为了研究省域内部和外部碳足迹结构的变化及其隐含碳的流动，需要区分本地生产的产品和流入的产品（Zhao et al.，2009；赵旭，2009；汪浩，2014）。因此，需要编制非竞争型投入产出表。本书采用文献 Koopman 等（2008）中的方法构建非竞争型投入产出表。非竞争型投入产出表的基本表式见表 5.3。在非竞争型投入产出表中，n 个部门的中间产品、省域内最终需求产品和流出产品都按照比例 $\boldsymbol{p}$ 拆分出流入产品，并将部门流入产品作为行向量单独列出。$\boldsymbol{p}=(p_i)$为 $n\times1$ 的列向量，$p_i=y_i^J\Big/\left(\sum_{j=1}^{n}x_{ij}+y_i^C+y_i^I+y_i^E\right)$；$\boldsymbol{B}^d=\boldsymbol{I}-\hat{\boldsymbol{p}}\boldsymbol{B}=(x_{ij}^d)$为 $n\times n$ 的矩阵，表示省域内中间产品矩阵，$\boldsymbol{I}$ 为 $n\times n$ 的单位矩阵，$x_{ij}^d=(1-p_i)x_{ij}$；$\boldsymbol{y}^{dC}=\boldsymbol{I}-\hat{\boldsymbol{p}}\boldsymbol{y}^C=(y_i^{dC})$为 $n\times1$ 的列向量，表示省域内生产的产品满足省域内消费需求的价值量，$y_i^{dC}=(1-p_i)y_i^C$；$\boldsymbol{y}^{dI}=\boldsymbol{I}-\hat{\boldsymbol{p}}\boldsymbol{y}^I=(y_i^{dI})$为 $n\times1$ 的列向量，表示省域内生产的产品满足省域内投资需求的价值量，$y_i^{dI}=(1-p_i)y_i^I$；$\boldsymbol{y}^{dE}=\boldsymbol{I}-\hat{\boldsymbol{p}}\boldsymbol{y}^E=(y_i^{dE})$为 $n\times1$ 的列向量，表示省域内生产的产品满足流出需求的价值量，$y_i^{dE}=(1-p_i)y_i^E$；$\boldsymbol{Y}^{dJ}=\hat{\boldsymbol{p}}\boldsymbol{B}=(y_{ij}^{dJ})$为 $n\times n$ 的矩阵，表示流入产品作为中间产品的产品矩阵，$y_{ij}^{dJ}=p_i x_{ij}$；

表 5.3　非竞争型投入产出表表式

投入＼产出		中间使用	省域内最终需求		流出	流入	总产出
			消费	投资			
中间投入	省域内投入	$\boldsymbol{B}^d$	$\boldsymbol{y}^{dC}$	$\boldsymbol{y}^{dI}$	$\boldsymbol{y}^{dE}$	—	$\boldsymbol{x}$
	流入投入	$\boldsymbol{Y}^{dJ}$	$\boldsymbol{y}^{JC}$	$\boldsymbol{y}^{JI}$	$\boldsymbol{y}^{JE}$	$\boldsymbol{y}^J$	—
增加值		$\boldsymbol{v}'$	—	—	—	—	—
总投入		$\boldsymbol{x}'$	—	—	—	—	—

$\boldsymbol{y}^{JC} = \hat{\boldsymbol{p}}\boldsymbol{y}^{C} = (y_i^{JC})$为$n \times 1$的列向量，表示流入产品满足省域内消费需求的价值量，$y_i^{JC} = p_i y_i^{C}$；$\boldsymbol{y}^{JI} = \hat{\boldsymbol{p}}\boldsymbol{y}^{I} = (y_i^{JI})$为$n \times 1$的列向量，表示流入产品满足省域内投资需求的价值量，$y_i^{JI} = p_i y_i^{I}$；$\boldsymbol{y}^{JE} = \hat{\boldsymbol{p}}\boldsymbol{y}^{E} = (y_i^{JE})$为$n \times 1$的列向量，表示流入产品满足流出需求的价值量，$y_i^{JE} = p_i y_i^{E}$。

2. EIO-LCA 模型

无论是在竞争型投入产出表还是非竞争型投入产出表中都存在着n个最基本的行平衡（赵旭，2009；Zhang et al.，2012），本书以竞争型投入产出表为例进行推导，数学形式见公式（5.7）。投入产出表中的行平衡表示部门的总产出与其中间使用和最终需求的关系。

$$x_i = \sum_{j=1}^{n} x_{ij} + y_i^C + y_i^I + y_i^E - y_i^J \tag{5.7}$$

令$y_i = y_i^C + y_i^I + y_i^E - y_i^J$，表示对部门$i$产品最终需求的价值量。直接消耗系数$a_{ij}$表示部门$j$每增加一单位总产出需要投入部门$i$的中间产品的价值，见公式（5.8）。

$$a_{ij} = \frac{x_{ij}}{x_j} \tag{5.8}$$

因此，将最终需求y_i和直接消耗系数a_{ij}代入公式（5.7），得到

$$x_i = \sum_{j=1}^{n} a_{ij} x_j + y_i \tag{5.9}$$

公式（5.9）用向量和矩阵的形式可以表示为

$$\boldsymbol{x} = \boldsymbol{A}\boldsymbol{x} + \boldsymbol{y} \tag{5.10}$$

式中，$\boldsymbol{A} = \left(a_{ij}\right)$是$n \times n$的矩阵，表示直接消耗系数矩阵；$\boldsymbol{y} = \left(y_i\right)$是$n \times 1$的向量，表示对$n$个部门产品最终需求的价值量。

通过转换形式，公式（5.10）可以转变为公式（5.11）：

$$\boldsymbol{x} = \left(\boldsymbol{I} - \boldsymbol{A}\right)^{-1} \boldsymbol{y} = \boldsymbol{L}\boldsymbol{y} \tag{5.11}$$

$$\boldsymbol{L} = \left(\boldsymbol{I} - \boldsymbol{A}\right)^{-1} = \left(l_{ij}\right) \tag{5.12}$$

式中，$\boldsymbol{L}$是$n \times n$的列昂惕夫逆矩阵，是投入产出分析中的核心矩阵；l_{ij}表示对部门j的最终需求每增加一单位价值，需要部门i的总产出增加的价值量。因此，可以通过公式（5.11）研究不同最终需求量$\boldsymbol{y}$及其变化对经济部门总产出$\boldsymbol{x}$的影响。例如，$\boldsymbol{x}^C = \boldsymbol{L}\boldsymbol{y}^C$表示为了满足省域内的消费需求，生产部门的总产出量，而$\Delta\boldsymbol{x}^C = \boldsymbol{L}\Delta\boldsymbol{y}^C$表示省域内消费需求的变化引起的生产部门总产出量的变化。

从而，省域产业碳排放可以通过公式（5.13）来计算：

$$e = \boldsymbol{f}'(\boldsymbol{I}-\boldsymbol{A})^{-1}\boldsymbol{y} = \boldsymbol{f}'\boldsymbol{L}\boldsymbol{y} = \boldsymbol{t}'\boldsymbol{y} \tag{5.13}$$

式中，e表示省域产业碳排放；$\boldsymbol{f}' = (f_j)$是 $1\times n$ 的行向量，其元素 f_j 表示部门 j 的直接碳排放量与该部门总产出的比值，即部门 j 的直接碳强度；$\boldsymbol{t}' = \boldsymbol{f}'(\boldsymbol{I}-\boldsymbol{A})^{-1} = \boldsymbol{f}'\boldsymbol{L} = (t_j)$ 为 $1\times n$ 的行向量，其中元素 t_j 表示部门 j 的总碳强度，即为了满足对部门 j 单位产品的最终需求，该部门在整个产业链中的碳排放量，包括直接碳排放量和间接碳排放量。可见，部门 j 的总碳强度实际上就是部门 j 的碳足迹强度。而部门间接碳强度可由部门总碳强度减去部门直接碳强度得到。部门间接碳强度表示生产一单位产品所隐含在中间产品产业链中的碳排放量。以钢的生产为例，生产一吨钢不但要消耗焦炭从而直接排放二氧化碳（对应钢生产部门的直接碳强度），而且生产一吨钢需要有生铁作为原料，而在生产生铁的过程中排放的二氧化碳成为钢生产部门的间接碳排放量（对应钢生产部门的间接碳强度）。通过公式（5.13）建立了最终需求及其变化与省域产业碳排放之间的关系。例如，$e = \boldsymbol{t}'\boldsymbol{y}^E$ 表示为了满足流出产品的最终需求，整个生产过程中的碳排放量，即流出产品的隐含碳。而$\Delta e = \boldsymbol{t}'\Delta\boldsymbol{y}^E$ 表示流出量的变化对省域产业碳排放变化的影响。

由于 $\boldsymbol{y} = \boldsymbol{y}^C + \boldsymbol{y}^I + \boldsymbol{y}^E - \boldsymbol{y}^J$，因此，

$$e = \boldsymbol{t}'\boldsymbol{y} = \boldsymbol{t}'\boldsymbol{y}^C + \boldsymbol{t}'\boldsymbol{y}^I + \boldsymbol{t}'\boldsymbol{y}^E - \boldsymbol{t}'\boldsymbol{y}^J = \boldsymbol{t}'\boldsymbol{y}^{CI} + \boldsymbol{t}'\boldsymbol{y}^E - \boldsymbol{t}'\boldsymbol{y}^J \tag{5.14}$$

式中，$\boldsymbol{y}^{CI} = \boldsymbol{y}^C + \boldsymbol{y}^I$，表示省域内的最终需求。从公式（5.14）可以看出，省域产业碳排放是指为了满足省域内的最终需求和省域流出需求的产品的生产活动在其整个产业链中的碳排放量减去为了满足这些最终需求而流入的产品的生产活动在其整个产业链中的碳排放量。也就是说，省域产业碳排放是指由省域内的生产活动产生的为了满足省域消费、投资和流出需求的碳排放量。

省域产业碳足迹为省域产业碳排放减去流出产品中的隐含碳加上流入产品中的隐含碳，可以用公式（5.15）表示：

$$e^{cf} = e - \boldsymbol{t}'\boldsymbol{y}^E + \boldsymbol{t}'\boldsymbol{y}^J = \boldsymbol{t}'\boldsymbol{y}^C + \boldsymbol{t}'\boldsymbol{y}^I = \boldsymbol{t}'\boldsymbol{y}^{CI} \tag{5.15}$$

由公式（5.15）可以看出，省域产业碳足迹指为了满足省域内的最终需求，省域内和省域外的生产活动在其整个产业链中的碳排放量。而省域内部碳足迹是指由省域内的生产活动满足省域内的最终需求，在其生产活动的整个产业链中的碳排放量。因此，为了计算省域的内部碳足迹需要排除流入产品的影响，只能利用非竞争型投入产出表来计算。根据省域碳足迹的计算方法，利用构建的非竞争型投入产出表，省域内部碳足迹计算公式为

$$e^{cfn} = \boldsymbol{t}^{d'}\boldsymbol{y}^{dCI} = \boldsymbol{f}'(\boldsymbol{I}-\boldsymbol{A}^d)^{-1}\boldsymbol{y}^{dCI} \tag{5.16}$$

式中，$\boldsymbol{A}^d=\left(a_{ij}^d\right)$ 是 $n\times n$ 的矩阵，表示非竞争型投入产出表的直接消耗系数矩阵，$a_{ij}^d=x_{ij}^d/x_j$；$\boldsymbol{y}^{dCI}=\left(y_i^{dCI}\right)$ 为 $n\times1$ 的列向量，$y_i^{dCI}=\left(1-p_i\right)y_i^C+\left(1-p_i\right)y_i^I$ 表示省域内生产活动满足的省域内最终需求量。因此，省域的外部碳足迹 $e^{cfw}=e^{cf}-e^{cfn}$。

根据公式（5.13），可以通过变换 $\boldsymbol{f}$ 向量的形式将碳排放或者碳足迹分配给不同的供给侧部门，如公式（5.17）所示。

$$\boldsymbol{e}=\hat{\boldsymbol{f}}(\boldsymbol{I}-\boldsymbol{A})^{-1}\boldsymbol{y}=\hat{\boldsymbol{f}}\boldsymbol{L}\boldsymbol{y} \tag{5.17}$$

式中，$\boldsymbol{e}=\left(e_i\right)$ 为 $n\times1$ 的列向量，表示 n 个经济部门在生产过程中的直接碳排放量，e_i 表示部门 i 生产过程中的碳排放量。通过公式（5.17）将产业碳减排责任在供给侧部门进行了分配。

从最终需求部门视角看，对不同部门产品的最终需求量引起的该部门整个产业链中的碳排放量可以用公式（5.18）表示：

$$\boldsymbol{e}^{f'}=\boldsymbol{f}'(\boldsymbol{I}-\boldsymbol{A})^{-1}\hat{\boldsymbol{y}}=\boldsymbol{T}\hat{\boldsymbol{y}} \tag{5.18}$$

式中，$\boldsymbol{e}^{f'}=\left(e_j^f\right)$ 为 $1\times n$ 的行向量，表示对 n 个部门产品的最终需求引起的其整个产业链中的碳排放量，包括直接碳排放量和间接碳排放量，e_j^f 表示对部门 j 产品的最终需求引起的部门直接碳排放量和间接碳排放量。通过公式（5.18）将产业碳减排责任在需求侧部门进行了分配。

为了揭示出隐含碳从供给侧部门向需求侧部门的流动。EIO-LCA 模型将投入产出基础数学模式公式（5.13）做了相关形式变化，见公式（5.19）。

$$\boldsymbol{E}=\hat{\boldsymbol{f}}(\boldsymbol{I}-\boldsymbol{A})^{-1}\hat{\boldsymbol{y}} \tag{5.19}$$

式中，$\boldsymbol{E}=(e_{ij})$ 为 $n\times n$ 的矩阵，其横行表示各个供给侧部门直接碳排放量以隐含碳的形式流向各个部门（包括本部门）的情况，纵行表示各个需求侧部门流入的来自各个部门（包括本部门）的中间产品和最终需求产品中的隐含碳的量（Hendrickson et al.，1998）。

5.3 战略环境评价中碳足迹变化驱动因子分解分析及方法

5.3.1 基于 Kaya 公式和 IPAT 模型的碳足迹变化驱动因子识别

日本学者 Kaya 在 1989 年 IPCC 的一次研讨会上提出了 Kaya 公式（Kaya，1989）。Kaya 公式通过简单的乘数分解，将影响碳排放量变化的因素描述为能源碳排放系数、单位 GDP 能耗、人均 GDP 和人口规模，见公式（5.20）。

$$C=\frac{C}{E}\times\frac{E}{\text{GDP}}\times\frac{\text{GDP}}{P}\times P=C_E\times E_G\times G_P\times P \tag{5.20}$$

式中，C 表示区域碳排放总量；E 表示区域能源消费总量；GDP 表示国内生产总值；P 表示人口总量；C_E 为区域单位能源消费的碳排放系数，主要由能源结构决定；E_G 表示单位国内生产总值的能源消费量，即区域能源强度；G_P 表示区域人均国内生产总值。

Kaya 公式通过简单的数学恒等式和乘数分解，将影响碳排放量的主要因素清晰表现出来。并且这种模式可以根据研究对象和研究者关注点的不同扩展到其他因素（黄敏等，2010；徐鹤等，2013）。例如，对于经济部门的碳强度可以进行以下分解：

$$I=\frac{C^I}{V}=\frac{C^I}{E^I}\times\frac{E^I}{V}=C^E\times E^V \tag{5.21}$$

$$C^E=\sum_i^n\frac{C_i^I}{E_i^I}\times\frac{E_i^I}{E^I}=\sum_i^n C_i^E\times E_i^S \tag{5.22}$$

$$E^V=\sum_j^m\frac{E_j^I}{V_j}\times\frac{V_j}{V}=\sum_j^m E_j^V\times I_j^S \tag{5.23}$$

式中，I 表示经济部门的碳强度；C^I 表示各部门的碳排放总量；V 表示各部门的增加值总量；E^I 表示各部门的能源消费总量；C^E 表示单位能源消费的碳排放量；E^V 表示单位增加值的能源消费量，即能源强度；C_i^I 表示第 i 种能源的碳排放量；E_i^I 表示第 i 种能源的能源消费量；C_i^E 表示第 i 种能源单位能源消费的碳排放量，即第 i 种能源的碳排放系数；E_i^S 表示第 i 种能源的消费量占部门能源消费总量的比例，代表部门能源消费结构；E_j^I 表示第 j 个部门的能源消费量；V_j 表示第 j 个部门的部门增加值；E_j^V 表示第 j 个部门的部门能源强度；I_j^S 表示第 j 个部门的部门增加值占各部门增加值总和的比例，代表产业结构。

尽管 Kaya 公式具有表述简单和易于应用的特点，但是其本身分解形式过于随意，有时会造成分解因素间的严重共线性，不利于分解结果的计算，而且分解因素的经济含义和经济相关性无法保证（Zhi et al.，2016）。因此，本书在参考 Kaya 公式数学形式的基础上，进一步利用 IPAT 模型确定更加合理的驱动因子。IPAT 模型由 Commoner（1992）提出，公式为 $I=P\times A\times T$，表示碳排放量主要由人口量、经济发展水平和技术水平三个因素决定。研究者通过大量数据和案例实证分析，证明了影响碳排放量变化的这三个因素之间的共线性较低，且影响具有代表性和显著性（Chen et al.，2013b；何强和吕光明，2008）。IPAT 模型也能进行相关扩展，其扩展形式随机回归影响模型（stochastic impacts by regression on population, affluence and technology，STIRPAT）（Dietz and Rosa，1994）已被广泛应用于碳排放量变化驱动因子的识别和定量分析（York et al.，2003）。

5.3.2 基于 SDA-LMDI 模型的碳足迹变化驱动因子定量化分解

本书应用 SDA-LMDI 模型从整个经济系统视角将区域碳排放和碳足迹变化各驱动因子的贡献量定量化。SDA-LMDI 模型可以用公式（5.24）和公式（5.25）来计算。

利用 Kaya 公式和 IPAT 模型原理可以将公式（5.17）中向量 $\boldsymbol{y}$ 分解成 4 个因素：最终需求结构 $\boldsymbol{W}$、GDP 构成 $\boldsymbol{c}$、人均 GDP g 和人口 p。在 $n\times m$ 的矩阵 $\boldsymbol{W}=(w_{ik})$ 中，元素 w_{ik} 表示对部门 i 产品的最终需求量占第 k 列最终需求量总和的比例，k 表示不同最终需求列包括居民消费、政府消费、投资、流出和流入，m 表示最终需求列的数量。在 $m\times 1$ 的列向量 $\boldsymbol{c}=(c_k)$ 中，元素 c_k 表示第 k 列最终需求列中各部门需求量之和与区域 GDP 的比值。分解后，区域碳排放量能用如下公式表示：

$$\boldsymbol{e}=\hat{\boldsymbol{f}}\boldsymbol{L}\boldsymbol{W}\boldsymbol{c}gp \tag{5.24}$$

结构分解分析的目的是将一定时期内碳排放量的变化 $\Delta\boldsymbol{e}$，表示为公式（5.24）中各个驱动因子变化的贡献，如公式（5.25）所示。

$$\Delta\boldsymbol{e}=\Delta\hat{\boldsymbol{f}}+\Delta\boldsymbol{L}+\Delta\boldsymbol{W}+\Delta\boldsymbol{c}+\Delta g+\Delta p \tag{5.25}$$

式中，$\Delta\hat{\boldsymbol{f}}$ 表示碳强度的变化对碳排放量变化的贡献，代表技术水平的影响，此因子由能源结构、能源强度和能源碳排放因子水平决定；$\Delta\boldsymbol{L}$ 表示列昂惕夫逆矩阵变化的贡献，即生产结构变化的贡献；$\Delta\boldsymbol{W}$ 表示最终需求结构变化的贡献；$\Delta\boldsymbol{c}$ 表示 GDP 构成变化的贡献；Δg 表示人均 GDP 变化的贡献；Δp 表示人口数量变化的贡献。

本书将碳排放量变化分解成 6 个驱动因子。De Boer（2008）在文献中推导了详细的 SDA-LMDI 分解模型的计算方法并以 2 个驱动因子为例进行了证明。通过将 De Boer（2008）中的模型扩展到 6 个因素，可以得到 $\boldsymbol{e}=\hat{\boldsymbol{f}}\boldsymbol{L}\boldsymbol{W}\boldsymbol{c}gp$，其中，$e_i=\sum_{j=1}^{n}\sum_{k=1}^{m}f_{ii}l_{ij}w_{jk}c_k gp$。假设 0 和 1 分别代表基期年和末期年，并令 $e_{ijk}=f_{ii}l_{ij}w_{jk}c_k gp$，可以推导出如下计算公式：

$$\Delta\hat{\boldsymbol{f}}=\sum_{j=1}^{n}\sum_{k=1}^{m}\frac{e_{ijk}(1)-e_{ijk}(0)}{\ln\left[e_{ijk}(1)/e_{ijk}(0)\right]}\ln\left[f_{ii}(1)/f_{ii}(0)\right] \tag{5.25a}$$

$$\Delta\boldsymbol{L}=\sum_{j=1}^{n}\sum_{k=1}^{m}\frac{e_{ijk}(1)-e_{ijk}(0)}{\ln\left[e_{ijk}(1)/e_{ijk}(0)\right]}\ln\left[l_{ij}(1)/l_{ij}(0)\right] \tag{5.25b}$$

$$\Delta \boldsymbol{W}=\sum_{j=1}^{n}\sum_{k=1}^{m}\frac{e_{ijk}(1)-e_{ijk}(0)}{\ln\left[e_{ijk}(1)/e_{ijk}(0)\right]}\ln\left[w_{jk}(1)/w_{jk}(0)\right] \tag{5.25c}$$

$$\Delta \boldsymbol{c}=\sum_{j=1}^{n}\sum_{k=1}^{m}\frac{e_{ijk}(1)-e_{ijk}(0)}{\ln\left[e_{ijk}(1)/e_{ijk}(0)\right]}\ln\left[c_{k}(1)/c_{k}(0)\right] \tag{5.25d}$$

$$\Delta g=\sum_{j=1}^{n}\sum_{k=1}^{m}\frac{e_{ijk}(1)-e_{ijk}(0)}{\ln\left[e_{ijk}(1)/e_{ijk}(0)\right]}\ln\left[g(1)/g(0)\right] \tag{5.25e}$$

$$\Delta p=\sum_{j=1}^{n}\sum_{k=1}^{m}\frac{e_{ijk}(1)-e_{ijk}(0)}{\ln\left[e_{ijk}(1)/e_{ijk}(0)\right]}\ln\left[p(1)/p(0)\right] \tag{5.25f}$$

通过以上推导可以看到，SDA-LMDI 模型具有表述简洁和计算简单的特点。然而，由于模型中引入了对数形式，在模型应用时当初始数据有零值和负值时计算会遇到困难。为了解决零值问题，本书按照文献 De Boer（2008）中的做法将初始数据中的零值用 10^{-29} 做了替代。对于负值问题，本书参照文献 Ang 和 Liu（2007）中的做法进行了处理。

5.4 方法假设和不确定性

在本书构建的评估方法体系中，关于投入产出分析框架有一些假设需要明确。投入产出分析框架最重要的假设为“加工流出和普通流出”（Su et al.，2013）和“竞争型流入和非竞争型流入”（Su and Ang，2013）假设。本书假设云南的流出属于普通流出，这意味着云南的流出产品中的加工流出与普通流出具有相同的投入结构。本书之所以这么假设，是因为云南的加工流出产品相对较少，并且在云南的调出数据中并未区分加工调出和普通调出。关于流入的假设，为了尽可能地减少不确定性，在分解碳排放和碳足迹变化驱动因子时，本研究假设云南的流入产品属于竞争型流入，即这时使用的是竞争型投入产出表。这是因为云南编制的原始投入产出表是基于竞争型流入假设，如果要将流入产品从原始投入产出表中分离出来需要采取一些其他的假设和处理方法，将给计算结果带来更多的不确定性。在竞争型流入的假设下，为了估算流入产品中的隐含碳并集中于分析云南本地技术水平变化的影响，本研究假设云南流入产品生产地的技术水平和投入结构与云南当地相同。这样一来，云南流入产品的隐含碳被设计为“通过产品的流入抵消的云南本地的碳排放”。因为如果这些流入产品在云南生产将产生相同的碳排放。而在分析云南经济部门间隐含碳流动时，由于要分析内部碳足迹的流动，因而需要排除流入产品的影响。本研究假设各经济部门中流入产品的占比与流入占总产出与流入之和的比例相同，从而在投入产出表中排除了流入产品的影响（Koopman et al.，2008），构建了非竞争型投入产出表。虽然这些假设将给计算结果带来一些不确定性，但是这是目前为得到非竞争型投入产出表普遍采用的方法。而且这些假设条件下得到的计算结果在时间尺度上具有很好的一致性，并已在多个案例研究中得到了验证（Minx et al.，2011；Weber et al.，2008）。未来如果能够采用调查数据编制非竞争型投入产出表，将减少计算结果的不确定性。

在综合考虑分部门能源数据的可获得性和不同年份投入产出表的部门分类后，本研究将经济部门最终划分为29个部门。然而，这将涉及文献Su等（2010）中提到的部门合并问题。通过对比分析不同部门合并情况下中国和新加坡出口产品中隐含碳的计算结果，Su等（2010）指出部门分类个数多于40个时，隐含碳估算结果更精确。如果这样的话，本研究29个部门的分类将对计算结果产生不确定性。不仅如此，由于像云南这样的欠发达地区往往未编制2000年、2005年和2010年的投入产出延长表，而这些延长表在国家尺度和其他发达地区（如北京）有编制。因此，本研究在进行投入产出分析时，时间间隔为5年。这将涉及文献Su和Ang（2012b）中提到的时间间隔合并问题，也将对结果产生不确定性。并且，本研究无法分析1997～2002年、2002～2007年和2007～2012年中间的次时间区间内碳排放和碳足迹结构、隐含碳流动及驱动因子的变化趋势。缺失这些次时间区间内碳排放和碳足迹的变化趋势将给结果的讨论和分析带来不确定性。由于这些不确定性的存在，本研究的计算结果只能被看做大约的结果。但是，这些不确定性的存在不会在大方向上大幅影响计算结果的大小和变化趋势（Weber et al.，2008）。由于意识到了这些不确定性的存在，在做出本研究的政策建议之前，本研究将计算结果与其他官方的统计数据和其他研究的结果进行了深入的对比分析和讨论。关于计算结果和讨论分析的不确定性将在更多更加详细的数据和更可靠的处理方法可得的情况下得到改进。

第6章　云南省经济结构调整战略碳足迹评估研究

6.1　云南省经济结构调整战略情景

6.1.1　云南省概况

云南省位于我国西南边疆，全省国土面积39.4万平方公里，其中约94%的面积属于山地和高原地区，只有约6%的面积属于比较适合农业生产和人类居住的坝区。由于独特的地理位置和地形条件，云南具有从温带到热带的多种气候条件，从而造就了其丰富多彩的自然风光和生物多样性，被称为“动植物王国”。独特的高原气候培育出云南特色高原农业，云烟、云花、云茶、云南咖啡、云南橡胶等产品畅销国内外。同时，云南具有丰富的矿产资源和可再生能源，有“有色金属王国”的美称，磷矿、锌矿和锡矿资源储量居全国首位，水能资源理论储量居全国第三位（李灿光, 2006）。此外，云南正在积极建设中国西部重要的清洁能源基地。

云南有中国55个少数民族中的25个，且多数都是本地特有的民族，从而形成了云南特有的民族文化多样性（李灿光，2006）。独特的自然风光和民族文化使云南具有丰富的旅游资源，旅游业成为支柱产业。然而，山区和内陆边疆的交通不便使云南成为我国的欠发达地区。根据云南“十三五”规划，2015年年底云南仍有471万贫困人口，129个县区市中有88个贫困县(云南省人民政府，2016a)。另外，云南脆弱的生态环境也极易受到气候变化的影响，2009～2010年水资源丰富的云南遭遇特大干旱气候（Wang and Meng，2013）。近年来，云南极其重视应对气候变化工作，颁布了《云南省应对气候变化方案》(云南省人民政府，2008)，制定了《云南省低碳发展规划纲要（2011—2020年)》（云南省发展和改革委员会，2011），并将应对气候变化内容作为专章纳入云南“十二五”（云南省人民政府，2011a）和“十三五”规划中（云南省人民政府，2016a）。同时，云南也是国内清洁发展机制项目注册成功数量最多的省份（沈娅莉，2011）。

本书选择云南省作为案例研究区域，主要考虑云南是代表我国欠发达地区的低碳发展试点省。面对严峻的来自国际社会的碳减排压力，我国从“十一五”开始推动以省市区为重要单位的节能减碳行动。中央政府选择了一批省市区进行低碳发展试点工作，试图根据不同省市区的特点积累适合当地的低碳发展模式和经验。云南被选作第一批低碳试点省份，以试验如何利用欠发达地区的后发优势，实现经济低碳转型和跨越发展（齐晔，2013）。目前，云南人均 GDP 只有全国水平的 60%左右（云南省统计局，2015），2015 年云南仍有占总人口约 10%的贫困人口（国家统计局云南调查总队，2015）。因此，对于落后的云南省来说，发展经济和减少贫困是重要和艰巨的任务。同时，作为第一批低碳试点省份，国家发改委要求云南的碳排放强度降低目标要高于全国水平（刘竹等，2011a；齐晔，2013）。由于中央政府计划从“十三五”开始控制碳排放总量并在 2030 年以前达到峰值（Tollefson，2014），可以预见，云南也将面临更加严峻的碳排放总量控制和达峰目标。面对发展经济消除贫困和控制碳排放的双重压力，云南面前的道路只有通过经济结构战略性调整实现经济低碳转型和可持续发展。

近年来云南低碳发展形势受到极大挑战，1997～2012 年，云南能源消费总量从 34.3 百万吨标准煤增长至 104.3 百万吨，增长了 2 倍。能源相关二氧化碳排放量从 56.6 百万吨二氧化碳增长至 197.1 百万吨，增长了 2.5 倍。在《云南省低碳发展规划纲要（2011—2020 年）》中，专家预测 2015 年云南碳排放总量将达到 216.6 百万吨，2020 年达到 278.3 百万吨（云南省发展和改革委员会，2011）。在云南总碳排放中，产业碳排放占比超过 80%，并且随着工业化的发展其占比呈逐年上升趋势，2012 年产业碳排放占总碳排放的比例达到 95%（图 6.1），与此同时，产业碳排放的增速非常快。1997～2007 年，云南产业碳排放增长了 209.6%，比同期中国产业碳排放增长率高出 102.4%（Minx et al.，2011），分别是同期北京市、辽宁省和江苏省产业碳排放增长率的 4.6 倍、2.6 倍和 1.5 倍（Liang and Zhang，2011；Geng et al.，2013；Wang et al.，2013）。这些事实不得不引人深思：是什么样的经济规模和结构因素变化驱动着云南碳排放的增长？

1997～2012 年，云南经济的高碳化经历了三个不同的阶段（图 6.1）：1997～2002 年，呈现低经济增长和低碳排放增长的态势，年均碳排放弹性系数（碳排放弹性系数等于产业碳排放变化率除以 GDP 变化率）约等于 1；2002～2007 年，呈现出高经济增长和高碳排放增长的态势，年均碳排放弹性系数约等于 1.6；2007～2012 年，呈现出高经济增长和低碳排放增长的态势，年均碳排放弹性系数约等于 0.4。从以上趋势看出，云南经济经历了从相对高碳向高碳再向相对低碳转变的过程（刘竹等，2011a）。值得关注的是 2007～2012 年云南实现了相对低碳的经济增长，是怎样的经济结构调整驱动着这样的变化引起了本书作者的极大兴趣，因为在欠发达地区通过调整经济结构实现经济低碳转型对于政策制定者来说是极大的挑战（Guan and Barker，2012）。只有深入剖析云南实施的经济结构调整战略措施对碳足迹结构、隐含碳流动和驱动因子变化的影响，才能找出未来经济结构调整的着力点。而目前云南碳排放评估的相关研究主要集中在碳排放清单的构建（Tang et al.，2012）和对于未来碳强度降低目标可实现性的分析（云南省发展和改革委员会，2011），急需加强经济结构调整战略碳足迹评估方面的研究。

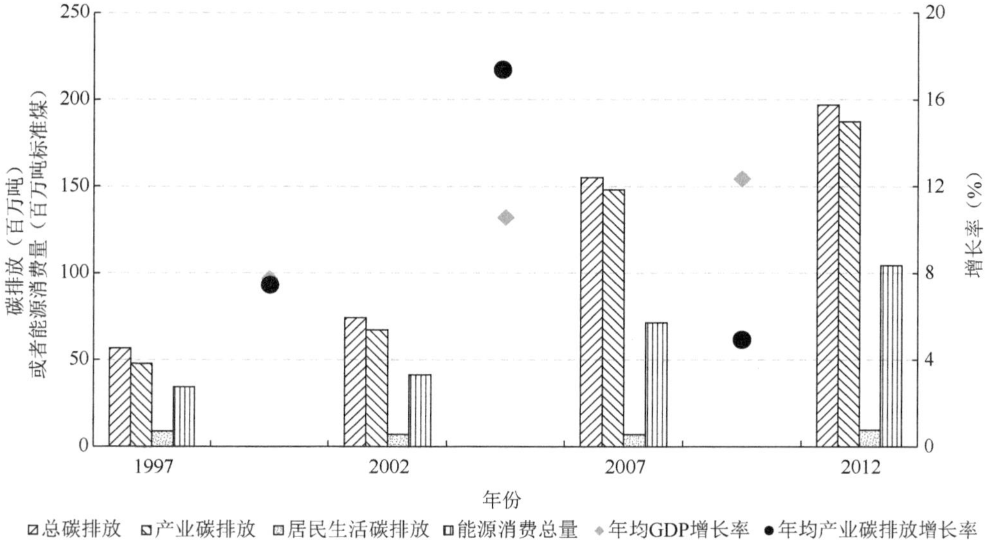

图 6.1　1997～2012 年云南 GDP 增长率、能源消费总量及碳排放

近年来，云南经济增速大幅放缓，说明过去依赖的高碳增长模式已难以为继。云南省政府曾经提出转变经济增长方式和促进绿色经济发展等经济结构调整战略。如今为了应对经济下行压力，政府提出了一系列经济结构调整战略，特别是供给侧结构调整战略。然而，过去实施的经济结构调整战略措施对经济低碳转型的作用如何？未来要实施的经济结构调整战略措施对碳足迹变化的影响如何？未来需要怎样的经济结构调整战略政策设计和发展路径来促进云南经济的低碳转型？这些问题都亟待解决。唯有深入分析经济结构调整战略措施对碳足迹结构、隐含碳流动和驱动因子变化的影响机制，才能提出更加优化的通过经济结构战略性调整促进经济低碳转型的政策框架和发展路径。因此，云南省的案例研究具有很强的现实意义。另外，通过对欠发达的低碳试点省市区的案例研究，能为其他欠发达地区利用后发优势，通过实施经济结构调整战略促进经济低碳转型提供参考和借鉴。

6.1.2 云南省社会经济技术发展历史趋势及与全国水平的比较

1. 经济增长

改革开放以来，云南经济快速增长，1978～2013 年 GDP 以年均 10.5%的速度增长，2012 年 GDP 规模突破 1 万亿元，达到 10309.47 亿。然而，从 2014 年开始 GDP 增速有所放缓，2014 年放缓至 8.1%，2015 年为 8.7%。云南 GDP 增速一直在 10%上下波动，与全国增速的波动趋势基本一致（图 6.2）。以 2008 年为节点，世界金融危机之前云南 GDP 增速大部分时间慢于全国水平，之后则一直快于全国水平。云南 GDP 占全国的比例基本保持在 2%上下波动。2008 年后，由于 GDP 增速快于全国水平，云南 GDP 占比呈上升趋势，2013 年占比开始超过 2%，2015 年达到 2.03%（图 6.2）。

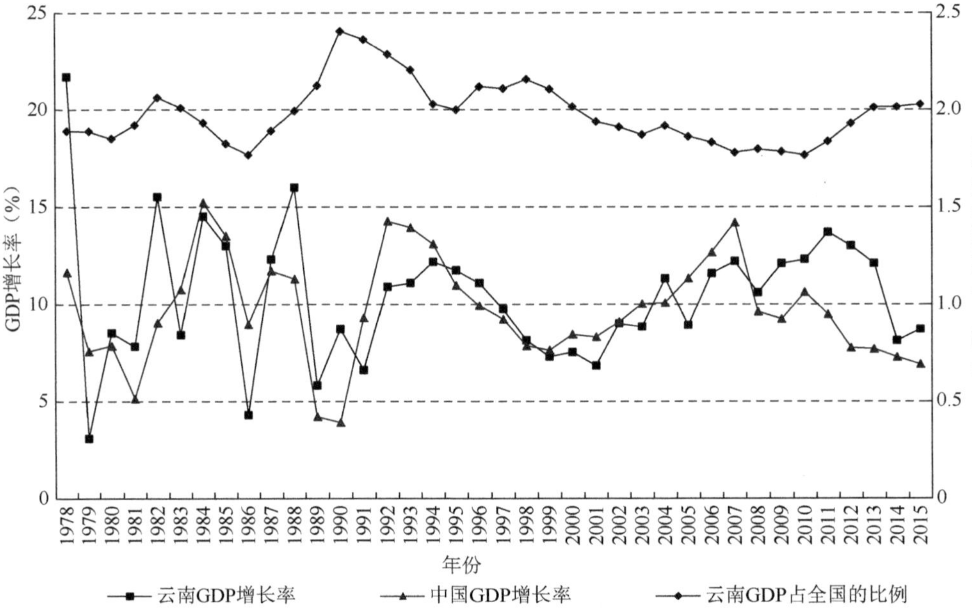

图 6.2　1978～2015 年云南与全国 GDP 增长率及云南 GDP 占全国的比例

云南人均 GDP 占全国水平的比例一直在 60%上下波动，占比最高时为 1990 年，达到 73.7%；此后占比开始下降，2010 年降低至历史最低的 51.5%。“十二五”期间，云南人均 GDP 占比开始逆转上升，2015 年已经接近 60%的历史平均水平（图 6.3）。

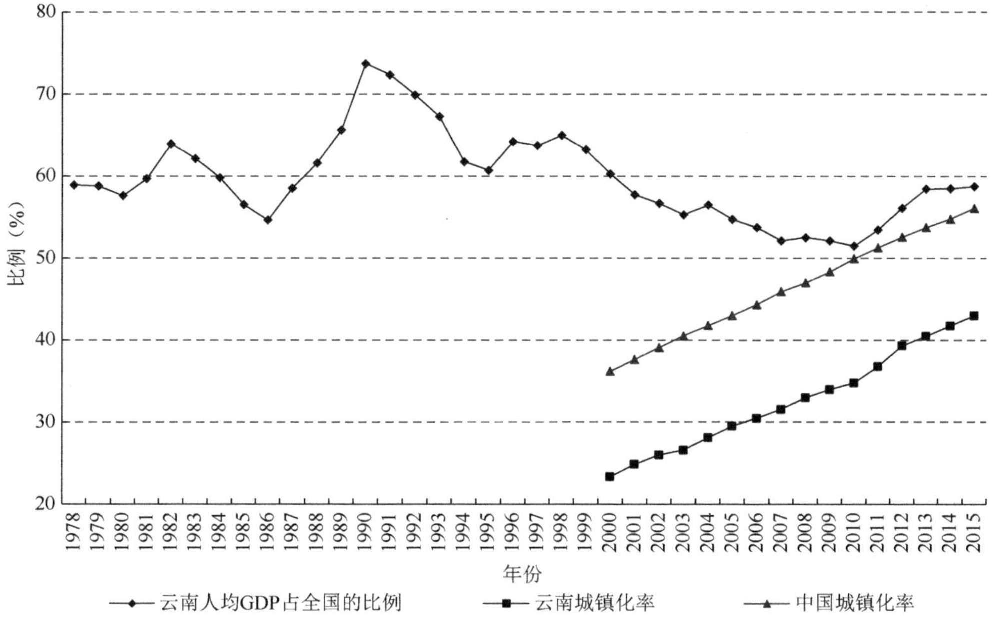

图 6.3　1978～2015 年云南和全国城镇化率及云南人均 GDP 占全国的比例

2. 人口数量和城镇化率

由于计划生育政策的实施，中国和云南人口增长率都呈下降趋势，但是云南人口增长率高于全国水平。这是因为云南农村和少数民族人口较多，而对于农村和少数民族人口来说，计划生育政策的执行没有城镇人口严格。这也使云南人口占全国人口的比例稳步上升，占比由 1978 年的 3.2%上升至 2015 年的 3.5%。从 1992 年开始，云南人口增长率呈降低的趋势，然后趋于稳定，其人口增长率由 1992 年的 13‰降低至 2014 年的 6‰左右；从 2008 年开始，年净增人口低于 30 万。然而由于“二孩”政策的放开，2015 年云南人口增长率上升至 6.4‰，当年人口数量达到 4744.1 万人（图 6.4）。

2000～2015 年，云南城镇化率由 23.36%持续上升至 43.30%。与全国水平相比，云南城镇化率水平相差 13%左右。2000～2010 年差距有所拉大，2010 年以后差距逐渐缩小（图 6.3）。

3. 产业结构和 GDP 构成

改革开放以来，云南第一产业占比呈下降趋势，但是下降速度有所减缓；与全国水平相比，云南第一产业占比依然偏高。第三产业占比呈上升趋势，但是

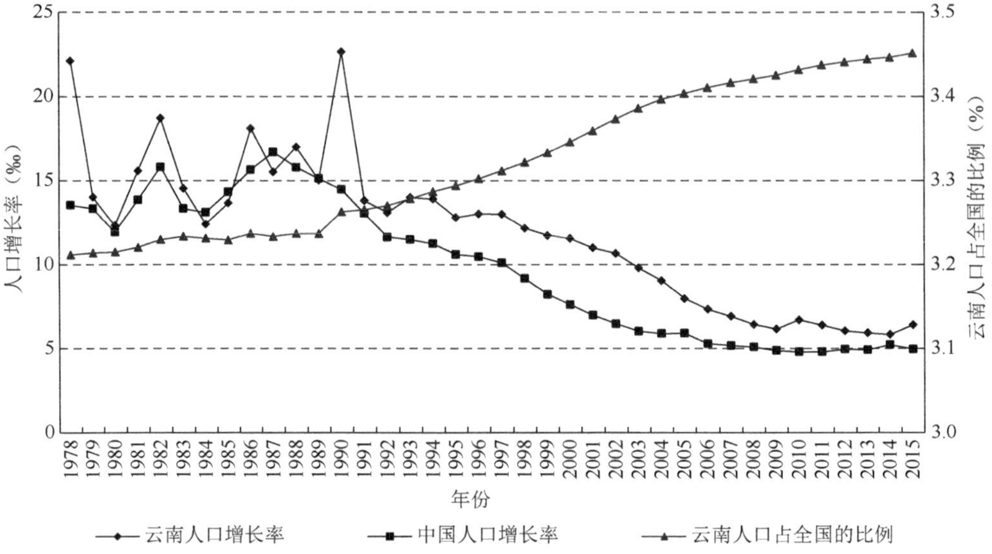

图 6.4　1978～2015 年云南和全国人口增长率及云南人口占全国的比例

2000～2012 年上升速度缓慢，这使得云南“十五”和“十一五”规划中提出的提升第三产业占比的目标未能实现（附表 6）（云南省人民政府，2001，2006）。与全国水平相比，云南第三产业占比曾在 1993 年高于全国水平，但是之后一直低于全国水平，且与全国水平的差距逐渐拉大。从 2013 年开始云南第三产业占比超过第二产业占比，并呈加速上升趋势，这与全国水平的趋势是一致的。云南第二产业占比呈波动上升趋势，并在 2010 年达到峰值 44.6%，然而，2010 年后呈持续下降趋势，到 2015 年仅占 40%（图 6.5）。云南产业结构的变化趋势反映了关于云南如何利用后发优势实现经济跨越发展的路径选择的争论。一方面，传统产业发展战略支持者认为，云南必须按照常规路径大力发展工业尤其是重工业。为此云南曾提出“工业强省”的产业发展战略，其重化工业也在“十五”和“十一五”期间得到了大力发展，而第三产业发展则相对缓慢。另一方面，另一种观点认为，云南要实现追赶发达地区的跨越发展，必须跳出常规工业化发展路径，而应学习瑞士的做法（曹和平，2005）。在瑞士式的产业发展路径下，云南应利用自身比较优势资源，大力发展高原特色农业以及旅游业、会展业和休闲养老产业等现代服务产业，并通过大力发展生产性服务业促进资源型初级加工产业向精工制造方向转型（云南论坛秘书处，2007）。通过将中国云南发展成为类似欧盟的瑞士，使云南跨越传统工业化发展阶段，实现云南对发达地区的赶超（曹和平，2005）。在现实中，第一种发展路径更占优势，因为，跨越式发展的瑞士模式需要长期规划，不适合过去一段时期更注重短期经济增长的云南。

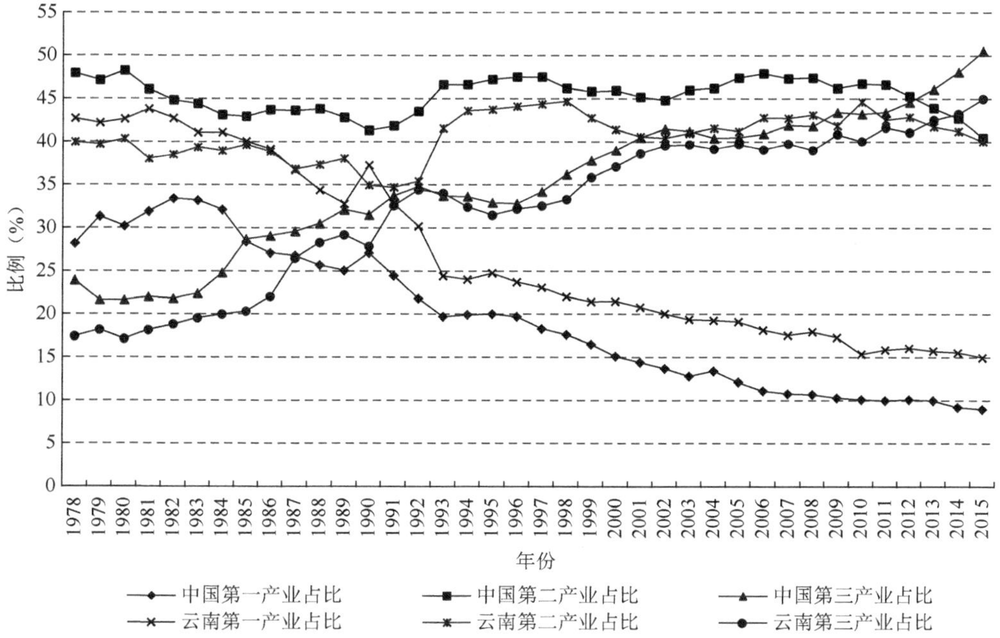

图 6.5　1978～2015 年云南和全国三次产业结构

云南消费占 GDP 的比例（消费率）一直高于全国水平，近年来维持在 60%左右，且大部分时间高于自身投资占 GDP 的比例（投资率）。因此，消费是驱动云南经济发展的重要力量。然而，云南投资率从 2007 年开始大幅飙升并在 2 年内相继超过全国消费率和自身的消费率，2014 年达到历史最高 91.1%，投资逐步取代消费成为驱动云南经济发展的第一大力量。与之相对应的是，云南净流出占 GDP 的比例(净流出率)从 2007 年开始大幅下降，2014 年下降至历史最低-55.2%。这说明云南为了支撑投资规模的扩大越来越依赖省域外流入产品的支持或者说云南投资规模的扩大越来越多地拉动省域外经济的发展。与我国净出口盈余不同的是，云南净流出一直处于赤字状态，并且贸易赤字额越来越大（图 6.6）。

4. 能源消费总量和能源强度

1978～2015 年，云南能源消费总量呈持续上升趋势，从 1065.9 万吨标准煤增长至 10360.9 万吨，增长了 8.7 倍。云南能源消费总量占全国能源消费总量的比例也呈上升趋势，由改革开放初期的占比 1.5%左右上升至“十二五”期间的 2.5%左右。以 1995 年占比 2.0%为分界点，之前低于 2.0%，之后高于 2.0%（图 6.7）。

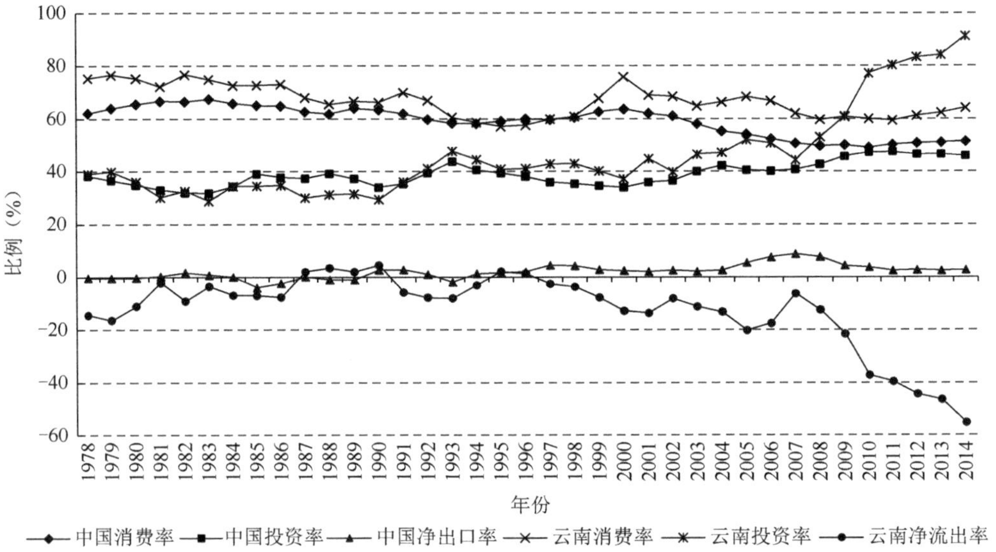

图 6.6 1978～2014 年云南和全国 GDP 构成

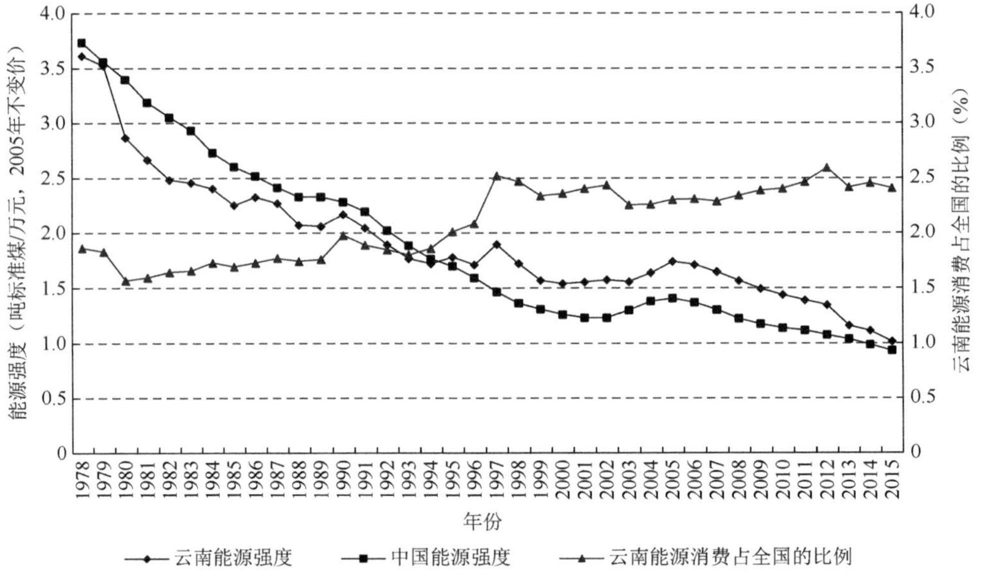

图 6.7 1978～2015 年云南和全国能源强度及云南能源消费占全国的比例

尽管有所波动，但云南能源强度呈下降趋势，由 1978 年的 3.6 吨标准煤/万元（2005 年不变价，下同）降低至 2015 年的 1.0 吨标准煤/万元。与全国水平相比，1995 年之前能源强度低于全国水平，1995 年以后高于全国水平。“十二五”期间云南能源强度与全国水平的差距逐步缩小，2015 年已接近全国水平（图 6.7）。

5. 能源结构

1990～2014 年，云南煤炭占比低于全国水平且呈下降趋势，由 71.7%降低至 43.1%，降低了约 29%。与煤炭占比相反，云南一次电占比高于全国水平且呈上升趋势，占比由 18.3%上升至 40.7%，上升了约 22%。这主要得益于云南拥有丰富的水电资源，并且得到了大力开发和应用。2009 年以后随着各大型水电站的相继投产，一次电占比快速上升，并形成了对煤炭消费的强力替代作用。云南石油占比低于全国水平，但是近十年来上升速度较快，目前已接近全国水平，2014 年达到 14.7%。由于云南天然气资源匮乏，天然气占比一直较低且呈进一步下降趋势。1998 年之前云南天然气占比高于全国水平，之后低于全国水平且差距不断拉大；“十二五”时期，云南天然气占比维持在 0.5%左右（图 6.8）。

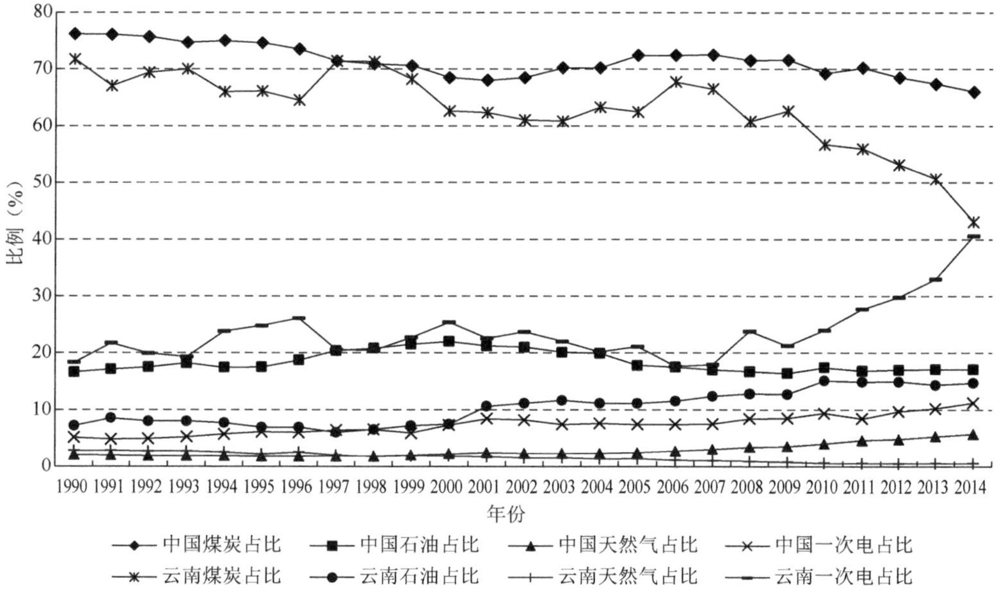

图 6.8　1990～2014 年云南和全国能源结构

6.1.3　云南省经济结构调整战略分析

1. 云南省经济结构调整战略历史实施情况

“八五”末期（1995 年），云南形成了“一烟独大”的产业发展格局，烟草产业增加值占 GDP 的比例达到 22%（Eng，1999）。从“九五”开始，云南提出转变经济增长方式，开启了新一轮经济结构调整的序幕。云南经济结构调整的首要任务是调整产业结构，由“一烟独大”转变为发展烟草、生物资源开发、矿产和旅游四大支柱产业。尤其是生物资源开发产业，成为“九五”期间云南重点推进的支柱产业。提升技术方面，提出“科教兴滇”战略，着力提高能源利用效率。能源结构调整方面，提出改善能源生产和消费结构。从需求侧看，提出调整需求结构、促进投资拉动经济和优化进出口结构。“十五”期间，云南正式提出“绿色经济强省，民族文化大省，中国连接东南亚、南亚的国际大通道”战略。在支柱产业建设方面，新增了发展水电为主的电力工业，支柱产业变为五个，并开始提出发展高新技术产业和现代服务业。“十五”期间并未提出明确的能源效率和能源结构优化目标。从需求侧看，“十五”时期云南开始关注调整消费和贸易结构。在消费方面，提出鼓励汽车消费和服务性消费；在贸易方面，提出增加出口产品科技含量、发展服务贸易；在投资方面则主要关注房地产和交通投资，以改善居民居住和出行条件。

“十一五”开始，云南提出推进新型工业化进程，实施“工业强省”战略，重点发展十大产业[①]（云南省人民政府，2006）。提出大力发展服务业，并首次公布具体的服务业占比提升目标。提升能源利用效率方面，首次将万元生产总值能耗降低17%设为约束性指标。在能源生产方面，提出能源开发以可再生能源为主方向转变。产业能源利用方面，提出“矿电结合”[②]战略。从需求侧看，云南首次将降低资本形成率[③]和大力提升服务贸易进出口总额作为约束性指标；在消费方面，提出倡导绿色消费。“十二五”时期，云南提出“绿色经济强省、民族文化强省和中国面向西南开放的桥头堡”战略。产业结构优化方面，提出促进产业转型升级、提高轻工业比例、延长重化工业产业链。产业技术升级方面，提出实施“创新型云南行动计划”和“质量兴省”战略。产业能源消费结构优化方面，提出发展清洁载能产业，并首次将非化石能源占一次能源消费比例提升目标作为约束性指标。云南还开创性地在“十二五”规划中用专章内容提出促进低碳发展，并将单位生产总值二氧化碳排放量降低目标作为约束性指标纳入规划（云南省人民政府，2011a）。

经过四个五年规划的探索和推进，云南经济结构调整战略的目标和方向越来越清晰和具体。总体来看，供给侧结构调整战略受到更多重视，不但在规划中篇

① 包括烟草及其配套、能源、冶金、化工、机械、医药、信息、建材、农特产品加工、造纸十个重点行业。

② “矿电结合”是指建立云南水电产业和高耗电的矿产业之间的联系，以促进两个产业协同布局和协调发展。

③ 云南“十一五”规划中提出的资本形成率指标与本书中所说的投资率指标具有相同的含义。

幅较大，而且既有综合规划支撑，还有专项规划支持。需求侧结构调整战略则只在综合性规划中提到并且篇幅较小。产业结构优化战略方面，思路是由“一烟独大”逐步向支柱产业多元化方向发展。但是不同时期重点发展的支柱产业有所变化，“九五”和“十五”期间提出重点发展生物资源开发产业和绿色经济，而“十一五”和“十二五”期间有转向重点发展重化工业的趋势。产业技术优化及能源生产和消费结构调整方面，由虚化的概念和口号逐步向具体可定量化考核的约束性指标转变。从需求侧看，“九五”时期只是提出相关概念和要求，“十五”开始重点关注消费和贸易结构优化，“十一五”开始转向关注降低资本形成率和绿化消费结构等具体问题，“十二五”时期提出具体的需求侧结构调整战略方向。云南经济结构调整战略的历史实施情况总结见附表 7。

2. 云南省经济结构调整战略的目标和方向

本节根据云南“十三五”规划及近年来实施的中长期规划和政策，总结云南经济结构调整战略的目标和方向。云南经济结构调整战略首次提出“深化供给侧结构性改革”（云南省人民政府，2016a）和“民族团结进步示范区，生态文明建设排头兵，面向南亚、东南亚辐射中心”战略。在供给侧结构调整战略方面，最大的进步在于明确提出了大力发展低碳产业（云南省发展和改革委员会，2011），并首次提出控制碳排放总量的战略方向。加强了对创新驱动经济发展的重视程度，新增了科技进步贡献率和战略性新兴产业增加值占比两个体现创新驱动战略的具体指标。产业转型升级方面，明确了“两型三化”①的产业转型升级具体方向，并首次提出将文化产业建设成为支柱产业。能源结构优化方面，提出大力开发可再生能源的同时，促进石油和天然气对煤炭的替代；通过分布式能源供应网络的建设，促进能源消费结构优化。

需求侧结构调整战略方面，相对于“十一五”时期的具体部门目标和指标，未来云南将更加重视部门供应链的优化和全过程控制。主要提出促进服务消费和信息消费，提倡绿色出行，反对过度包装；优化建筑业产业链，加强节能环保型建筑材料的应用；促进绿色生活方式的形成，促进生产、流通、消费全过程资源节约；推广节能产品、节能汽车和低碳产品认证，发展循环经济；促进出口产品向高技术含量、高附加值转化，拓展服务出口。具体战略目标和方向见表 6.1。

① “两型三化”是指“开放型、创新型和高端化、信息化、绿色化”。

表 6.1　云南经济结构调整战略的主要目标和方向

<table>
<tr><th>战略类型</th><th>战略目标</th><th>战略方向</th><th>支撑规划和政策</th></tr>
<tr><td rowspan="4">供给侧结构调整战略</td><td>构建低碳特征的产业体系</td><td>大力发展低碳产业；
提高轻工业占比；
传统产业低碳化改造；
淘汰落后产能</td><td rowspan="6">《云南省国民经济和社会发展第十三个五年规划纲要》，2016 年；《云南省低碳发展规划纲要（2011－2020 年）》，2011 年；《云南省应对气候变化方案》，2008 年；《七彩云南生态文明建设规划纲要（2009－2020 年）》，2009 年；《云南省加快建设面向西南开放重要桥头堡总体规划（2012－2020 年）》，2012 年；《云南省新型工业化重点产业发展规划纲要》，2004 年；《云南省人民政府关于发挥新消费引领作用加快培育形成新供给新动力的实施意见》，2016 年；《云南省人民政府关于煤炭行业化解过剩产能实现脱困发展的实施意见》，2016 年；《云南省人民政府关于钢铁行业化解过剩产能实现脱困发展的实施意见》，2016 年；《云南省人民政府办公厅关于加快发展生活性服务业促进消费结构升级的实施意见》，2016 年；《云南省中医药健康服务发展规划（2015－2020 年）》，2016 年；《云南省人民政府关于促进服务外包产业加快发展的实施意见》，2015 年；《云南省人民政府关于加快发展节能环保产业的意见》，2015 年；《云南省人民政府关于加快发展服务贸易的实施意见》，2015 年；《云南省人民政府关于加快发展体育产业促进体育消费的实施意见》，2015 年；《云南省加快科技服务业发展实施方案》，2015 年；《云南省人民政府办公厅关于加快新能源汽车推广应用的实施意见》，2015 年；《云南省人民政府关于促进我省生产性服务业发展的实施意见》，2015 年；《云南省人民政府关于促进信息消费的实施意见》，2014 年；《化解产能严重过剩矛盾实施方案》，2014 年；《云南省人民政府关于加快天然气利用发展的意见》，2014 年；《云南省促进光伏产业健康发展实施方案》，2014 年</td></tr>
<tr><td>提高能源利用效率</td><td>强化重点行业节能技术的开发和推广；
发展低碳交通</td></tr>
<tr><td>开发水能为主的可再生能源</td><td>大力开发水电；
扩大风电和太阳能等可再生能源开发；
开发生物质能源</td></tr>
<tr><td>提高清洁能源利用水平</td><td>扩大天然气利用；
提高对水电的消纳；
减少弃风、弃光</td></tr>
<tr><td rowspan="2">需求侧结构调整战略</td><td>构建低碳消费结构</td><td>减少私家车使用；
减少一次性用品的使用；
推广普及节能产品和器具；
提高服务消费比例；
节约用水</td></tr>
<tr><td>促进出口结构优化</td><td>提高服务出口比例；
鼓励轻工产品出口</td></tr>
</table>

6.1.4　云南省经济结构调整战略情景设置

为了对比研究云南供给侧结构调整战略和需求侧结构调整战略措施对碳足迹结构、隐含碳流动和驱动因子变化的影响，本书以 2012 年为基准年，设置了参考情景、供给侧结构调整战略情景（以下简称供给侧情景）和需求侧结构调整战略情景（以下简称需求侧情景）三个情景。为了消除贫困并与全国同步实现“两个一百年”目标①，在三个情景中云南的 GDP 增速都将保持比全国水平快的中高速水平。在参考情景中，云南将大力发展第二产业，能源结构调整和产业部门技术都有所进步但进展相对缓慢。需求结构调整缓慢，投资占 GDP 的比例和居民人均

① “两个一百年”目标是指中国共产党成立一百年，即 2020 年左右，全面建成小康社会；中华人民共和国成立一百年，即 2050 年左右，全面实现现代化的目标。实现“两个一百年”目标需要保持一定的经济增长速度和经济规模。

能源消费持续上升，居民生活能源消费结构有所优化。在供给侧情景中，云南将重点发展第三产业，并大力优化能源结构，推进产业部门技术进步。需求结构调整缓慢，投资占 GDP 的比例和居民人均能源消费持续上升，居民生活能源消费结构有所优化。在需求侧情景中，云南将大力发展第二产业，能源结构调整和产业部门技术都有所进步但进展相对缓慢。需求结构持续优化，投资占 GDP 的比例和居民人均能源消费量持续下降，居民生活能源消费结构大幅优化。具体情景描述见表 6.2，参数定量化设置依据及过程如下。

表 6.2 云南经济结构调整战略的情景设置和描述

情景设置	情景描述
参考情景	GDP 增速保持比全国水平快的中高速水平；人口增长率在 2015～2020 年有所回升，2020 年后将持续回落；实施和东部发达地区一样的工业化战略，第二产业占 GDP 的比例持续增长至 2030 年，2030 年后开始回落；煤炭占能源消费的比例有所下降，天然气和可再生能源占比有所上升；2012～2030 年部门技术水平有所进步，但进展较慢，2030 年后技术进步停滞；对第二和第三产业部门产品的需求随人均 GDP 的增长增长较快，对第一产业部门产品需求的增长速度持续放缓；投资占 GDP 的比例有所上升；城镇化水平将逐步赶上全国水平；到 2020 年居民人均能源消费有所上升，2020 年以后保持相对稳定；居民能源消费中天然气和可再生能源占比有所上升
供给侧结构调整战略情景	GDP 增速保持比全国水平快的中高速水平；人口增长率在 2015～2020 年有所回升，2020 年后将持续回落；通过调整产业结构，走优先发展第三产业的路径，第三产业占 GDP 的比例将持续上升；煤炭占能源消费的比例持续快速下降，天然气和可再生能源占比则快速上升；2012～2030 年部门技术水平进步较快，2030 年后某些部门技术仍有进步；对第二和第三产业部门产品的需求随人均 GDP 的增长增长较快，对第一产业部门产品需求的增长速度持续放缓；投资占 GDP 的比例有所上升；城镇化水平将逐步赶上全国水平；到 2020 年居民人均能源消费有所上升，2020 年以后保持相对稳定；居民能源消费中天然气和可再生能源占比有所上升
需求侧结构调整战略情景	GDP 增速保持比全国水平快的中高速水平；人口增长率在 2015～2020 年有所回升，2020 年后将持续回落；实施和东部发达地区一样的工业化战略，第二产业占 GDP 的比例持续增长至 2030 年，2030 年后开始回落；煤炭占能源消费的比例有所下降，天然气和可再生能源占比有所上升；2012～2030 年部门技术水平有所进步，但进展较慢，2030 年后技术进步停滞；通过优化需求结构抑制对高碳产品的需求；投资占 GDP 的比例持续下降；城镇化水平将逐步赶上全国水平；居民人均能源消费持续降低；居民能源消费中天然气和可再生能源占比持续快速上升

1. 经济增长和产业结构

根据云南“十三五”规划，“十三五”期间云南年均 GDP 增长率目标为 8.5%左右（云南省人民政府，2016a）。如果 2016～2020 年，以年均 8.5%的增长速度计算，到 2020 年云南 GDP 总量将达到 20419 亿元（2012 年不变价，下同）。由于云南人均 GDP 仅为全国平均水平的 60%左右，云南经济发展仍然具有后发优势。随着“一带一路”和“长江经济带”等倡议的实施，近几年云南经济增速快于全国和东部发达地区。由于缺少对云南2020～2050年经济发展情景的研究，本书对2020～2050年云南经济增长速度的设置参照了关于全国经济增速的相关研究成果（中国能源和碳排放研究课题组，2009）。基于云南的后发优势，为了和全国同步实现“两个一百年”目标，本书假设2020～2030年云南GDP将以年均7%左右的速度增长，2030～2050年以年均5%左右的速度增长（这两个速度都比全国水平快2%左右）。因此，2030年和2050年云南GDP总量将分别达到40168亿元和106578亿元（表6.3）。在GDP和人口总量确定之后，反映区域富裕程度的重要指标人均GDP的值也确定了。2020年、2030年和2050年云南人均GDP将分别达到6313.6美元/人、11815.6美元/人和30729.9美元/人（表6.3）。

表6.3　2012～2050年不同情景下相关参数的量化

项目	基准年	参考情景			供给侧情景			需求侧情景		
	2012年	2020年	2030年	2050年	2020年	2030年	2050年	2020年	2030年	2050年
经济发展水平										
GDP（亿元，2012年不变价）	10309	20419	40168	106578	20419	40168	106578	20419	40168	106578
人口										
人口数量（万人）	4659.0	4900.3	5150.9	5254.9	4900.3	5150.9	5254.9	4900.3	5150.9	5254.9
区域收入水平										
人均GDP（美元/人，按照2012年1美元兑人民币汇率6.6元换算）	3352.7	6313.6	11815.6	30729.9	6313.6	11815.6	30729.9	6313.6	11815.6	30729.9
城镇化水平										
城镇化率（%）	39.3	50	60	70	50	60	70	50	60	70
产业结构										
第一产业占比（%）	16.0	12.1	8.3	6.4	13.1	10.3	8.4	12.1	8.3	6.4
第二产业占比（%）	42.9	45.6	50.5	42.4	40.6	38.5	30.4	45.6	50.5	42.4
第三产业占比（%）	41.1	42.3	41.2	51.2	46.3	51.2	61.2	42.3	41.2	51.2
关键部门能源强度[a]										
电力	68.7	66.7	66.7	66.7	61.5	59.2	59.2	66.7	66.7	66.7
金属压延加工	35.6	35.6	35.6	35.6	33.2	33.2	33.2	35.6	35.6	35.6
非金属制品	58.3	52.7	52.7	52.7	48.6	42.9	42.9	52.7	52.7	52.7
交通运输	38.1	36.5	36.5	36.5	33.6	31.9	31.9	36.5	36.5	36.5
化学工业	23.5	21.8	21.8	21.8	20.1	18.3	18.3	21.8	21.8	21.8
产业一次能源消费结构										
煤炭占比（%）	59.5	46.5	39.5	35.5	38.5	34.5	30.5	46.5	39.5	35.5
石油占比（%）	13.0	15.0	14.0	13.0	15.0	14.0	13.0	15.0	14.0	13.0
天然气占比（%）	0.1	3.5	6.5	6.5	6.5	6.5	6.5	3.5	6.5	6.5
非化石能源占比（%）	27.5	35.0	40.0	45.0	40.0	45.0	50.0	35.0	40.0	45.0

续表

项目	基准年	参考情景			供给侧情景			需求侧情景		
	2012 年	2020 年	2030 年	2050 年	2020 年	2030 年	2050 年	2020 年	2030 年	2050 年
人均居民生活一次能源消费量										
人均城镇居民生活一次能源消费量（千克标准煤/人）	206.0	250.9	285.0	321.4	250.9	285.0	321.4	186.9	203.4	213.4
人均农村居民生活一次能源消费量（千克标准煤/人）	169.2	154.2	201.2	325.2	154.2	201.2	325.2	131.1	173.1	240.9
居民生活一次能源消费结构										
煤炭占比（%）	35.0	30.0	25.0	20.0	30.0	25.0	20.0	25.0	20.0	15.0
石油占比（%）	19.5	21.5	20.5	19.5	21.5	20.5	19.5	21.5	20.5	19.5
天然气占比（%）	0.4	3.5	6.5	6.5	3.5	6.5	6.5	6.5	6.5	6.5
非化石能源占比（%）	45.1	45.0	48.0	54.0	45.0	48.0	54.0	47.0	53.0	59.0

注：a. 部门能源强度是部门能源消费总量与部门总产出的比值，单位为吉焦（10^9 焦）/万元，2012 年不变价

实现产业转型升级是云南供给侧结构调整战略的重要内容。云南产业结构的调整重点是大力发展第三产业和高原特色农业。在本书设置的参考情景中，云南将延续东部发达地区传统工业化路径。2030 年以前第二产业的占比将持续上升，2030 年以后将有所下降；第三产业占比也会有所上升，但上升速度较慢。在供给侧情景中，由于第二产业加速去产能而服务业得到了大力发展，云南第三产业占比将大幅上升。与此同时，第一产业占比的下降速度有所放缓，第二产业占比则持续降低。在需求侧情景中，三次产业结构的变化趋势与参考情景一样。对于三次产业内的细分行业结构，本书假设与 2012 年的三次产业内的行业结构相同。不同情景下云南三次产业结构的变化趋势见表 6.3。

2. 人口数量和城镇化率

由于“二孩”政策的放开，本书假设“十三五”期间云南人口增长率将有所上升，2015～2020 年，年均人口增长率将升至 6.5‰，2020 年人口总量将达到 4900.3 万人。然而随着经济的发展，人口增长率降低的总趋势将不可逆（中国能源和碳排放研究课题组，2009）。因此，本书参考了关于全国人口增长率的研究成果（中国能源和碳排放研究课题组，2009），假设 2020～2030 年云南年均人口增长率将降低至 5‰左右，2030 年人口总量为 5150.9 万人。2030～2050 年，增长率将继续降低至 1‰左右，2050 年人口总量为 5254.9 万人。

在本书中，区域城镇化水平将影响居民生活能源消费碳排放；这是因为在发展水平较低的阶段，人均城镇居民生活一次能源消费水平往往高于人均农村居民生活一次能源消费水平，而且城镇居民和农村居民生活能源消费结构也差异较大。因此，农村人口转移到城镇将影响居民能源消费总量和结构，进而影响居民生活能源消费碳排放。根据云南“十三五”规划，2015 年云南城镇化率目标为 45%，而实际达到的城镇化率仅为 43.3%，说明云南提升城镇化水平的进展相对较慢。根据云南“十三五”规划和《云南省新型城镇化规划（2014－2020 年）》，2020 年云南城镇化率目标为 50%（中共云南省委和云南省人民政府，2014；云南省人民政府，2016a）；《云南省城镇体系规划（2012—2030 年）》提出，2030 年云南城镇化率将达到 60%～65%（云南省人民政府，2011b）。在《2050 中国能源和碳排放报告》中，专家预测 2020 年、2030 年和 2050 年中国城镇化率将分别为 58%、65%和 70%（中国能源和碳排放研究课题组，2009）。考虑云南缩小与全国城镇化水平的差距需要一个过程，本书设置 2020 年云南城镇化率为 50%，2030 年为 60%，2050 年将赶上全国水平达到 70%（表 6.3）。

3. 需求结构和 GDP 构成

从微观视角看，居民消费水平和居民收入水平密切相关；而从宏观视角看，区域需求水平与区域人均 GDP 密切相关。因为对于区域来说，人均 GDP 是区域收入水平的反映，而区域的最终需求实质上就是消费。本书参考 Zhi 等（2016）的做法，通过区域收入弹性系数建立起区域对各经济部门产品的需求量与区域人均 GDP 的联系。区域收入弹性系数是指区域人均 GDP 每增长一个百分点，区域对各经济部门产品需求量的增长率的变化情况。通过参考 Hubacek 和 Sun（2001, 2005）构建的居民收入弹性系数并进行调整优化，本书构建了不同情景下云南 29 个部门的收入弹性系数（表 6.4）。

表 6.4　不同情景下云南 29 个部门的收入弹性系数

部门	参考情景			供给侧情景			需求侧情景		
	2012～2020 年	2020～2030 年	2030～2050 年	2012～2020 年	2020～2030 年	2030～2050 年	2012～2020 年	2020～2030 年	2030～2050 年
1	0.3	0.2	0.1	0.3	0.2	0.1	0.35	0.2	0.1
2	1.1	1.1	1.0	1.1	1.1	1.0	1.0	0.8	0.6
3	1.1	1.1	1.0	1.1	1.1	1.0	1.1	1.1	1.0
4	1.1	1.1	1.0	1.1	1.1	1.0	1.1	1.1	1.0
5	1.1	1.1	1.0	1.1	1.1	1.0	1.1	1.1	1.0
6	1.1	1.1	1.0	1.1	1.1	1.0	1.1	1.1	1.0

续表

部门	参考情景			供给侧情景			需求侧情景		
	2012～2020 年	2020～2030 年	2030～2050 年	2012～2020 年	2020～2030 年	2030～2050 年	2012～2020 年	2020～2030 年	2030～2050 年
7	1.1	1.1	1.0	1.1	1.1	1.0	1.1	1.1	1.0
8	1.1	1.1	1.0	1.1	1.1	1.0	1.1	1.1	1.0
9	1.1	1.1	1.0	1.1	1.1	1.0	1.1	1.1	1.0
10	1.1	1.1	1.0	1.1	1.1	1.0	1.0	0.8	0.6
11	1.1	1.1	1.0	1.1	1.1	1.0	1.0	0.8	0.6
12	1.1	1.1	1.0	1.1	1.1	1.0	1.0	0.8	0.6
13	1.1	1.1	1.0	1.1	1.1	1.0	1.0	0.8	0.6
14	1.1	1.1	1.0	1.1	1.1	1.0	1.0	0.8	0.6
15	1.1	1.1	1.0	1.1	1.1	1.0	1.1	1.1	1.0
16	1.1	1.1	1.0	1.1	1.1	1.0	1.1	1.1	1.0
17	1.1	1.1	1.0	1.1	1.1	1.0	1.0	0.8	0.6
18	1.1	1.1	1.0	1.1	1.1	1.0	1.1	1.1	1.0
19	1.1	1.1	1.0	1.1	1.1	1.0	1.1	1.1	1.0
20	1.1	1.1	1.0	1.1	1.1	1.0	1.1	1.1	1.0
21	1.1	1.1	1.0	1.1	1.1	1.0	1.1	1.1	1.0
22	1.1	1.1	1.0	1.1	1.1	1.0	1.1	1.1	1.0
23	1.1	1.1	1.0	1.1	1.1	1.0	1.0	0.8	0.6
24	1.1	1.1	1.0	1.1	1.1	1.0	1.1	1.1	1.0
25	1.1	1.1	1.0	1.1	1.1	1.0	1.0	0.8	0.6
26	1.1	1.1	1.0	1.1	1.1	1.0	1.0	0.8	0.6
27	1.2	1.2	1.2	1.2	1.2	1.2	1.2	1.2	1.2
28	1.2	1.2	1.2	1.2	1.2	1.2	1.2	1.2	1.2
29	1.2	1.2	1.2	1.2	1.2	1.2	1.2	1.2	1.2

随着人均 GDP 的增长，区域对各经济部门产品的需求量的增速是不同的。在参考和供给侧情景中，对农业部门产品需求的收入弹性系数小于 1.0，对其他部门产品需求的收入弹性系数则大于或等于 1.0（表 6.4）。在需求侧情景中，通过抑制对高耗能部门产品的需求量实现需求结构的优化。其中部门 2 煤炭开采和洗选部门，主要采取城市地区控制煤炭消费总量、农村地区煤改电、清洁能源代替煤、限制煤炭出口和减少煤炭部门存货量等措施。部门 10 造纸和印刷部门，主要采取鼓励节约用纸、倡导无纸化办公和鼓励双面打印等措施。部门 11 石油制品和炼焦部门，主要通过提高成品油的消费税率、提升交通工具的燃油经济性、鼓励绿色出行、用新能源交通工具替代燃油交通工具和减少石油制品部门存货量等措施降低对石油制品的需求量，以及取消焦炭产品出口退税、控制焦炭产品出口和减少焦炭部门存货量等措施来降低对焦炭的需求量。部门 12 化学工业部门，主要采取

限制一次性塑料制品的使用、禁止酒店提供一次性日用品、控制化工产品出口和减少化工部门存货量等措施。部门 13 非金属制品部门和部门 14 金属压延加工部门，主要采取限制其产品出口和减少部门存货量等措施。部门 17 交通运输设备制造部门，主要采取鼓励绿色出行（即通过鼓励步行、自行车和公共交通出行降低对小汽车的需求）的措施。部门 23 电力部门，主要采取阶梯电价和推广节能电器等措施。部门 26 建筑部门，主要采取抑制房地产投资需求和减少房地产库存量等措施。部门 25 水的生产和供应部门，主要采取阶梯水价和推广节水器具等措施。结合不同部门的收入弹性系数和未来人均 GDP 的增长率，得到不同情景下云南未来的需求结构（表 6.5）。本书假设各部门的需求构成结构与 2012 年各部门的需求构成结构相同，从而得到不同情景下云南未来的 GDP 构成（表 6.6）。

表 6.5　不同情景下云南的需求结构　　（单位：%）

部门	2012 年	参考情景			供给侧情景			需求侧情景		
		2020 年	2030 年	2050 年	2020 年	2030 年	2050 年	2020 年	2030 年	2050 年
1	9.2	5.7	3.3	1.3	5.7	3.3	1.3	6.0	3.8	1.8
2	0.6	0.6	0.6	0.6	0.6	0.6	0.6	0.6	0.5	0.4
3	0.0	0.0	0.0	0.0	0.0	0.0	0.0	0.0	0.0	0.0
4	0.3	0.3	0.3	0.3	0.3	0.3	0.3	0.3	0.3	0.3
5	0.1	0.1	0.1	0.1	0.1	0.1	0.1	0.1	0.1	0.1
6	10.0	10.2	10.3	9.9	10.2	10.3	9.9	10.5	11.5	12.7
7	0.2	0.2	0.2	0.2	0.2	0.2	0.2	0.2	0.2	0.2
8	1.8	1.8	1.9	1.8	1.8	1.9	1.8	1.9	2.1	2.3
9	0.3	0.3	0.3	0.3	0.3	0.3	0.3	0.3	0.3	0.3
10	0.4	0.4	0.4	0.3	0.4	0.4	0.3	0.3	0.3	0.2
11	1.6	1.6	1.7	1.6	1.6	1.7	1.6	1.6	1.5	1.1
12	2.8	2.9	2.9	2.8	2.9	2.9	2.8	2.8	2.6	1.9
13	0.3	0.3	0.3	0.3	0.3	0.3	0.3	0.3	0.2	0.2
14	6.6	6.7	6.8	6.5	6.7	6.8	6.5	6.5	5.9	4.5
15	0.1	0.1	0.1	0.1	0.1	0.1	0.1	0.1	0.2	0.2
16	1.7	1.8	1.8	1.7	1.8	1.8	1.7	1.8	2.0	2.2
17	5.2	5.3	5.3	5.1	5.3	5.3	5.1	5.1	4.7	3.5
18	1.5	1.5	1.5	1.4	1.5	1.5	1.4	1.5	1.7	1.9
19	0.8	0.8	0.8	0.8	0.8	0.8	0.8	0.8	0.9	1.0
20	0.0	0.0	0.0	0.0	0.0	0.0	0.0	0.0	0.0	0.0
21	0.0	0.0	0.0	0.0	0.0	0.0	0.0	0.0	0.0	0.0
22	0.0	0.0	0.0	0.0	0.0	0.0	0.0	0.0	0.0	0.0
23	1.0	1.0	1.1	1.0	1.0	1.1	1.0	1.0	0.9	0.7
24	0.1	0.1	0.1	0.1	0.1	0.1	0.1	0.1	0.2	0.2
25	0.1	0.1	0.1	0.1	0.1	0.1	0.1	0.1	0.1	0.1

续表

部门	2012 年	参考情景			供给侧情景			需求侧情景		
		2020 年	2030 年	2050 年	2020 年	2030 年	2050 年	2020 年	2030 年	2050 年
26	30.6	31.3	31.5	30.3	31.3	31.5	30.3	30.3	27.7	21.0
27	0.9	1.0	1.1	1.3	1.0	1.1	1.3	1.0	1.2	1.6
28	6.3	6.8	7.3	8.5	6.8	7.3	8.5	7.0	8.2	10.9
29	17.6	19.1	20.5	23.7	19.1	20.5	23.7	19.7	23.0	30.6
合计	100	100	100	100	100	100	100	100	100	100

表 6.6 不同情景下云南的 GDP 构成 （单位：%）

项目	2012 年	参考情景			供给侧情景			需求侧情景		
		2020 年	2030 年	2050 年	2020 年	2030 年	2050 年	2020 年	2030 年	2050 年
消费率	61.2	60.4	60.9	65.6	60.4	60.9	65.6	60.1	59.4	62.4
投资率	83.2	84.0	84.9	83.9	84.0	84.9	83.9	79.9	69.7	52.1
流出率	51.5	50.5	50.3	50.6	50.5	50.3	50.6	49.3	45.6	40.6

注：流出率指流出占 GDP 的比例

4. 产业分部门能源强度

根据以前的研究估算的云南不同产业部门能源强度数据（Deng et al., 2016），1997～2012 年，五大高耗能部门中电力、非金属制品和化学工业部门的能源强度有所降低，金属压延加工部门有所升高，交通运输部门则持续升高。

本书假设云南实施的部门技术提升措施将有效降低产业部门的能源强度，但是由于措施落实力度的不同，不同部门能源强度的降低率不同。在设置不同部门能源强度降低率时，本书参考了 Wang 和 Liang（2013）的研究，结合云南实施的部门技术提升措施，形成了不同情景下 29 个部门的能源强度年均降低率（表 6.7）。在供给侧情景中，云南 2012～2020 年 29 个部门能源强度年均降低率为文献 Wang 和 Liang（2013）中设置的中国 2007～2020 年相应部门能源强度年均降低率；2020～2030 年和 2030～2050 年分别比前一时期部门能源强度年均降低率降低 1% 和 2%（负数代表没有技术提升，在表 6.7 中用 0 表示）。在参考和需求侧情景中，2012～2020 年云南 29 个部门的能源强度年均降低率为供给侧情景中 2020～2030 年的部门能源强度年均降低率，2020～2030 年和 2030～2050 年分别比前一时期部门能源强度年均降低率降低 2%（表 6.7）。不同情景下，五大高耗能部门的能源强度变化趋势见表 6.3，29 个部门的能源强度变化趋势见附表 8。在参考和需求侧情景中，电力、非金属制品、交通运输和化学工业部门的能源强度在 2012～2020 年将有所降低，2020 年后保持稳定；而金属压延加工部门的能源强度将保持不变。

在供给侧情景中，电力、非金属制品、交通运输和化学工业部门的能源强度将持续降低至 2030 年，2030 年后保持稳定；金属压延加工部门的能源强度在 2012～2020 年将有所降低，2020 年后保持稳定。

表 6.7　不同情景下云南 29 个部门能源强度年均降低率　（单位：%）

部门	参考情景			供给侧情景			需求侧情景		
	2012～2020 年	2020～2030 年	2030～2050 年	2012～2020 年	2020～2030 年	2030～2050 年	2012～2020 年	2020～2030 年	2030～2050 年
1	1.69	0.00	0.00	2.69	1.69	0.00	1.69	0.00	0.00
2	2.50	0.50	0.00	3.50	2.50	0.50	2.50	0.50	0.00
3	0.54	0.00	0.00	1.54	0.54	0.00	0.54	0.00	0.00
4	3.36	1.36	0.00	4.36	3.36	1.36	3.36	1.36	0.00
5	0.54	0.00	0.00	1.54	0.54	0.00	0.54	0.00	0.00
6	1.56	0.00	0.00	2.56	1.56	0.00	1.56	0.00	0.00
7	2.21	0.21	0.00	3.21	2.21	0.21	2.21	0.21	0.00
8	0.28	0.00	0.00	1.28	0.28	0.00	0.28	0.00	0.00
9	3.20	1.20	0.00	4.20	3.20	1.20	3.20	1.20	0.00
10	0.78	0.00	0.00	1.78	0.78	0.00	0.78	0.00	0.00
11	0.21	0.00	0.00	1.21	0.21	0.00	0.21	0.00	0.00
12	0.92	0.00	0.00	1.92	0.92	0.00	0.92	0.00	0.00
13	1.24	0.00	0.00	2.24	1.24	0.00	1.24	0.00	0.00
14	0.00	0.00	0.00	0.85	0.00	0.00	0.00	0.00	0.00
15	0.54	0.00	0.00	1.54	0.54	0.00	0.54	0.00	0.00
16	0.54	0.00	0.00	1.54	0.54	0.00	0.54	0.00	0.00
17	0.46	0.00	0.00	1.46	0.46	0.00	0.46	0.00	0.00
18	0.54	0.00	0.00	1.54	0.54	0.00	0.54	0.00	0.00
19	0.66	0.00	0.00	1.66	0.66	0.00	0.66	0.00	0.00
20	0.54	0.00	0.00	1.54	0.54	0.00	0.54	0.00	0.00
21	0.54	0.00	0.00	1.54	0.54	0.00	0.54	0.00	0.00
22	0.54	0.00	0.00	1.54	0.54	0.00	0.54	0.00	0.00
23	0.38	0.00	0.00	1.38	0.38	0.00	0.38	0.00	0.00
24	0.54	0.00	0.00	1.54	0.54	0.00	0.54	0.00	0.00
25	0.54	0.00	0.00	1.54	0.54	0.00	0.54	0.00	0.00
26	0.54	0.00	0.00	1.54	0.54	0.00	0.54	0.00	0.00
27	0.54	0.00	0.00	1.54	0.54	0.00	0.54	0.00	0.00
28	0.54	0.00	0.00	1.54	0.54	0.00	0.54	0.00	0.00
29	0.54	0.00	0.00	1.54	0.54	0.00	0.54	0.00	0.00

5. 产业一次能源消费结构

1997～2014 年，云南产业一次能源消费中煤炭占比呈先升后降趋势（图 6.9），2009 年后开始快速下降，5 年内由 2009 年的 71.5%下降至 2014 年的 55.6%。与煤炭占比的变化趋势相反，非化石能源占比呈先降后升趋势，且 2009 年后快速上升，2014 年达到 31.4%。这说明可再生能源的开发和应用极大地替代了产业部门对煤炭的需求。石油制品占比则保持相对稳定，近年来一直保持在 12%左右。由于云南缺少天然气资源而煤气相对富足，天然气占比一直较低。对于煤炭、石油和可再生能源内部的细分能源结构，本书假设与 2012 年的细分能源结构相同。

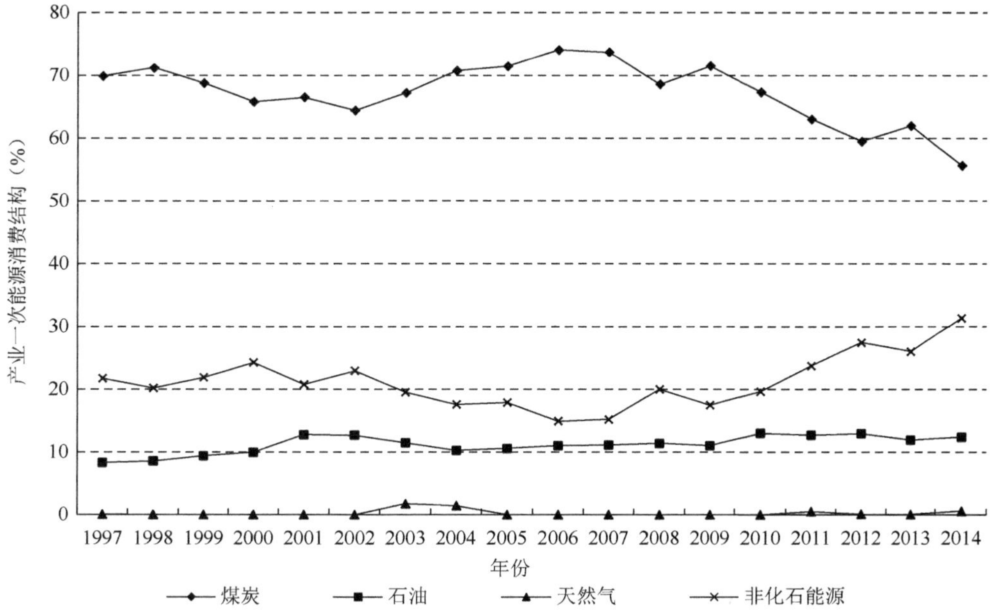

图 6.9 1997～2014 年云南产业一次能源消费结构

提升产业部门的清洁能源利用水平是供给侧结构调整战略的重要内容。在估算的 2012 年云南产业一次能源消费结构中，煤炭依然是主导能源，占比达到 59.5%，石油制品占比为 13%。相比于云南整体能源消费结构（包括居民生活能源消费），产业能源消费结构中清洁能源的占比较低，如 2012 年天然气和非化石能源占产业能源消费的比例仅为 0.1%和 27.5%（表 6.3），而云南整体能源消费结构中，2012 年天然气和非化石能源占能源消费总量的比例达到 0.4%和 29.9%（图 6.8）。

天然气占比的大幅提升将是云南未来产业能源消费结构变化的亮点。随着中缅天然气管道的建成，云南扩大了相关设施的投资以提高产业部门利用天然气的水平。在 2014 年发布的《云南省人民政府关于加快天然气利用发展的意见》中，政府提出 2015 年天然气占比达到 3.5%，2020 年达到 6.5%（云南省人民政府，2014）。但是由于种种原因，云南天然气应用步伐进展缓慢，本书在设置情景时考虑了天然气应用的快慢程度。在参考和需求侧情景中，2020 年天然气占比为

3.5%，2030 年达到 6.5%，此后保持稳定。在供给侧情景中，云南加快了天然气应用于产业部门的步伐，2020 年天然气占比达到 6.5%，此后保持稳定。

云南将继续实施控制煤炭消费总量和发展非化石能源等能源结构调整战略措施。在参考和需求侧情景中，由于控制煤炭消费总量政策的执行力度不够，煤炭占比将缓慢下降至 2020 年的 46.5%、2030 年的 39.5%和 2050 年的 35.5%。在供给侧情景中，政府加大了控制煤炭消费总量的力度，煤炭占比将持续下降至 2020 年的 38.5%，2030 年的 34.5%和 2050 年的 30.5%。在参考和需求侧情景中，由于水电开发逐渐达到瓶颈，短期内提升难度较大，非化石能源占比将缓慢上升至 2020 年的 35%，2030 年的 40%和 2050 年的 45%。在供给侧情景中，云南在大力发展中小水电的基础上加强了风电、光电和生物质能源等非化石能源的开发和推广应用的力度，从而非化石能源占比将持续上升至 2020 年的 40%，2030 年的 45%和 2050 年的 50%。三个情景下，云南石油制品占比都将保持相对稳定。不同情景下云南产业一次能源消费结构的变化趋势见表 6.3。

6. 人均居民生活一次能源消费量

2000～2014 年云南人均居民生活一次能源消费呈上升趋势，且人均城镇居民生活一次能源消费一直高于人均农村居民生活一次能源消费，近几年差距逐渐缩小（图 6.10）。

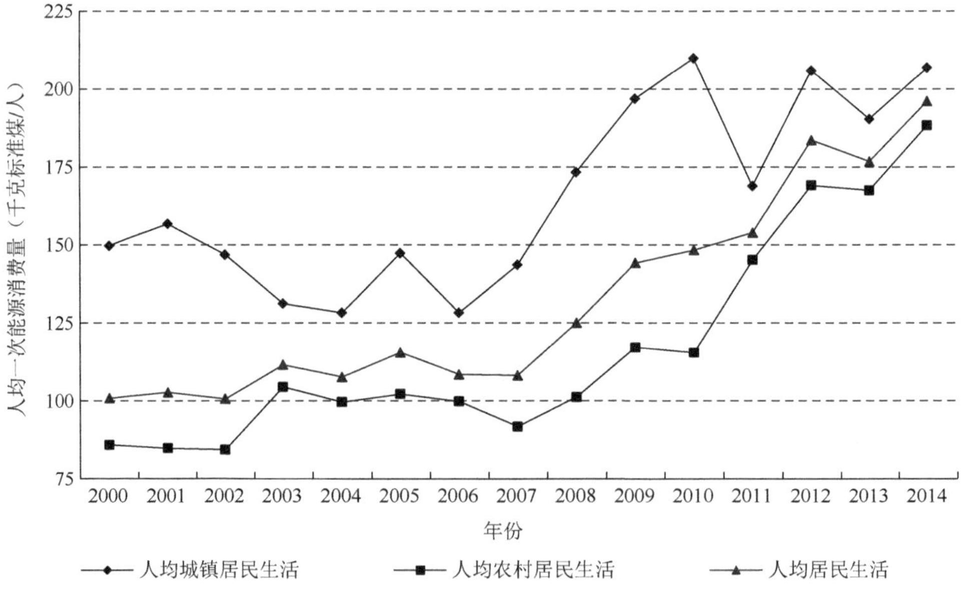

图 6.10　2000～2014 年云南人均居民生活一次能源消费量

2012 年云南人均城镇和农村居民生活一次能源消费量分别为 206.0 千克标准煤/人和 169.2 千克标准煤/人（表 6.3）。本书在设置云南人均城镇和农村居民生活一次能源消费变化趋势情景时参考了中国能源和碳排放研究课题组（2009）的研究。在参考和供给侧情景中，人均城镇居民生活一次能源消费将持续增长但是增速有所放缓，人均农村居民生活一次能源消费则先减少后加速增长。在需求侧情景中，人均城镇居民生活一次能源消费先减少后低速增长，人均农村居民生活一次能源消费则先减少后加速增长（表 6.3）。不同情景下人均城镇和农村居民生活一次能源消费的变化趋势见表 6.3。

7. 居民生活一次能源消费结构

1997～2014 年，云南居民生活一次能源消费中煤炭占比呈急剧下降趋势，由 88.2%下降至 28%；石油制品和非化石能源占比呈快速上升趋势，分别由 1%和 11.1%上升至 21%和 51%。由于云南缺少天然气资源，天然气在居民生活中的应用水平一直较低（图 6.11）。

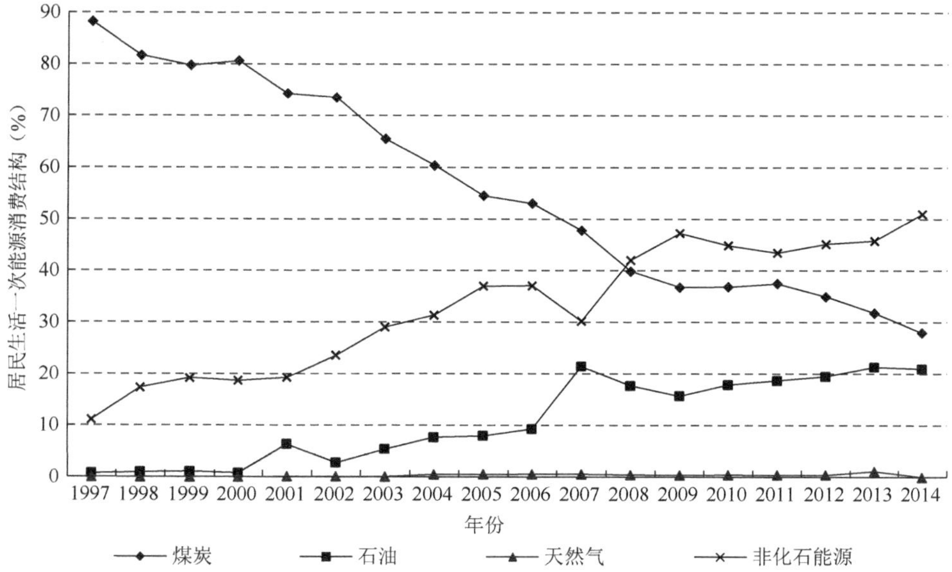

图 6.11　1997～2014 年云南居民生活一次能源消费结构

2012～2050 年，云南居民生活一次能源消费中煤炭占比将继续下降。在参考和供给侧情景中，下降速度相对较慢，煤炭占比由 2012 年的 35%分别下降至 2020 年的 30%、2030 年的 25%和 2050 年的 20%。在需求侧情景中，由于在居民生活中大力推广应用清洁能源以替代煤炭，煤炭占比将加速下降，分别下降至 2020

年的 25%、2030 年的 20%和 2050 年的 15%。石油制品占比将保持相对稳定，三个情景中石油制品占比都将由 2012 年的 19.5%上升至 2020 年的 21.5%，然后缓慢下降至 2030 年的 20.5%和 2050 年的 19.5%。由于天然气在居民生活中的应用逐渐普及，在参考和供给侧情景中，天然气占比将由 2012 年的 0.4%上升至 2020 年的 3.5%和 2030 年的 6.5%，然后保持稳定。在需求侧情景中，由于天然气应用的加速，天然气占比 2020 年将达到 6.5%，然后保持稳定。非化石能源占比将继续上升，然而，在参考和供给侧情景中，由于水电应用于居民生活的增速有所放缓，非化石能源占比将缓慢上升，2020 年、2030 年和 2050 年分别为 45%、48%和 54%。在需求侧情景中，由于光电、风电和生物质能源等加速应用于居民生活，非化石能源占比将快速上升，2020 年、2030 年和 2050 年将分别达到 47%、53%和 59%（表 6.3）。

6.1.5 小结

本节首先介绍了案例研究区域——云南省的概况，通过分析云南面临的碳减排严峻形势，体现案例研究区域通过经济结构战略性调整实现经济低碳转型的重要意义。然后，通过对比分析云南和全国社会经济技术的历史发展趋势，既了解了云南过去在实施不同经济结构调整战略措施的情况下社会经济技术发展趋势的演变规律，又弄清了这些指标与全国水平的差距和差异。在深入分析社会经济技术发展趋势的基础上，通过梳理已实施和将要实施的经济结构调整战略规划和政策，总结了云南经济结构调整的战略目标和方向。最后，依据云南经济结构调整战略的不同方向，设置了参考情景、供给侧结构调整战略情景和需求侧结构调整战略情景三个情景。通过参考相关研究的成果，并进行对比分析和趋势推演，对三个情景下未来云南社会经济技术相关参数进行了量化，为随后全面评估不同经济结构调整战略措施对碳足迹变化的影响奠定了坚实的数据基础。

6.2 云南省碳足迹结构和隐含碳流动解析

6.2.1 碳排放和碳足迹变化趋势总体分析

1. 碳排放变化趋势总体分析

1997～2012 年，云南总碳排放从 0.57 亿吨增长至 1.97 亿吨，增长了 2.5 倍（图 6.12，表 6.8）。其中，1997～2002 年、2002～2007 年和 2007～2012 年，总碳排放分别增长了 0.17 亿吨、0.81 亿吨和 0.42 亿吨，分别占总增长量的 12.1%、57.9%和 30.0%。总碳排放分为两部分，一部分是居民生活碳排放，另一部分是产业碳排放（图 6.13）。1997～2012 年，居民生活碳排放仅从 8.9 百万吨增长至 9.6 百万吨（表 6.8）。产业碳排放则从 47.8 百万吨大幅增长至 187.5 百万吨，产业碳排放占总碳排放的比例也由 84.5%上升至 95.1%（表 6.8）。由此可见，产业生产活动是驱动云南碳排放增长的主要因子。1997～2012 年，云南碳排放强度①从 3.13 吨二氧化碳/万元（2005 年不变价，简称吨/万元，下同）降低至 2.54 吨/万元，下降了 18.8%。2002～2007 年，碳排放强度却从 2.82 吨/万元上升至 3.57 吨/万元，上升了 26.6%（表 6.8），参照年 2005 年的碳排放强度为 3.70 吨/万元②。1997～2012 年，云南人均碳排放从 1.38 吨二氧化碳/人（以下简称吨/人）上升至 4.23 吨/人，增长了 2.1 倍。与人均碳排放的变化趋势不同，云南人均居民生活碳排放略有下降，由 0.22 吨/人下降至 0.21 吨/人。1997～2012 年，云南人均农村居民生活碳排放呈快速上升趋势，人均城镇居民生活碳排放却呈小幅下降趋势。2007 年人均农村居民生活碳排放超过人均城镇居民生活碳排放后，两者的差距不断拉大。人均农村居民生活碳排放大于人均城镇居民生活碳排放的情况表明城镇化率的提升将有利于减少云南居民生活碳排放。

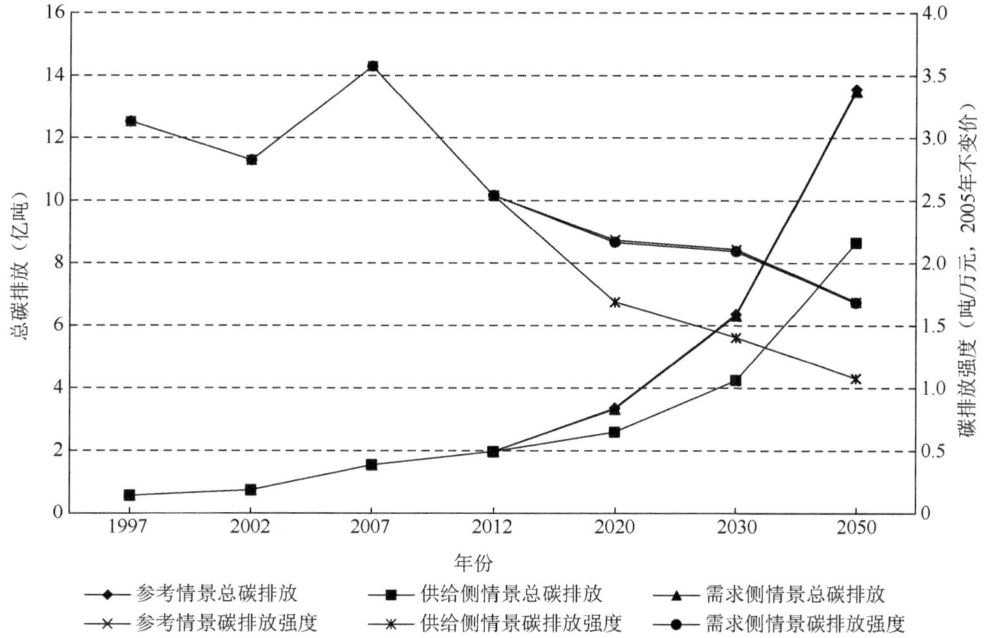

图 6.12　云南碳排放和碳排放强度变化趋势

① 碳排放强度等于总碳排放除以不变价 GDP，不变价 GDP 由当年价 GDP 通过 GDP 指数转换得到。

② 2005 年云南碳排放强度是根据相关数据计算得到的。

表 6.8 1997～2050 年云南碳排放和碳足迹主要指标变化趋势

指标	历史趋势				参考情景			供给侧情景			需求侧情景		
	1997 年	2002 年	2007 年	2012 年	2020 年	2030 年	2050 年	2020 年	2030 年	2050 年	2020 年	2030 年	2050 年
总碳排放（亿吨）	0.57	0.74	1.55	1.97	3.35	6.37	13.55	2.60	4.25	8.65	3.33	6.33	13.49
总碳足迹（亿吨）	0.68	1.14	1.62	3.20	5.41	10.39	22.78	4.11	6.65	13.77	5.31	9.53	18.55
总碳足迹与总碳排放的差值（亿吨）	0.11	0.40	0.07	1.23	2.06	4.02	9.23	1.51	2.40	5.12	1.98	3.20	5.06
碳排放强度（吨/万元，2005 年价）	3.13	2.82	3.57	2.54	2.18	2.11	1.69	1.69	1.41	1.08	2.16	2.09	1.68
碳足迹强度（吨/万元，2005 年价）	3.14	3.61	3.11	3.43	2.93	2.83	2.28	2.23	1.81	1.38	2.96	2.93	2.43
碳足迹强度和碳排放强度的差值（吨/万元，2005 年价）	0.01	0.79	-0.46	0.89	0.75	0.72	0.59	0.54	0.4	0.3	0.8	0.84	0.75
产业碳排放（百万吨）	47.8	67.1	148.0	187.5	324.4	623.4	1339.9	248.7	411.6	849.2	324.4	623.4	1339.9
产业碳足迹（百万吨）	59.4	107.1	155.1	310.5	530.0	1025.8	2263.0	400.4	651.6	1361.6	522.4	943.8	1845.2
居民生活碳排放（足迹）（百万吨）	8.9	7.0	7.0	9.6	11.0	13.4	15.4	11.0	13.4	15.4	8.2	9.1	9.3
产业碳排放占总碳排放的比例（%）	84.5	90.6	95.5	95.1	96.7	97.9	98.9	95.8	96.9	98.2	97.5	98.6	99.3
产业碳足迹占总碳足迹的比例（%）	87.4	93.9	95.7	97.0	98.0	98.7	99.3	97.4	98.0	98.9	98.4	99.0	99.5
城镇居民生活碳排放（足迹）（百万吨）	2.60	1.87	2.15	2.89	5.24	7.28	8.62	5.24	7.28	8.62	3.80	4.66	5.14
农村居民生活碳排放（足迹）（百万吨）	6.26	5.12	4.88	6.72	5.75	6.07	6.73	5.75	6.07	6.73	4.38	4.46	4.18
人均碳排放（吨/人）	1.38	1.71	3.43	4.23	6.84	12.36	25.79	5.30	8.25	16.45	6.79	12.28	25.68
人均居民生活碳排放（足迹）（吨/人）	0.22	0.16	0.16	0.21	0.22	0.26	0.29	0.22	0.26	0.29	0.17	0.18	0.18
其中：人均城镇居民生活碳排放（足迹）（吨/人）	—	0.17	0.15	0.16	0.21	0.24	0.23	0.21	0.24	0.23	0.16	0.15	0.14
其中：人均农村居民生活碳排放（足迹）（吨/人）	—	0.16	0.16	0.24	0.23	0.29	0.43	0.23	0.29	0.43	0.18	0.22	0.27
内部碳足迹（百万吨）	35.3	47.4	70.8	104.5	183.9	359.3	755.3	139.7	228.8	455.4	185.6	371.6	827.7
外部碳足迹（百万吨）	24.1	59.7	84.3	206.0	346.1	666.5	1507.7	260.7	422.8	906.2	336.8	572.2	1017.5
外部碳足迹占总碳足迹的比例（%）	35.4	52.4	52.0	64.4	64.0	64.1	66.2	63.4	63.6	65.8	63.4	60.0	54.9
人均碳足迹（吨/人）	1.67	2.63	3.59	6.87	11.04	20.17	43.36	8.40	12.91	26.20	10.83	18.50	35.29
人均碳足迹与人均碳排放的差值（吨/人）	0.29	0.92	0.16	2.64	4.20	7.81	17.57	3.10	4.66	9.75	4.04	6.22	9.61

注：由于居民生活碳排放是为了满足区域内居民的消费需求而直接排放的二氧化碳，居民生活碳排放也是居民生活碳足迹

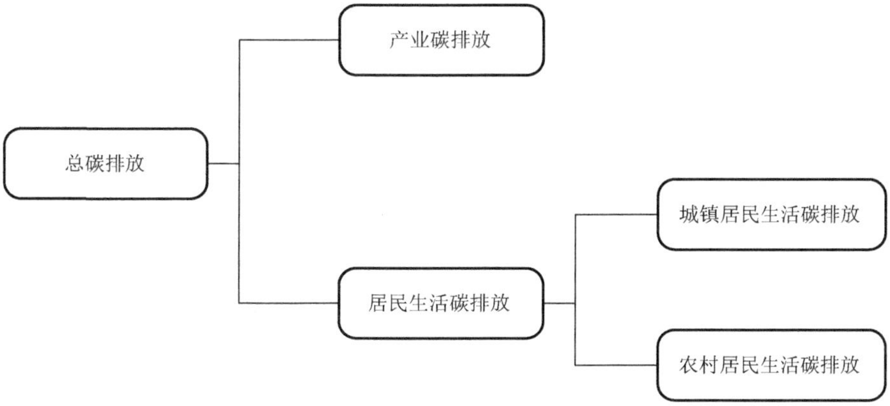

图 6.13 区域碳排放的分类

2012～2050 年，三个情景下云南总碳排放都呈持续快速增长趋势（图 6.12）。参考、供给侧和需求侧情景下，总碳排放将由 2012 年的 1.97 亿吨分别增长至 2050 年的 13.55 亿吨、8.65 亿吨和 13.49 亿吨，分别增长了 5.9 倍、3.4 倍和 5.8 倍。与参考情景相比，供给侧情景下，2020 年、2030 年和 2050 年，总碳排放将分别减少 0.75 亿吨、2.12 亿吨和 4.90 亿吨；需求侧情景下，将分别减少 0.02 亿吨、0.04 亿吨和 0.06 亿吨。由于需求侧结构调整战略措施只作用于居民生活碳排放，而居民生活碳排放占总碳排放的比例较小，需求侧情景下的总碳排放与参考情景下基本相等。2020 年、2030 年和 2050 年，参考和需求侧情景下，产业碳排放将分别增长至 324.4 百万吨、623.4 百万吨和 1339.9 百万吨；供给侧情景下，产业碳排放将分别增长至 248.7 百万吨、411.6 百万吨和 849.2 百万吨；与参考情景相比，供给侧情景下产业碳排放分别减少了 75.7 百万吨、211.8 百万吨和 490.7 百万吨。2020 年、2030 年和 2050 年，参考和供给侧情景下，居民生活碳排放将分别增长至 11.0 百万吨、13.4 百万吨、15.4 百万吨；需求侧情景下，居民生活碳排放分别为 8.2 百万吨、9.1 百万吨和 9.3 百万吨；与参考情景相比，需求侧情景下居民生活碳排放分别减少了 2.8 百万吨、4.3 百万吨和 6.1 百万吨。可见，产业碳排放占总碳排放的比例仍将持续上升。参考、供给侧和需求侧情景下，产业碳排放占比将由 2012 年的 95.1%分别上升至 2050 年的 98.9%、98.2%和 99.3%。

三个情景下，云南碳排放强度都呈持续下降趋势（图 6.12）。参考情景下，碳排放强度将由 2005 年的 3.70 吨/万元降低至 2050 年的 1.69 吨/万元，2020 年、2030 年和 2050 年分别比 2005 年降低了 41.1%、43.0%和 54.3%；供给侧情景下，将降低至 2050 年的 1.08 吨/万元，2020 年、2030 年和 2050 年分别比 2005 年降低了 54.3%、61.9%和 70.8%；需求侧情景下，将降低至 2050 年的 1.68 吨/万元，2020 年、2030 年和 2050 年分别比 2005 年降低了 41.6%、43.5%和 54.6%。三个情景下，云南人均碳排放呈快速上升趋势，参考情景下最高，2050 年将达到 25.79 吨/人，供给侧情景下最低，2050 年为 16.45 吨/人。人均居民生活碳排放在参考和供给侧情景下有所上升，在需求侧情景下有所下降，人均城镇居民生活碳排放与其变化趋势相同，而人均农村居民生活碳排放在三个情景下都呈上升趋势。

2. 碳足迹变化趋势总体分析

1997～2012 年，云南总碳足迹从 0.68 亿吨增长至 3.20 亿吨，增长了 3.7 倍，比同期总碳排放的增速更快（图 6.14，表 6.8）。其中，1997～2002 年、2002～2007 年和 2007～2012 年，总碳足迹分别增长了 0.46 亿吨、0.48 亿吨和 1.58 亿吨，分别占总增长量的 18.3%、19.0%和 62.7%。云南总碳足迹始终大于总碳排放，2012 年两者相差最大，达到 1.23 亿吨，2007 年相差最小，仅为 0.07 亿吨。与碳排放强度的变化趋势相反，1997～2012 年，云南碳足迹强度[①]从 3.14 吨/万元上升至 3.43 吨/万元，上升了 9.2%。然而，2002～2007 年，碳足迹强度却下降了 13.9%，参照年 2005 年的碳足迹强度约为 3.32 吨/万元[②]。1997 年、2002 年和 2012 年的碳足迹强度大于当年的碳排放强度，2007 年碳排放强度大于碳足迹强度。1997～2012 年，云南人均碳足迹由 1.67 吨/人增长至 6.87 吨/人，增长了 3.1 倍。1997 年、2002 年、2007 年和 2012 年，人均碳足迹分别比人均碳排放多 0.29 吨/人、0.92 吨/人、0.16 吨/人和 2.64 吨/人，2012 年人均碳足迹是人均碳排放的 1.6 倍。总碳足迹可分为产业碳足迹和居民生活碳足迹（图 6.15），其中居民生活碳足迹等于居民生活碳排放。1997～2012 年，云南产业碳足迹由 59.4 百万吨增长至 310.5 百万吨，增长了 4.2 倍。产业碳足迹占总碳足迹的比例也由 87.4%上升至 97.0%。产业碳足迹可细分为内部碳足迹和外部碳足迹（图 6.15）。1997～2012 年，云南内部和外部碳足迹都呈持续增长趋势。内部碳足迹由 35.3 百万吨增长至 104.5 百万吨，增长了近 2 倍；外部碳足迹则由 24.1 百万吨增长至 206.0 百万吨，增长了 7.6 倍，外部碳足迹占总碳足迹的比例由 1997 年的 35.4%上升至 2012 年的 64.4%。可见外部碳足迹的增速更快，是驱动碳足迹增长的主要因子。

---

① 碳足迹强度等于总碳足迹除以不变价省域内最终需求（包括投资和消费，见表 5.2），不变价省域内最终需求由当年价省域内最终需求通过 GDP 指数转换得到。

② 由于云南未编制 2005 年投入产出延长表，无法计算云南 2005 年的总碳足迹；本书中，2005 年的总碳足迹由 2002 和 2007 年的总碳足迹求均值得到。

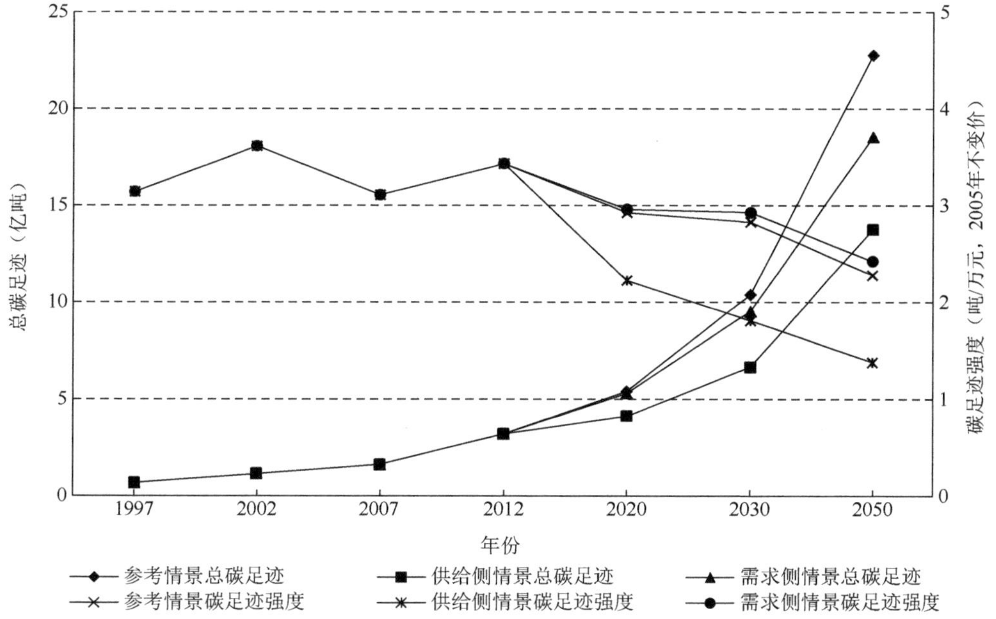

图 6.14　云南碳足迹和碳足迹强度变化趋势

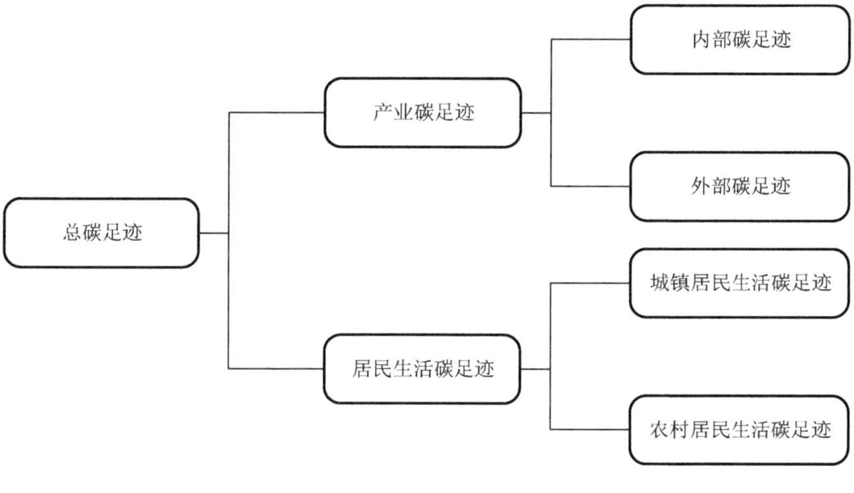

图 6.15　区域碳足迹的分类

2012～2050 年，三个情景下，云南总碳足迹都呈持续增长趋势（图 6.14）。参考、供给侧和需求侧情景下，总碳足迹将由 2012 年的 3.20 亿吨分别增长至 2050 年的 22.78 亿吨、13.77 亿吨和 18.55 亿吨，分别增长了 6.1 倍、3.3 倍和 4.8 倍。与参考情景相比，2020 年、2030 年和 2050 年，总碳足迹在供给侧情景下将分别减少 1.30 亿吨、3.74 亿吨和 9.01 亿吨，在需求侧情景下将分别减少 0.10 亿吨、0.86 亿吨和 4.23 亿吨。总碳足迹仍将大于总碳排放，且差距不断拉大。三个情景下，碳足迹强度都呈下降趋势（图 6.14）。参考情景下，碳足迹强度将由 2005 年的 3.32 吨/万元降低至 2050 年的 2.28 吨/万元，2020 年、2030 年和 2050 年分别比 2005 年下降了 11.7%、14.8%和 31.3%；供给侧情景下，将降低至 2050 年的 1.38 吨/万元，2020 年、2030 年和 2050 年分别比 2005 年下降了 32.8%、45.5%和 58.4%；需求侧情景下，将降低至 2050 年的 2.43 吨/万元，2020 年、2030 年和 2050 年分别比 2005 年降低了 10.8%、11.7%和 26.8%。云南碳足迹强度始终大于碳排放强度，但供给侧情景下两者的差距明显小于参考和需求侧情景。

2012～2050 年，三个情景下云南人均碳足迹呈持续增长趋势。参考、供给侧和需求侧情景下，2050 年人均碳足迹将分别达到 43.36 吨/人、26.20 吨/人和 35.29 吨/人，分别比 2012 年增长了 5.3 倍、2.8 倍和 4.1 倍，比人均碳排放多 17.57 吨/人、9.75 吨/人和 9.61 吨/人（表 6.8）。因此，对云南来说，碳足迹持续快速增长的形势更加严峻，需要加强对控制碳足迹相关指标的重视程度。2012～2050 年，内部和外部碳足迹都呈持续增长趋势。参考、供给侧和需求侧情景下，2050 年内部碳足迹分别比 2012 年增长了 6.2 倍、3.4 倍和 6.9 倍，外部碳足迹则分别增长了 6.3 倍、3.4 倍和 3.9 倍。参考和供给侧情景下，外部碳足迹占总碳足迹的比例将继续上升至 66.2%和 65.8%；而需求侧情景下，外部碳足迹占比将降低至 54.9%。

3. 不同部门碳强度变化趋势分析

从不同部门碳强度变化趋势看（图 6.16），部门 2、11～14、23、24 以及 27 不仅直接碳强度较高而且间接碳强度也较高，说明这些部门的产品在生产过程中不但直接消耗大量高碳能源而且需要投入高碳原材料。例如，电力部门（部门 23）在 29 个部门中直接碳强度最高，因为在电力生产过程中要消耗大量原煤，而原煤是产生单位热量碳排放最多的能源之一。同时，电力部门的间接碳强度也较高，因为在电力生产和输送过程中要投入电力和金属制品等原材料，而隐含在这些高碳原材料生产过程中的碳排放则是电力部门的间接碳排放。1997～2012 年，大多数部门的直接碳强度有所降低，交通运输部门（部门 27）的直接碳强度却有所升高。这说明云南大部分经济部门生产单位产品消耗了更少的高碳能源，然而必须引起重视的是，交通运输部门提供单位服务时消耗了更多的汽油和柴油。尽管大多数部门的间接碳强度也有所降低，但是降幅明显小于直接碳强度。因此，政策制定者应采取政策措施以减少部门供应链中高碳原材料的使用量。煤炭开采和洗选部门（部门 2）直接碳强度降低的同时，间接碳强度却随之升高。这是因为在云南，落后的燃煤蒸汽和燃油采煤及煤洗选机器设备正在逐步被电力驱动的机器设备所取代。

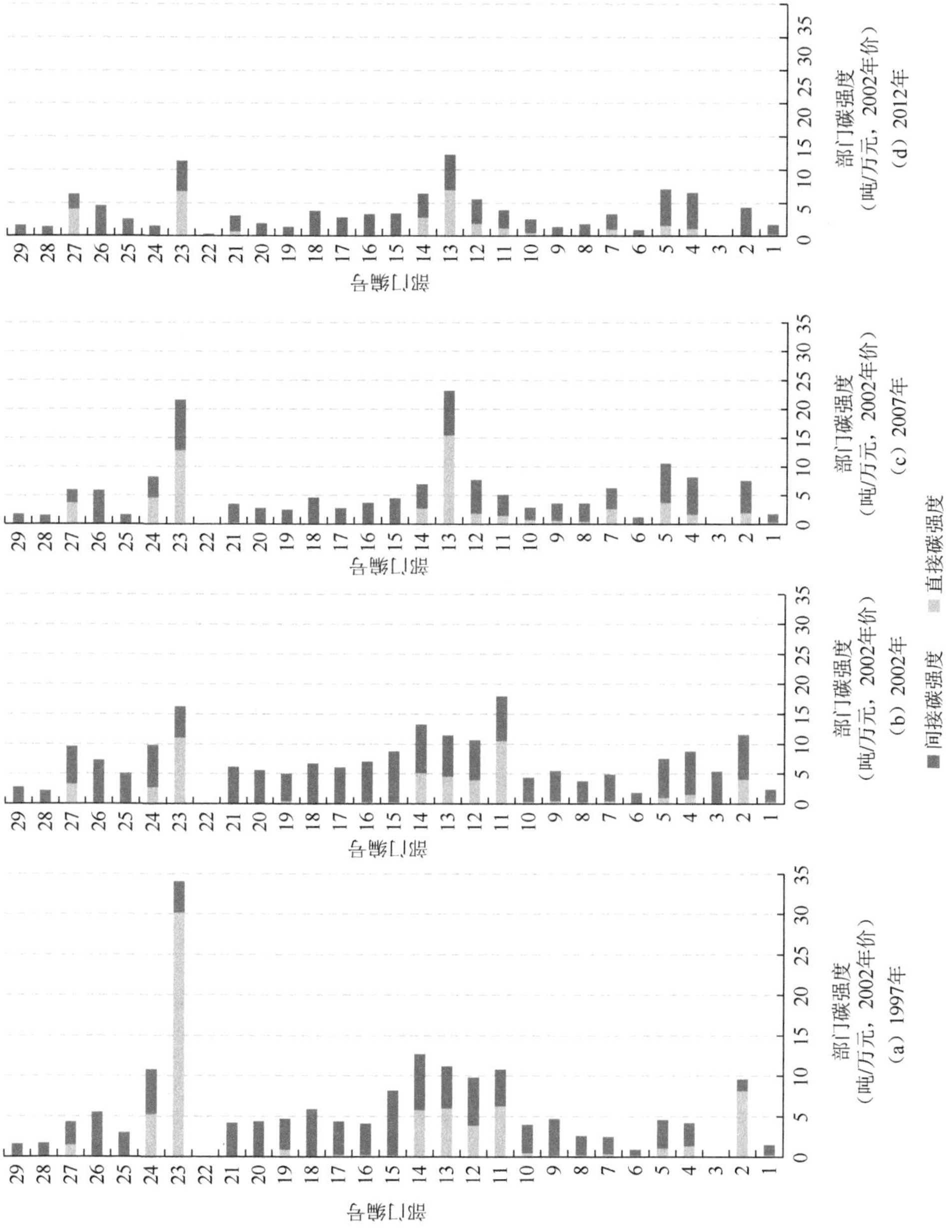

图 6.16　1997～2012 年云南不同部门碳强度

除了上述部门，其他部门的间接碳强度都远大于其直接碳强度，说明这些部门虽然在生产过程中直接消耗较少的高碳能源，却投入了大量高碳原材料。例如，建筑部门（部门 26）在其生产过程中直接消耗很少的高碳能源，从而直接碳排放较少，却需要投入大量电力、水泥、钢铁和交通运输等高碳原材料和服务。其他服务部门（部门 29）也需要投入大量电力和交通运输服务来支持其正常运营。因此，对于建筑和其他服务部门来说，这些高碳原料产品中的隐含碳推高了其间接碳强度。

2012～2050 年，三个情景下 29 个部门的直接和间接碳强度都有所降低（图 6.17）。虽然需求侧情景下不同部门的直接碳强度与参考情景下相同，但是间接碳强度却大于参考情景，因而需求侧情景下部门总碳强度大于参考情景。这是因为在未调整供给侧结构的情况下，需求侧结构调整措施对直接碳排放的影响较小；然而，调整需求结构将减少对高碳部门产品的需求量从而降低需求产品的价格，部门总碳强度也就升高了。因此，需求侧结构调整措施必须以供给侧结构调整为基础，否则反而会使部门总碳强度升高。以住宅建筑部门为例，通过抑制投机性需求，对多套住房征收房产税等需求侧结构调整措施，将降低住宅的需求量。然而，如果住宅供给部门未做出相应的调整以减少供给量，将使供给相对过剩，住宅价格将有所降低。这将导致住宅建筑部门产品需求的价值量降低，而住宅生产过程中消耗的水泥、钢铁等原材料中的隐含碳并未减少（因为只要这些高碳产品生产了就会引起大量碳排放），住宅建筑部门的总碳强度就升高了。

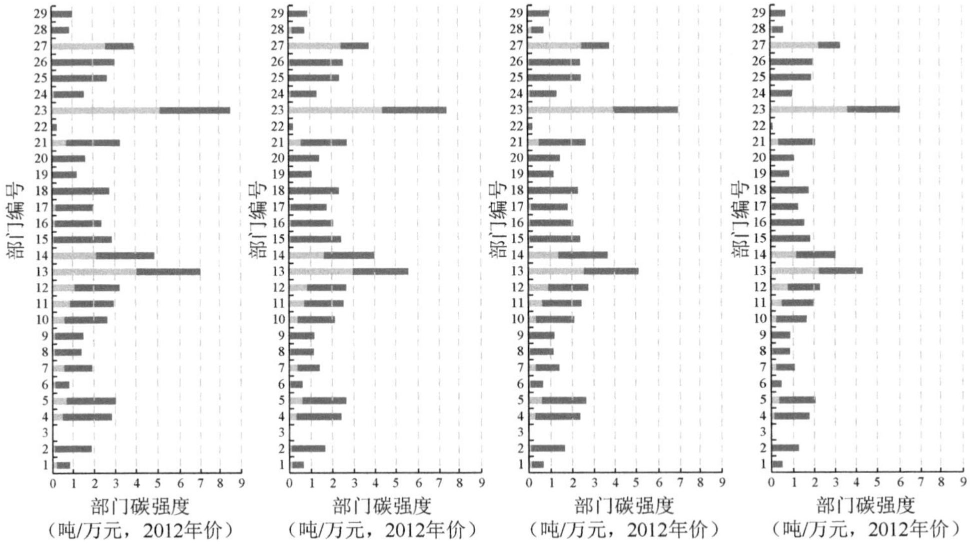

（a）2012年 （b）参考情景2020年 （c）参考情景2030年 （d）参考情景2050年

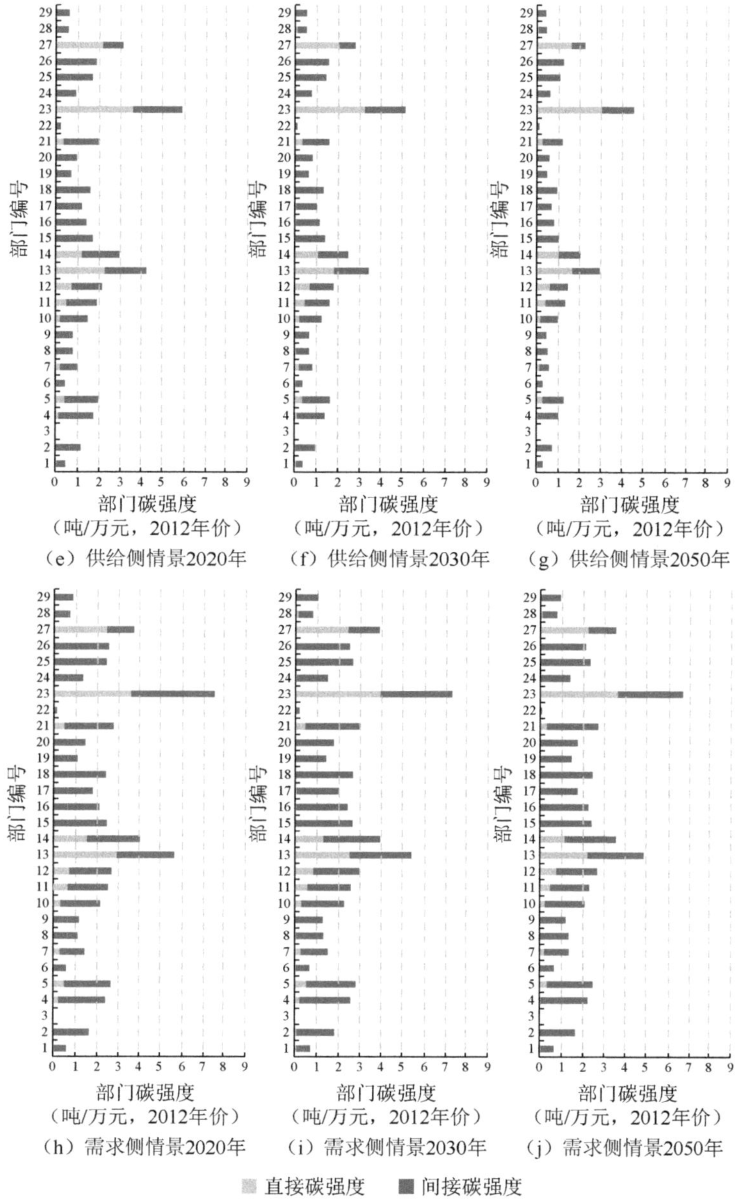

图 6.17　2012～2050 年不同情景下云南不同部门碳强度

与参考情景相比，供给侧情景下各部门的碳强度将持续下降。但是不同部门碳强度的降幅差异较大，本节将以五大高碳部门为例进行分析。供给侧情景下，电力部门（部门 23）的直接和间接碳强度分别由 2012 年的 5.11 吨/万元和 3.40

吨/万元（2012 年不变价，下同）下降至 2050 年的 3.08 吨/万元和 1.49 吨/万元，年均降低率分别为 1.3%和 2.1%；非金属制品部门（部门 13）的直接和间接碳强度分别由 2012 年的 4.02 吨/万元和 3.05 吨/万元下降至 2050 年的 1.71 吨/万元和 1.25 吨/万元，年均降低率分别为 2.2%和 2.3%；金属压延加工部门（部门 14）的直接和间接碳强度分别由 2012 年的 2.13 吨/万元和 2.70 吨/万元下降至 2050 年的 1.05 吨/万元和 1.03 吨/万元，年均降低率分别为 1.8%和 2.5%；交通运输部门（部门 27）的直接和间接碳强度分别由 2012 年的 2.58 吨/万元和 1.37 吨/万元下降至 2050 年的 1.69 吨/万元和 0.59 吨/万元，年均降低率分别为 1.1%和 2.2%；化学工业部门（部门 12）的直接和间接碳强度分别由 2012 年的 1.08 吨/万元和 2.12 吨/万元下降至 2050 年的 0.65 吨/万元和 0.84 吨/万元，年均降低率分别为 1.3%和 2.4%。上述结果表明，未来五大高碳部门的间接碳强度年均降低率都高于其直接碳强度，说明得益于整个原料供应体系的技术进步，未来各部门可以利用更多相对低碳的原材料。然而，从直接碳强度年均降低率来看，只有非金属制品和金属压延加工部门的年均降低率较高，其他部门能源效率和能源结构的提升优化程度有限。

6.2.2 碳排放结构和隐含碳流动变化趋势分析

1. 历史变化趋势分析

从总碳排放的不同类型能源贡献结构看［图 6.18（百分比数字表示数字下方的类型对总碳排放或者总碳足迹的贡献率。而类型之间连线的粗细表示隐含碳流量的大小，线条越粗表示类型之间的隐含碳流量越大。例如，2012 年从原煤流向电力部门的隐含碳流量为 56.3 百万吨，则用 visio 软件中 5.63pt 粗度的线条表示这个流量的大小，下同)］，原煤和焦炭一共贡献了 80%左右的总碳排放，这与云南以煤炭为主的能源结构相一致。1997～2012 年，原煤对碳排放的贡献率呈下降趋势，由 68.3%降低至 54.9%；焦炭的贡献率则呈上升趋势，由 16.4%上升至 19.2%；柴油和汽油是另外两类重要的碳排放贡献能源，一共贡献了总碳排放的 10%左右，且贡献率呈持续上升趋势。1997～2012 年，柴油和汽油的贡献率分别由 2.8%和 3.0%上升至 10.2%和 4.3%，总贡献率增长了 8.7%。其他煤气（包括高炉煤气和转炉煤气）的贡献率也增长较快。这是因为随着循环经济和清洁生产的普及，企业对生产过程中产生的剩余煤气的利用率不断上升。天然气的贡献率较小，因为云南缺少天然气资源，外省调入天然气的相对高价格和省内煤气的相对低价格限制了天然气在云南的应用。

1997～2012 年，随着经济的持续快速发展，产业碳排放大幅增长，居民生活碳排放占总碳排放的比例则由 15.7%下降至 4.9%。其中，农村居民生活碳排放占比下降了 7.7%，城镇居民生活碳排放占比下降了 3.1%。2007～2012 年，居民生活碳排放占比呈小幅上升趋势，这是因为经济的快速发展带动了居民生活水平的提高从而消费了更多的汽油、煤气等化石能源。原煤贡献了大部分农村居民生活碳排放，这是因为煤炭等商品性能源逐步取代薪柴等传统生物质能源成为农村居民生活中的重要能源（Li et al.，2005）。近些年来，汽油流向居民生活的隐含碳流量增长较快，因为机动车在居民生活中的普及程度越来越高。

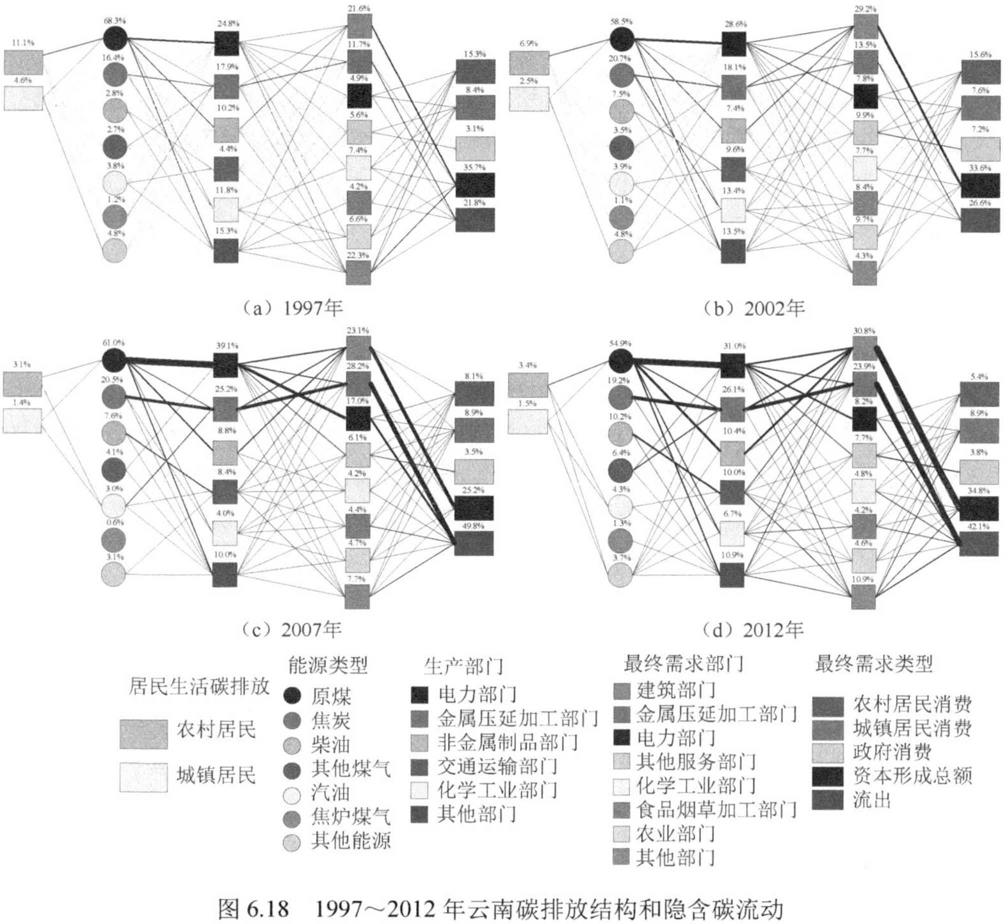

图 6.18　1997～2012 年云南碳排放结构和隐含碳流动

由于数值修约，各单项值相加与总计值不一定相等，下同

从供给侧部门看，电力、金属压延加工、非金属制品、交通运输和化学工业是五大主要的碳排放贡献部门。1997～2012 年，电力部门是最大的碳排放贡献部

门，其碳排放由 14.0 百万吨增长至 61.1 百万吨。2002～2007 年，电力部门的碳排放增长了近 2 倍，其碳排放占总碳排放的比例由 28.6%上升至 39.1%。电力部门的碳排放主要源于火力发电消耗的原煤，其消耗的原煤占原煤总消费量的 50%～60%。近年来，火力发电对煤气的消耗也贡献越来越多的碳排放。1997～2012 年，金属压延加工部门是第二大碳排放贡献部门，其碳排放占总碳排放的比例由 17.9%上升至 26.1%。与电力部门相同，2002～2007 年，金属压延加工部门的碳排放也增长了近 2 倍；与电力部门不同的是，金属压延加工部门的碳排放在 2007～2012 年又增长了 31.8%。金属压延加工部门的碳排放主要源于对焦炭的消耗，其消耗的焦炭占焦炭总消费量的近 90%。近年来，金属压延加工部门对部门内产生的高炉煤气和转炉煤气的利用率有所增加，也贡献了部分碳排放。

从 2007 年开始，非金属制品部门超过交通运输部门和化学工业部门成为第三大碳排放贡献部门。2002～2012 年，非金属制品部门的碳排放增长了 2.7 倍；2012 年，其碳排放占总碳排放的比例达到 10.4%。非金属制品部门是第二大原煤消耗部门，其碳排放增长主要源于原煤中隐含碳流入量的增长。1997～2012 年，交通运输部门的碳排放呈持续增长趋势，从 2.5 百万吨增长至 19.7 百万吨，增长了近 7 倍，占总碳排放的比例也由 4.4%上升至 10%。交通运输部门的碳排放主要源于柴油和汽油的消耗，其消耗的柴油和汽油分别占柴油和汽油消费总量的 72%和 40.3%。化学工业部门的碳排放则呈曲折增长趋势，由 1997 年的 6.7 百万吨增长至 2002 年的 9.9 百万吨，而后降至 2007 年的 6.2 百万吨，再上升至 2012 年的 13.1 百万吨；其碳排放占总碳排放的比例也呈现出同样的变化趋势。化学工业部门的碳排放主要由原煤和焦炭贡献，2012 年这两种能源分别贡献了 61.8%和 31.7%的部门碳排放；2002～2007 年，其碳排放的减少则主要是由于焦炭消耗量的减少。

从最终需求视角看，除了 2007 年金属压延加工部门超过了建筑部门外，建筑部门一直是贡献碳排放最多的部门（赵红艳等，2012）。在建筑部门产品生产过程中需要消耗砖、水泥、钢材和电力等高碳原材料，而这些产品中隐含了大量其生产过程中的碳排放。建筑部门规模的扩大，是为了满足投资的需求；为了满足未来消费需求的扩大，大量的投资用于建设公路、铁路、机场、厂房和住宅等基础设施。在基础设施建设投资的驱动下，2012 年投资相关碳排放占总碳排放的比例达到 35%。金属压延加工部门是贡献碳排放的第二大需求侧部门，2007 年甚至超过了建筑部门成为贡献碳排放的第一大需求侧部门。电力和金属压延加工部门的隐含碳主要在部门内部流动，例如，金属压延加工部门内利用铁作为原料来炼钢。这两个部门的隐含碳主要为了满足流出的需求，即省域外的消费需求。2007

年，在电力和金属压延加工部门产品流出的拉动下，流出对总碳排放的贡献率接近 50%，电力流出贡献的碳排放占其需求侧总碳排放的 68.2%。农业、食品生产和其他服务部门则主要满足消费的需求。从消费的内部结构看，城镇居民消费对总碳排放的贡献率呈稳中上升趋势，农村居民消费和政府消费的贡献率则呈下降趋势。

2. 情景分析

为了表达的直观和简洁，在云南碳排放结构及隐含碳流动情景分析中，将城镇居民消费、农村居民消费和政府消费合并成消费一项（图 6.19）。三个情景下，原煤、焦炉煤气和其他煤气对总碳排放的贡献率都呈降低趋势。参考、供给侧和需求侧情景下原煤贡献率由 2012 年的 54.9%分别降低至 2050 年的 46.1%、44.0%和 46.0%。2020～2030 年，供给侧情景下焦炭的贡献率却小幅上升。与煤炭类能源不同，柴油的贡献率将持续上升，且供给侧情景下的贡献率更高。三个情景下，其他能源的贡献率也呈持续上升趋势；这一方面是因为煤炭类能源贡献率的持续下降，另一方面是因为天然气的贡献率将不断上升。

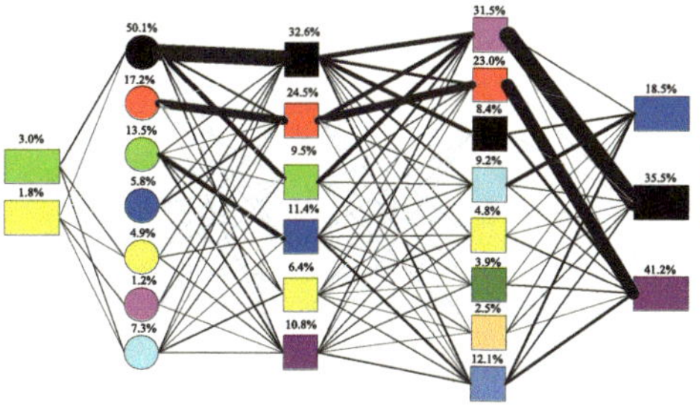

（a）参考情景2020年

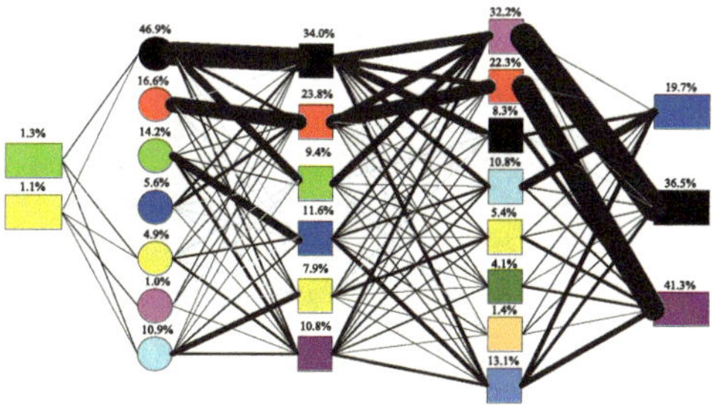

（b）参考情景2030年

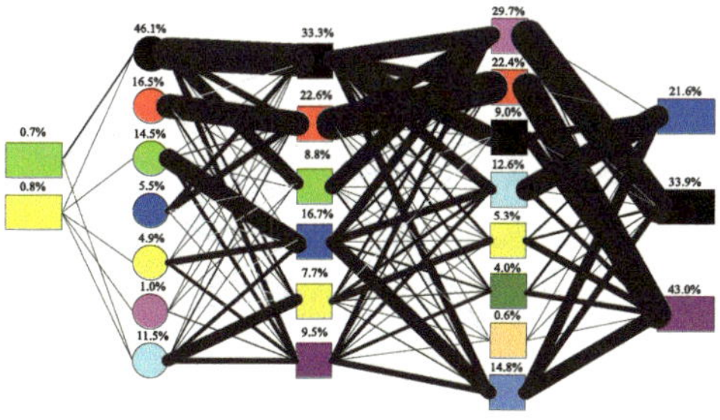

（c）参考情景2050年

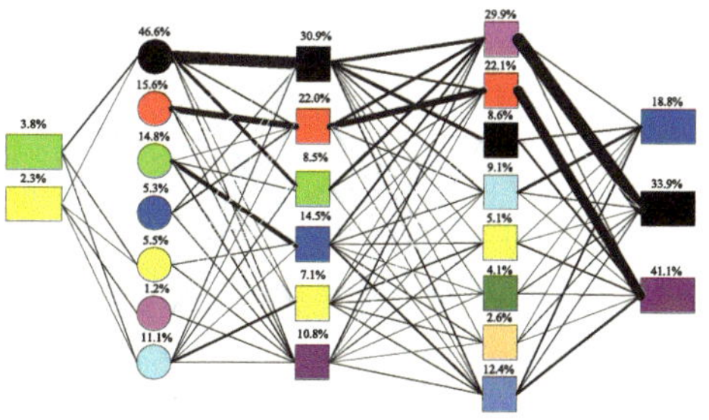

（d）供给侧情景2020年

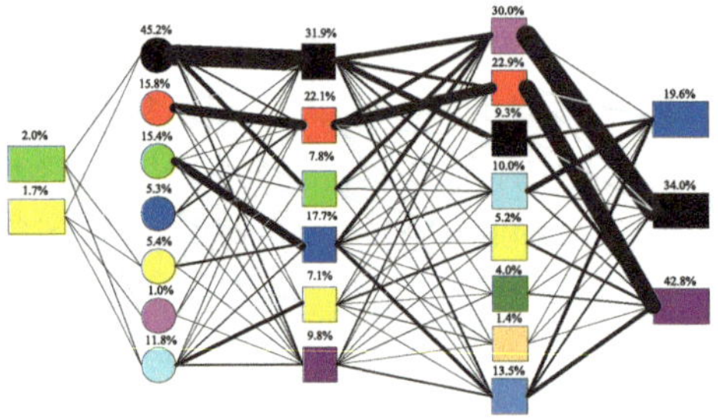

（e）供给侧情景2030年

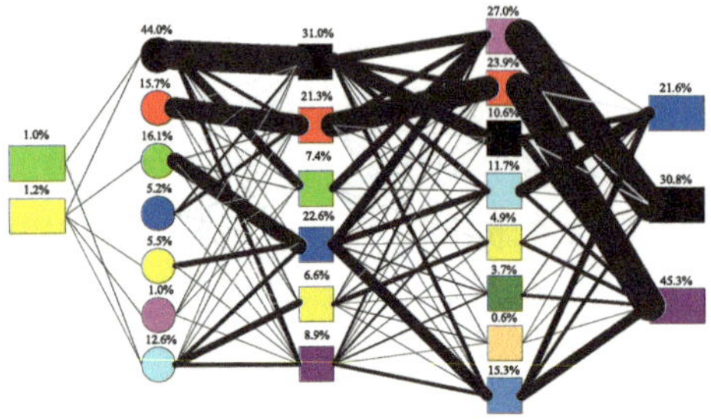

（f）供给侧情景2050年

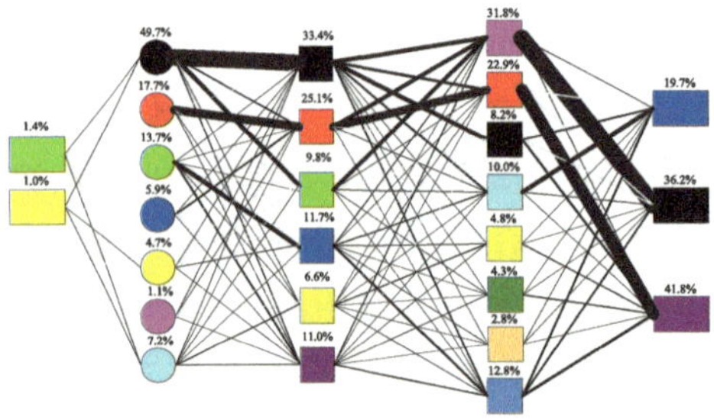

（g）需求侧情景2020年

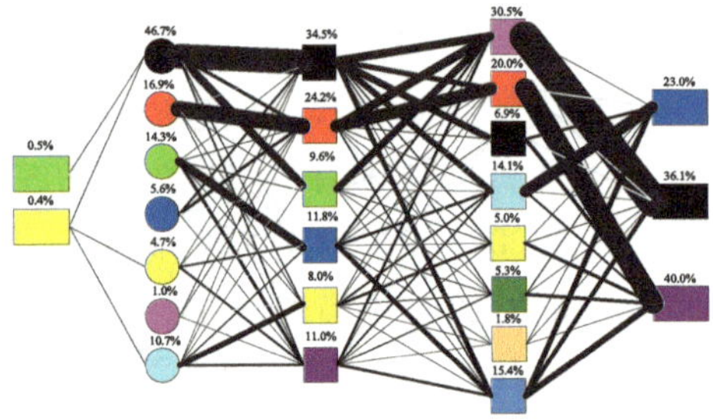

（h）需求侧情景2030年

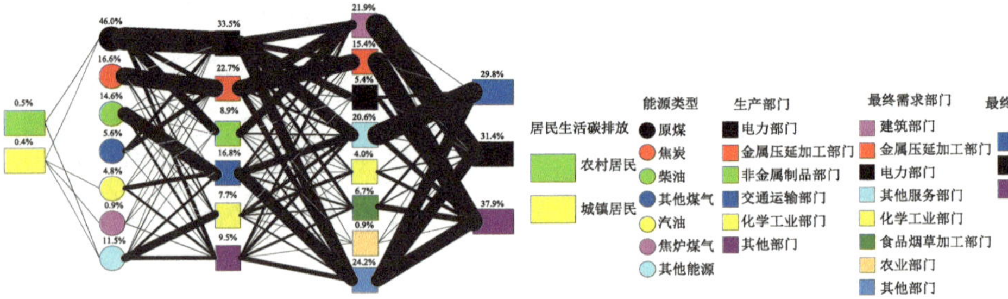

（i）需求侧情景2050年

图 6.19　2020～2050 年不同情景下云南碳排放结构和隐含碳流动

参考、供给侧和需求侧情景下，居民生活对总碳排放的贡献率都将继续下降，由 2012 年的 4.9%分别下降至 2050 年的 1.5%、2.2%和 0.9%。参考和供给侧情景下，城镇居民生活的贡献率将逐步超过农村居民生活；这是因为人均城镇居民生活一次能源消费量往往大于人均农村居民生活，并且随着云南城镇化率的不断提高，城镇居民人口数量将逐步超过农村居民。需求侧情景下，城镇居民生活的贡献率未超过农村居民生活，这是因为虽然城镇居民数量更多，但是城镇居民更易获取水电、天然气等低碳能源，而需求侧结构调整措施的实施将使城镇居民的能源消费结构比农村居民更加低碳。农村居民生活碳排放的增长仍主要由原煤消费的增长贡献，城镇居民生活则主要由汽油消费的增长贡献。另外，随着天然气应用的逐步普及，其对居民生活碳排放的贡献率也将有所上升。

从供给侧部门看，尽管三个情景下电力部门仍将是碳排放贡献率最高的部门，但是在供给侧情景下其贡献率明显低于参考和需求侧情景，并且保持相对稳定。然而，从原煤流向电力部门的隐含碳流量却大幅增长，说明控制电力部门特别是煤电规模的扩张是实现碳排放总量控制的关键。去产能和提升技术水平等供给侧结构调整措施对控制煤电规模效果显著，需要继续加强。但是从稳定电网和调节电力平衡的角度来看，需要维持一定规模的煤电。因此，未来消减煤电部门碳排放的根本措施是提升碳捕捉、封存和利用技术在煤电部门的应用水平。从电力部门隐含碳流向需求侧部门的流量来看，它是各经济部门的重要支撑，其中最大的隐含碳流量流向了建筑部门。虽然金属压延加工部门在大部分情况下仍然是碳排放第二大贡献部门，但是其贡献率呈下降趋势，且供给侧情景下降幅更大。金属压延加工部门碳排放的增长压力来源于焦炭中隐含碳的大量流入，并且主要是部门内部隐含碳流量的增长（如由炼铁部门流向炼钢部门的隐含碳流量的增长）。因此，对于金属压延加工部门来说部门内部的结构调整和技术升级更加重要。交通运输部门的贡献率将持续上升，参考和需求侧情景下，其贡献率将由 2012 年的 10.4%上升至 2050 年的 17%左右；供给侧情景下，将上升至 2050 年的 22.6%。供给侧情景下，2050 年交通运输部门将超过金属压延加工部门成为第二大碳排放贡献部门。对于交通运输部门来说，碳排放的增长主要是由于柴油隐含碳流入量的增长。因此，提升柴油交通工具的燃油经济性和提升低碳能源对柴油的替代更加重要。与电力部门类似，交通运输部门也是各部门的重要支撑；未来，交通运输部门流向建筑部门和其他服务部门的隐含碳流量将大幅增长。由于原煤隐含碳的持续流入，非金属制品部门依然是重要的碳排放贡献部门。然而，在天然气隐含碳流入量的支持下，化学工业部门对碳排放的贡献率有赶超非金属制品部门的趋势。从这两个部门流向需求侧部门的隐含碳流量来看，非金属制品部门的隐含碳主要流向了建筑部门，而化学工业部门的隐含碳则主要在部门内部流动。

在投资需求的拉动下，三个情景下建筑部门仍将是贡献碳排放最多的需求侧部门，但是其贡献率呈下降趋势。参考、供给侧和需求侧情景下，建筑部门的贡献率由 2012 年的 30.8%分别下降至 2050 年的 29.7%、27.0%和 21.9%。需求侧情景下，2050 年投资对碳排放的贡献率比参考情景下降低了 2.5%，说明需求侧结构调整战略措施的实施能有效降低经济发展对高碳投资的依赖。然而，需求侧情景下建筑部门流向投资的隐含碳流量并未减少，说明在仅调整需求侧结构而未调整供给侧结构的情况下，建筑投资需求会更多的由省域内的产品来满足。与建筑投资相对应的是服务消费领域，三个情景下其他服务部门对碳排放的贡献率呈上升趋势。需求侧情景下，其他服务部门甚至超过了金属压延加工和电力部门，成为贡献碳排放的第二大需求侧部门，其贡献率由 2012 年的 7.7%上升至 2050 年的 20.6%。由于大部分其他服务部门的隐含碳流向了消费需求，需求侧情景下，消费对总碳排放的贡献率由 2012 年的 18.1%上升至 2050 年的 29.8%，比参考和供给侧情景下高 8.2%，说明需求侧结构调整战略措施的实施能有效拉动低碳服务消费的增长。在流出需求的拉动下，三个情景下金属压延加工和电力部门隐含碳流量都将持续增长。与参考情景相比，需求侧和供给侧情景下电力部门流向流出的隐含碳流量有所减少，说明需求侧和供给侧结构调整战略措施对减少电力部门的隐含碳流出量都有效果。然而，与参考情景相比，需求侧和供给侧情景下金属压延加工部门流向流出的隐含碳流量并未减少；说明与电力部门相比，金属压延加工部门对结构调整措施的重视程度不够。参考和供给侧情景下流出对碳排放的贡献率将持续上升，而需求侧情景下流出对碳排放的贡献率将逐步下降。

6.2.3 碳足迹结构和隐含碳流动变化趋势分析

1. *历史变化趋势分析*

从内部和外部碳足迹看，内部碳足迹对总碳足迹的贡献率呈下降趋势，而外部碳足迹的贡献率呈上升趋势。内部和外部碳足迹的贡献率分别由 1997 年的 59.5%和 40.5%变化为 2012 年的 33.6%和 66.4%（图 6.20，图 6.21）。

从供给侧视角看，内部碳足迹主要由电力、金属压延加工、非金属制品、交通运输和化学工业五大部门贡献。但这五大部门的内部碳足迹对总碳足迹的总贡献率呈下降趋势，由 1997 年的 48.3%下降至 2012 年的 29.1%。外部碳足迹的主要贡献部门除了五大部门之外还有石油加工炼焦和煤炭开采洗选部门。然而，2007 年以后外部碳足迹也逐渐集中于五大部门。从各部门内部碳足迹对总碳足迹的贡献率来看，电力部门一直是贡献率最大的部门，2007 年达到 18.5%。金属压延加工、非金属制品和化学工业部门的贡献率呈下降趋势，分别由 1997 年的 10.1%、9.2%和 8%下降至 2012 年的 5.6%、6.1%和 2.4%。交通运输部门的贡献率则呈上升趋势，由 1997 年的 2.7%上升至 2012 年的 3.9%。从外部碳足迹对总碳足迹的贡献率来看，五大部门中交通运输和化学工业部门的变化趋势与内部碳足迹相同，其他三个部门则呈相反的变化趋势。

从需求侧视角看，内部碳足迹的贡献部门由相对分散逐步集中于建筑、其他服务、电力和农业四大部门；而外部碳足迹的贡献部门也由相对分散逐步集中于建筑、其他服务和交通设备制造三大部门。无论是内部碳足迹还是外部碳足迹，建筑部门都是最大的贡献部门，且其对总碳足迹的贡献率呈上升趋势，由 1997 年

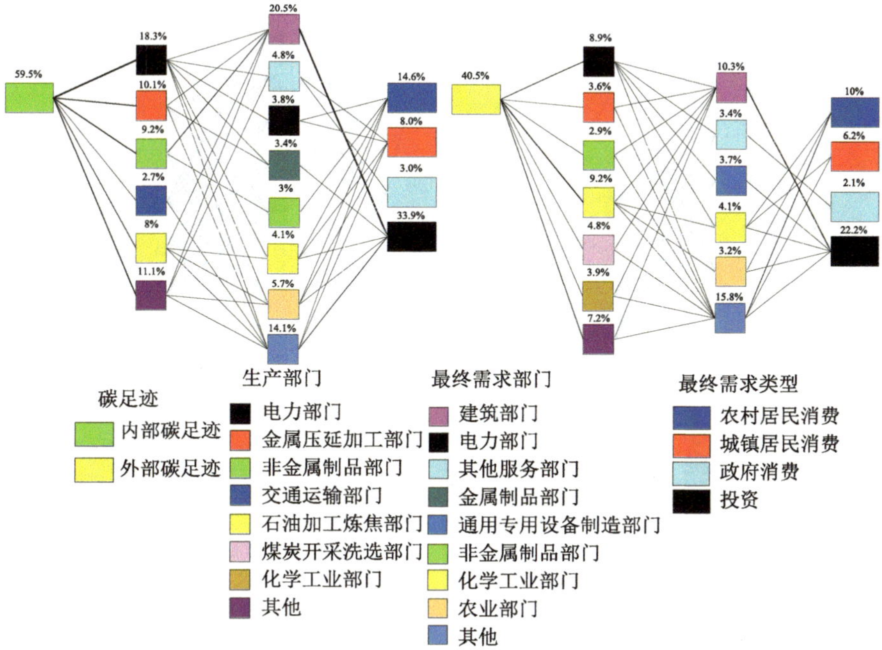

（a）1997年

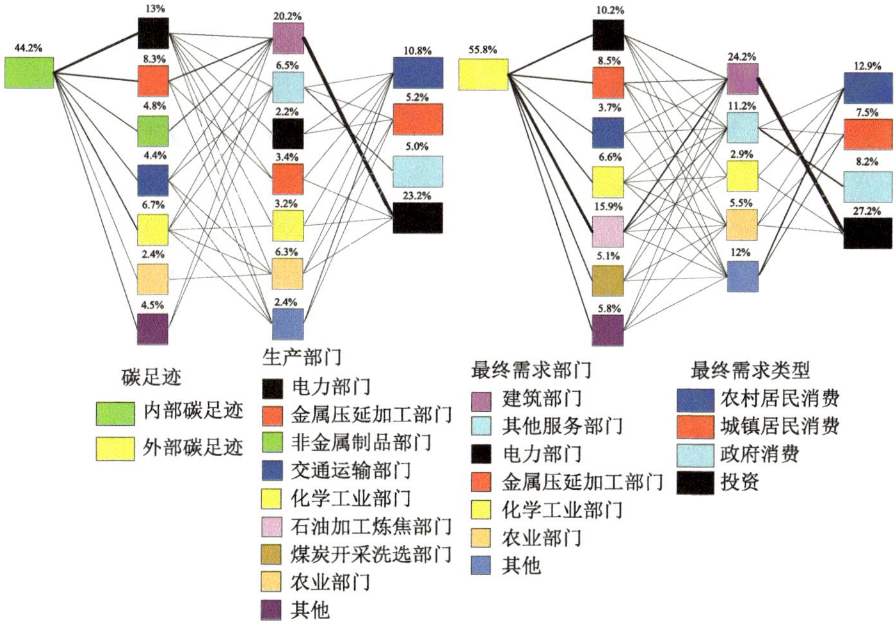

（b）2002年

图 6.20　1997 和 2002 年云南碳足迹结构和隐含碳流动

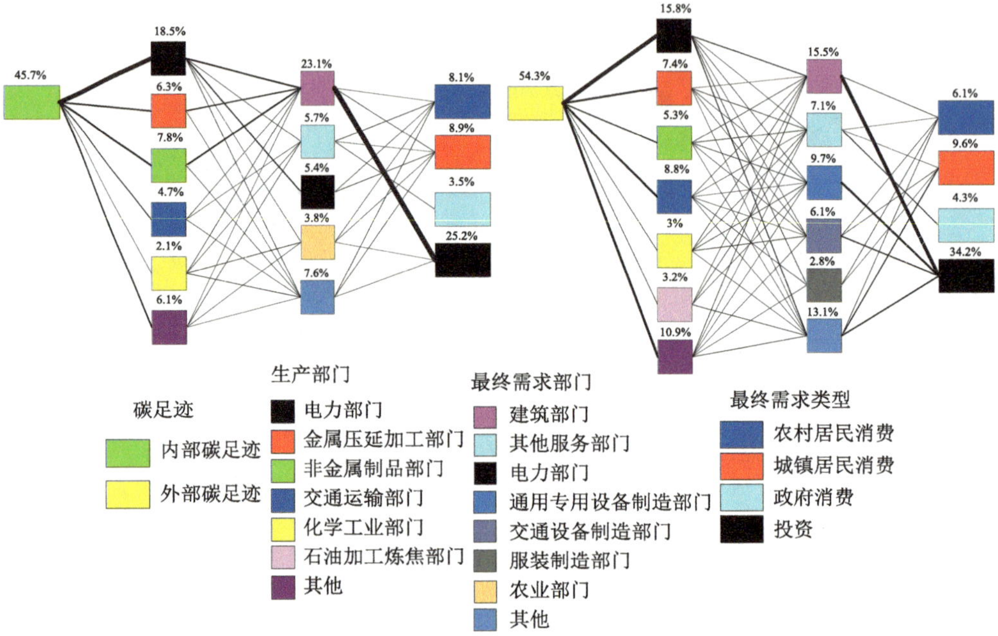

（a）2007年

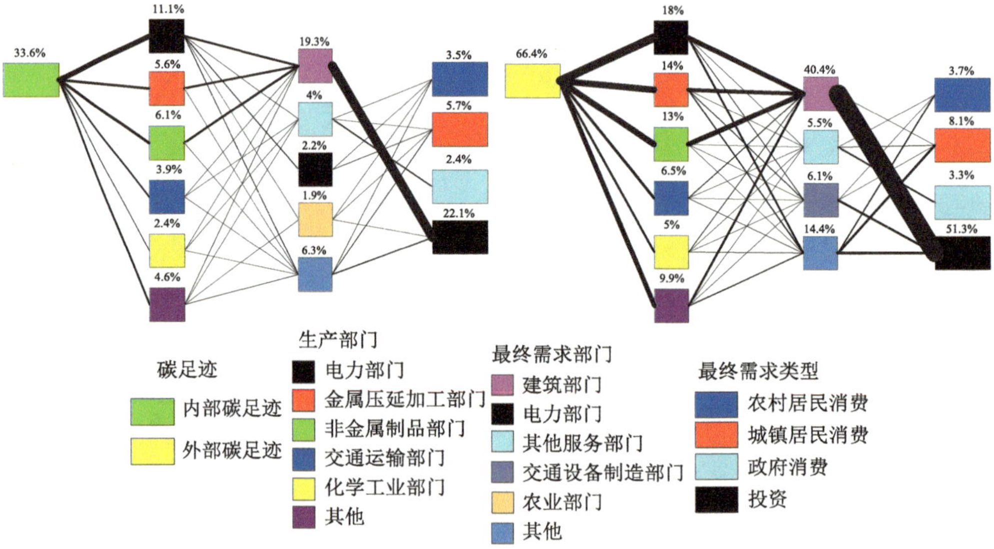

（b）2012年

图 6.21　2007 和 2012 年云南碳足迹结构和隐含碳流动

的30.8%上升至2012年的59.7%。1997～2012年，对建筑部门产品的需求由主要由省域内生产活动满足转向主要由省域外流入满足。1997年建筑部门的内部和外部碳足迹分别贡献了20.5%和10.3%的总碳足迹，而2012年贡献率分别为19.3%和40.4%。其他服务部门也呈现和建筑部门类似的变化趋势，电力需求则主要由省域内生产活动供应，而对交通设备制造部门产品的需求主要通过流入来满足。

从不同最终需求类型看，投资对总碳足迹的贡献率由1997年的56.1%上升至2012年的73.4%，是贡献碳足迹的第一大最终需求类型。由于投资相关碳足迹主要由建筑部门隐含碳的流入贡献，投资也更加依赖省域外流入产品。投资相关内部和外部碳足迹占总碳足迹的比例分别由1997年的33.9%和22.2%变化为2012年的22.1%和51.3%。这说明在欠发达地区，投资在支持经济增长的同时也贡献了越来越多的碳足迹，而省域内的生产活动已经越来越难以满足其急剧扩大的投资规模，需要从省域外流入大量资源来满足投资活动。城镇居民消费对碳足迹的贡献率呈先上升后下降趋势，由1997年的14.2%上升至2007年的18.5%然后降低至2012年的13.8%。与投资需求类似，城镇居民消费需求的满足也越来越依赖省域外流入产品。城镇居民消费相关碳足迹主要由其他服务、电力和交通设备制造部门的隐含碳流入贡献。政府消费对碳足迹的贡献率也呈先上升后下降的趋势，由1997年的5.1%上升至2002年的13.2%，然后降低至2012年的5.7%。政府消费相关碳足迹大部分由其他服务部门贡献，同样越来越依赖外部流入产品的支持。农村居民消费对碳足迹的贡献率呈持续下降趋势，由1997年的24.6%降低至2012年的7.2%。与城镇居民消费相同，农村居民消费相关碳足迹也主要由其他服务、电力和交通设备制造部门的隐含碳流入贡献。从以上结果可以看出，消费增长与服务业增长密切相关，且近年来对电力和交通运输设备需求的增长贡献了较多消费相关碳足迹，需要引起政策制定者的足够重视。

2. 情景分析

为了表达和分析的简明，在碳足迹结构和隐含碳流动情景分析中，将城镇居民消费、农村居民消费和政府消费合并成消费一项，并将图6.22～图6.24中表示隐含碳流量的线条的粗细缩小了10倍，例如2012年外部碳足迹中从建筑部门流向投资的隐含碳流量为124.2百万吨，则用visio软件中的1.24pt粗细的线条表示这个流量。2012～2030年，三个情景下外部碳足迹对总碳足迹的贡献率都将有所下降，需求侧情景下降幅更大；参考、供给侧和需求侧情景下，贡献率由2012年的66.4%分别下降至2030年的65.0%、64.9%和60.6%，如图6.22和图6.23所示。2030～2050年，参考和供给侧情景下外部碳足迹的贡献率将有所上升，2050

年贡献率将达到66.6%（图6.24）。与此相反，需求侧情景下云南将持续降低对流入产品的依赖，2050年外部碳足迹的贡献率将继续下降至55.1%。这说明只有调整需求结构才能最终解决云南贸易逆差不断扩大和对外部碳足迹依赖不断升高的问题。

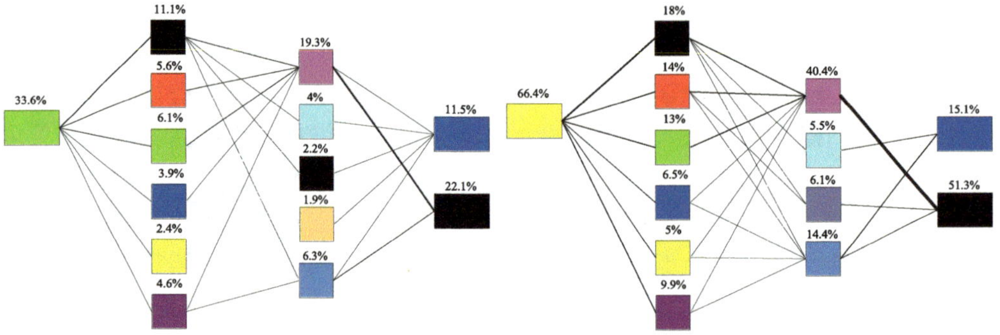

（a）2012年

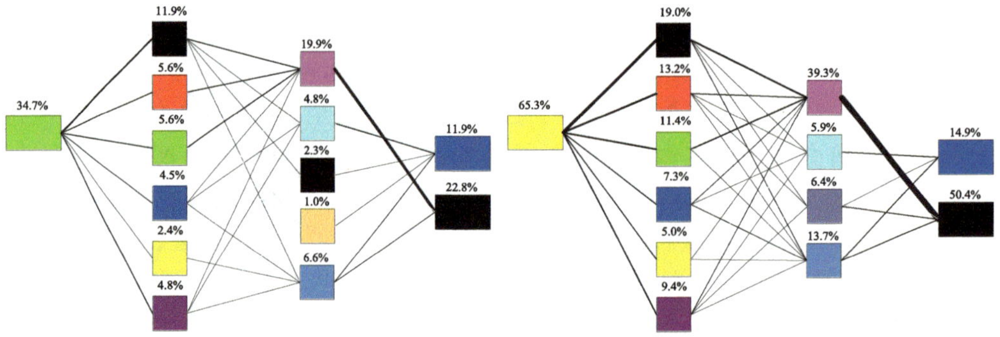

（b）参考情景2020年

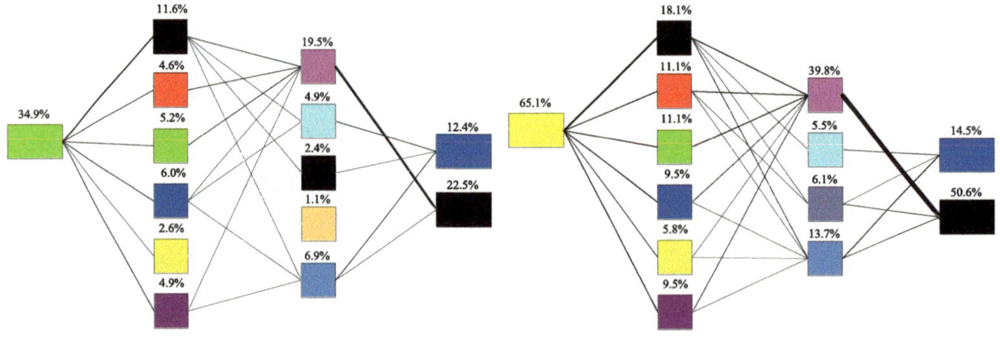

（c）供给侧情景2020年

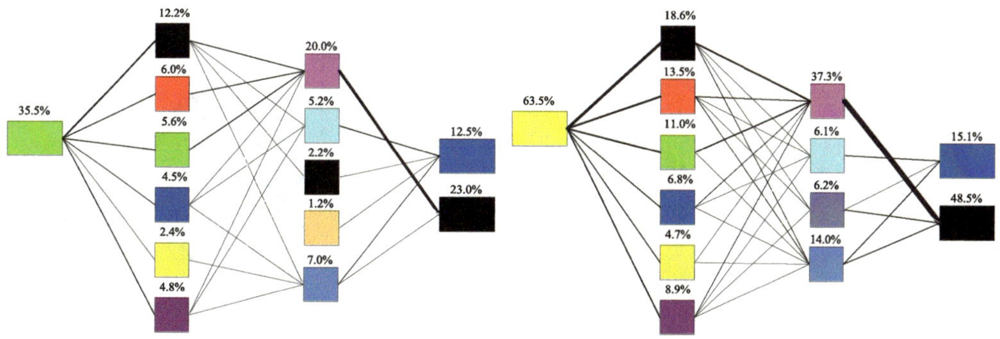

（d）需求侧情景2020年

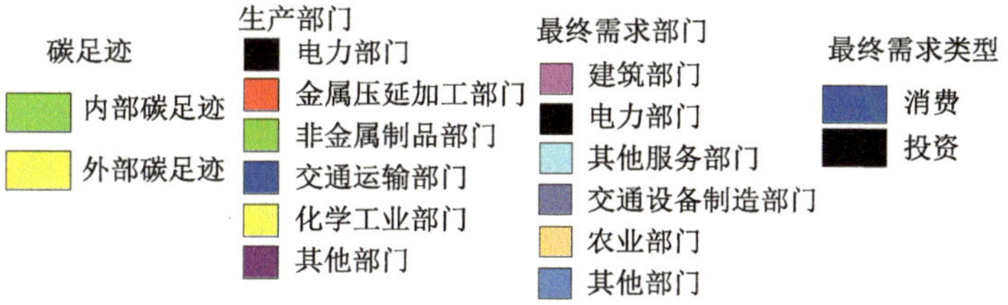

图 6.22　2012 年和不同情景下 2020 年云南碳足迹结构和隐含碳流动

从供给侧部门视角看，电力、金属压延加工、非金属制品、交通运输和化学工业五大高碳部门对内部碳足迹的总贡献率将有所上升；参考、供给侧和需求侧情景下，五大高碳部门的总贡献率将由 2012 年的 86.3%分别上升至 2050 年的 88.2%、88.3%和 89.2%［图 6.25（a）］。从分部门来看，参考和需求侧情景下电力部门对内部碳足迹的贡献率将有所上升，而供给侧情景下其贡献率略有下降。参考和供给侧情景下，金属压延加工部门对内部碳足迹的贡献率呈下降趋势，尤其是供给侧情景下其贡献率将由 2012 年的 16.8%降低至 2050 年的 8.2%。与此相反，需求侧情景下其贡献率将上升至 2050 年的 18.7%。三个情景下，非金属制品部门对内部碳足迹的贡献率都有所下降，化学工业部门的贡献率则保持稳中有升，而交通运输部门的贡献率将大幅上升。尤其是供给侧情景下，交通运输部门对内部碳足迹的贡献率将由 2012 年的 11.5%上升至 2050 年的 27.5%。不同供给侧部门对外部碳足迹贡献率的变化趋势和内部碳足迹类似［图 6.25（b）］。不同的是，需求侧情景下，2030 年交通运输部门对外部碳足迹的贡献率低于基准年 2012 年，2030 年其外部碳足迹对总碳足迹的贡献率只有 5.7%（图 6.23）。说明要大幅降低交通运输部门的碳足迹，调整需求结构势在必行。

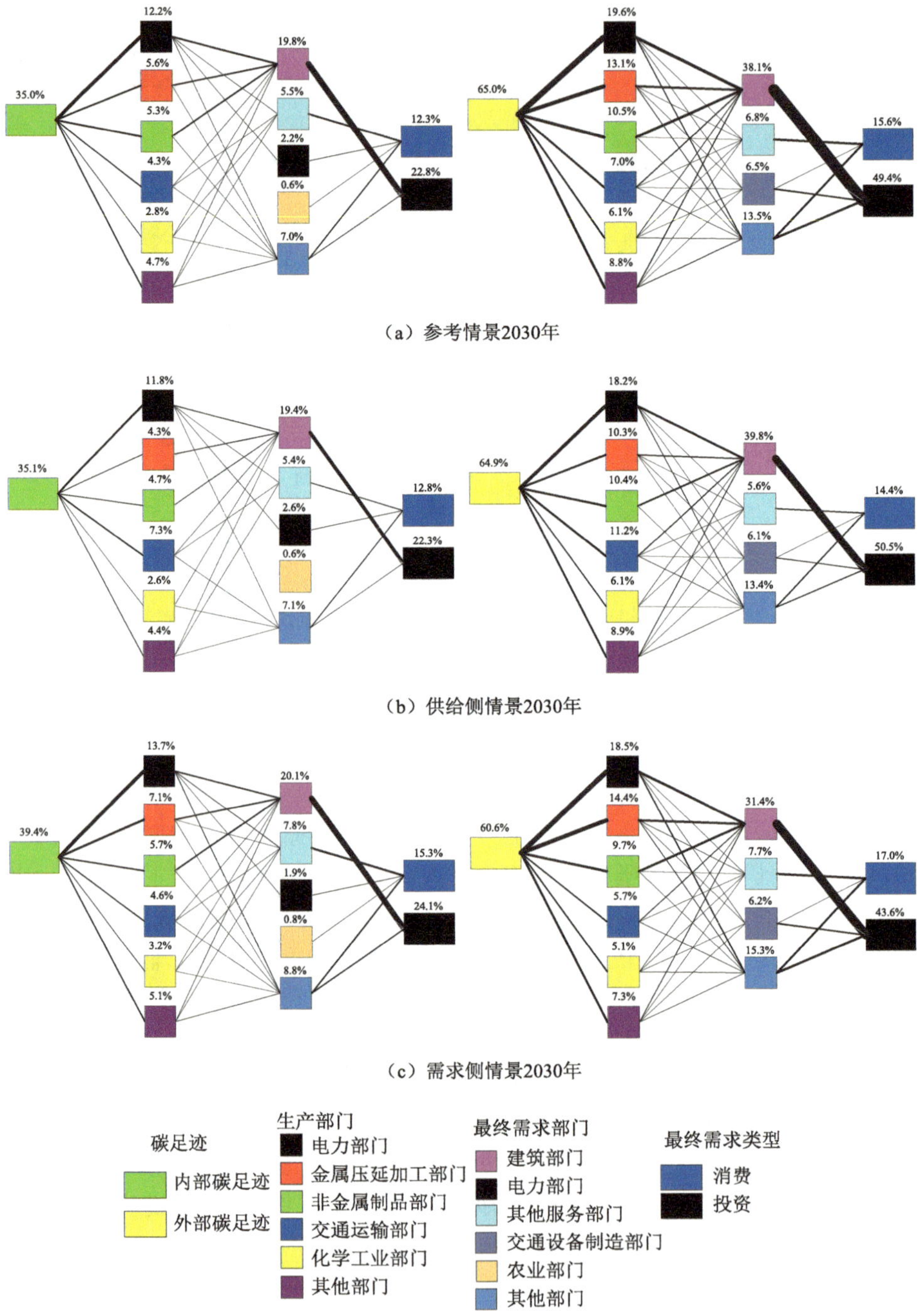

图 6.23　不同情景下 2030 年云南碳足迹结构和隐含碳流动

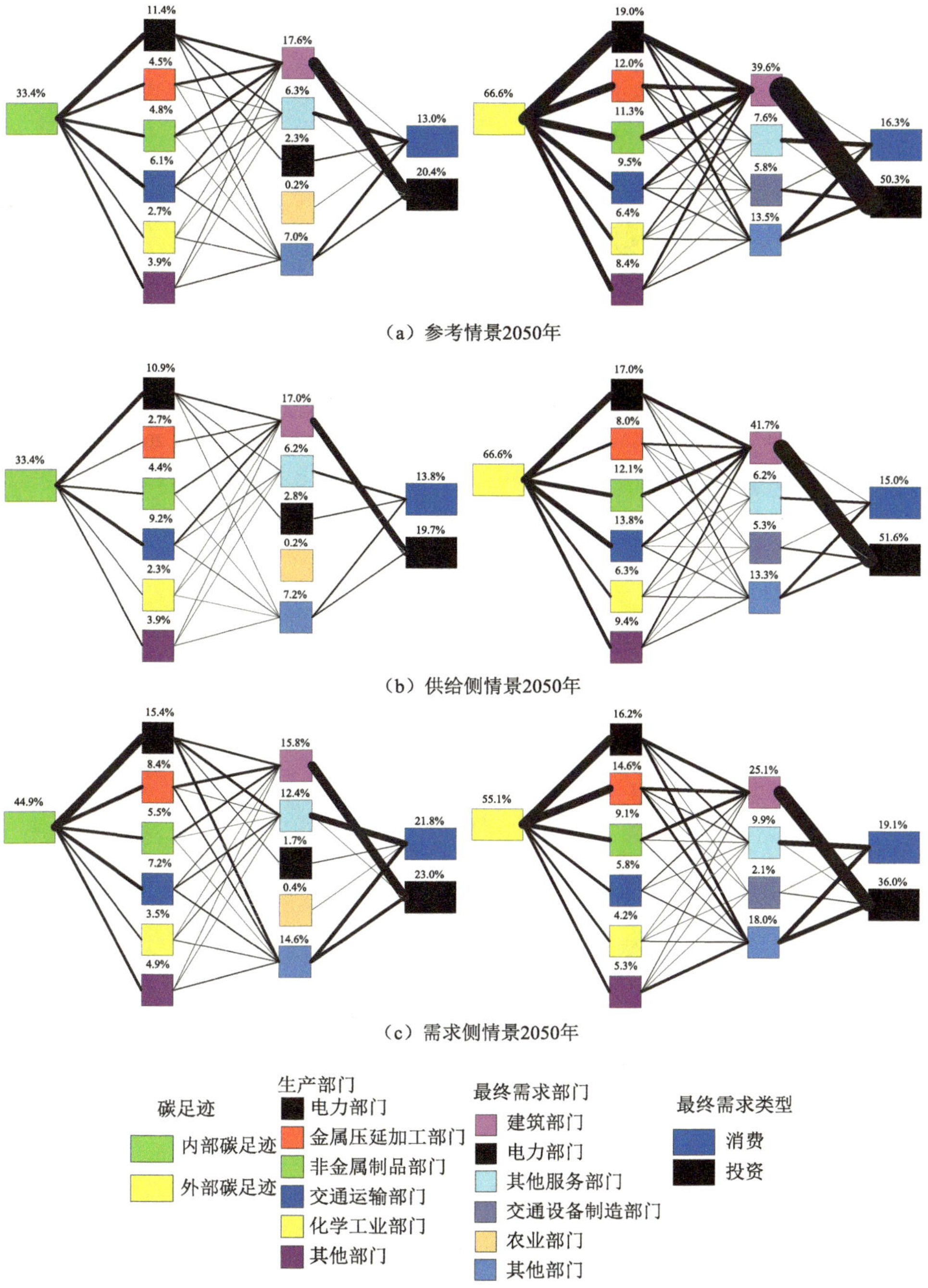

图 6.24　不同情景下 2050 年云南碳足迹结构和隐含碳流动

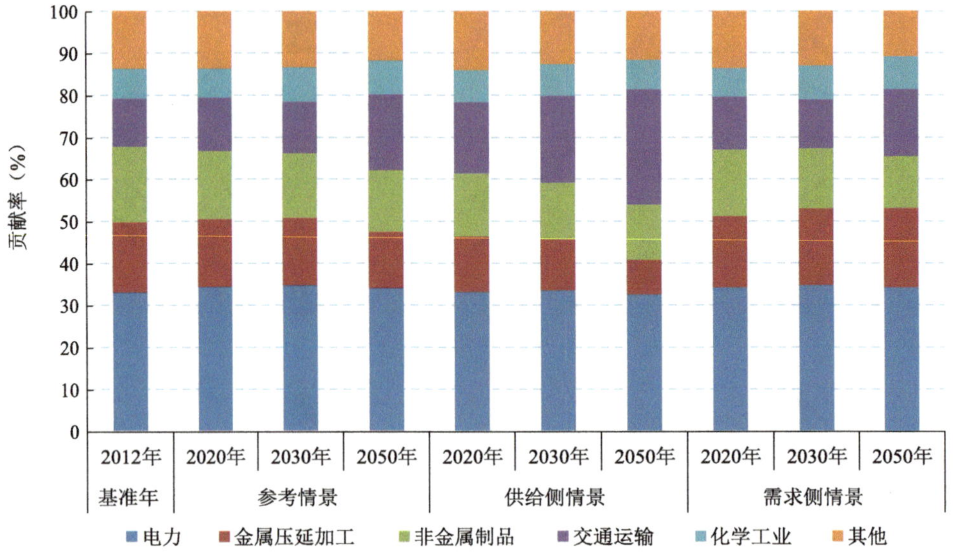

（a）内部碳足迹

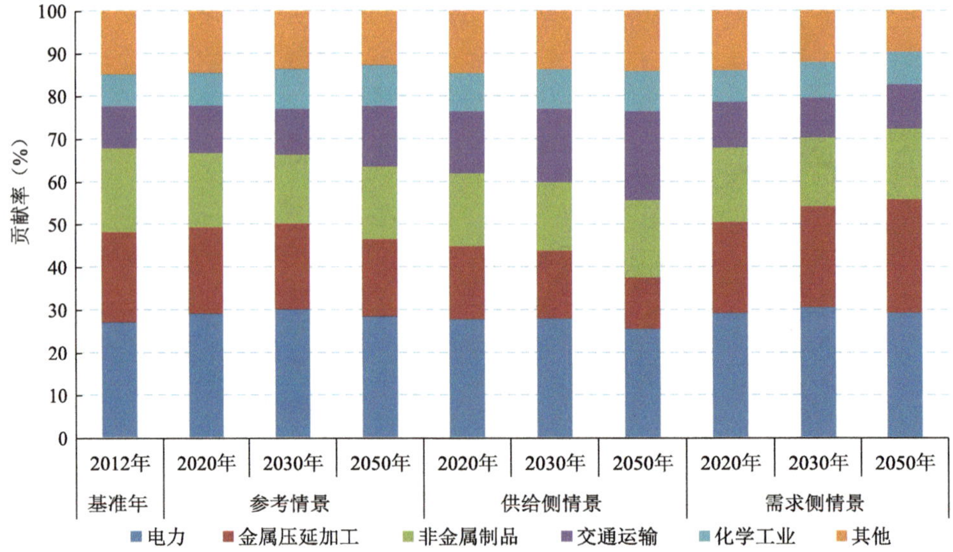

（b）外部碳足迹

图 6.25　2012～2050 年不同情景下供给侧部门对内部和外部碳足迹的贡献

从需求侧部门视角看，参考和需求侧情景下，建筑部门对流入产品的依赖程度有所降低，且需求侧情景下降幅更大。与此相反的是，供给侧情景下建筑部门对流入产品的依赖程度有所升高，2050 年对建筑部门产品需求引起的外部碳足迹贡献了 41.7%的总碳足迹，2012 年贡献率为 40.4%（图 6.22～图 6.24）。这说明仅调整供给侧结构的情况下，由于省域内供给更加难以满足需求的增长，对建筑部门产品的需求将更加依赖从省域外流入。三个情景下，建筑部门流向投资的隐含碳流量的大幅增长是最大亮点。参考情景下，内部和外部碳足迹中由建筑部门流向投资的隐含碳流量分别由 2012 年的 59.3 百万吨和 124.2 百万吨增长至 2050 年的 395.4 百万吨和 889.4 百万吨。供给侧和需求侧情景下，供给侧和需求侧结构调整措施的实施将有效减少建筑部门流向投资的隐含碳。然而，需求侧情景下建筑部门流向投资的隐含碳流量减少的同时，其他服务部门流向消费的隐含碳流量将大幅增长。这说明当经济发展到一定程度时，要控制碳足迹总量，其他服务部门隐含碳流量的控制变得更加重要。这个结果最早在对发达国家英国的碳足迹变化驱动因子的历史变化趋势分析中被发现，本节情景分析结果也展现了这一变化趋势（Barrett et al.，2009）。需求侧情景下，由于需求结构加速转向服务产品，消费对碳足迹的贡献率大幅上升，投资对碳足迹的贡献率则大幅下降；同时，云南对外部碳足迹的依赖程度将有所降低。这些结果表明，大力发展服务业和向消费型经济转型的战略方向是一致的，并且大力发展服务业和抑制对高碳产品的需求有利于省域内产业的发展壮大，从而降低对省域外流入产品的过度依赖。

6.2.4 讨论和分析

从上述计算结果可以看到，为了消除贫困并与全国同步实现“两个一百年”目标，即使在供给侧情景下，云南的碳排放到 2030 年也无法达到峰值。这与全国水平在 2030 年左右达到峰值的总量控制目标相矛盾，说明在面对严峻的总量控制和达峰目标时，云南必须更加重视经济结构的战略性调整。然而，对于全国水平 2030 年前达到峰值的碳排放总量控制目标，在不同省市区的实现时间可以不同。相关研究提出，东部发达地区（如北京和广东）应该在 2020 年前达峰，因为这些地区的产业结构已经高度服务化了（陈操操等，2014；Liu et al.，2015a；田中华等，2015）。而对于中西部欠发达地区，理应给其基础设施建设一定的发展时间，碳排放达峰时间可以晚于 2030 年（Liu et al.，2015a）。即使这样，从碳排放增幅的计算结果来看，云南面临的碳排放总量控制和达峰目标依然十分严峻。

从碳排放强度降低目标的实现情况看，全国水平设置了 2020 年碳排放强度比 2005 年降低 40%～45%的目标，本节情景分析的结果显示，即使是参考情景下，2020 年云南也能实现 40%以上的碳强度降低目标。作为全国低碳试点省份，在《云南省低碳发展规划纲要（2011—2020 年）》中，政府提出 2020 年碳排放强度比 2005 年降低 45%以上的减排目标，这是只有供给侧情景下才能实现的目标。对于碳排放强度 2030 年比 2005 年降低 60%～65%的全国目标，云南只有通过大力实施供给侧结构调整战略措施才能实现 60%的低目标。这说明相对于碳排放总量控制和达峰目标，实现碳排放强度降低目标相对容易一些。但是要实现 2020 年和 2030 年的碳排放强度降低的高目标，云南必须进一步加强供给侧结构调整措施的实施力度。从人均碳排放降低目标来看，《云南省应对气候变化方案》提出，2020 年云南人均碳排放控制在 4.5 吨/人左右。本节的计算结果显示，即使是在人均碳排放最低的供给侧情景下也无法实现此目标。因此，人均碳排放降低目标相对碳排放强度降低目标更难实现。对于碳足迹和碳足迹强度指标，虽然目前未设置强制性降低目标，但是从本节的计算结果看，未来云南碳足迹的规模更大，增速也更快；因此，采取相关供给侧和需求侧结构调整措施控制碳足迹的规模和增速已刻不容缓。

从供给侧部门的碳排放和碳足迹贡献率看，五大高碳部门贡献了绝大部分的碳排放和碳足迹，且贡献率呈持续上升趋势。因此，这些部门的生产结构和技术水平将决定云南未来碳排放的变化趋势。在五大高碳部门中，电力、金属压延加工、非金属制品和化学工业部门是云南节能减碳政策的重点关注部门，这些部门采取的节能减碳措施将持续降低其对碳排放和碳足迹的贡献率。然而，节能减碳政策措施对交通运输部门的重视程度相对不够，从现状看，云南 90%以上的交通运输量由高碳的公路运输来完成，且大部分公路是更加高碳的低等级公路（云南省统计局，2015）。从世界范围来看，经济发展到一定程度后，各国交通运输部门对碳排放的贡献率都呈上升趋势（Liu，2012；IPCC，2014），本节对云南的情景分析也验证了这一趋势。因此，必须加大交通运输部门结构调整和技术提升措施的实施力度，并提前规划和准备各种应对未来交通运输部门碳排放增长的政策组合和工具包。从不同部门碳强度变化趋势看，电力、交通运输和化学工业部门的直接碳强度降幅还不够。尤其是交通运输部门，在未来需求量和贡献率持续上升的趋势下，降低其碳强度变得更加重要。

从不同类型能源的贡献率看，供给侧结构调整战略措施将重点放在了对煤炭的替代上，这些措施将有利于降低经济的碳强度。然而，为了满足经济发展对能源的需求，未来相当一部分煤炭将用碳强度相对较低的石油和天然气来替代；因此，石油和天然气对碳排放的贡献率将大幅上升。“十二五”时期，云南可再生能源发展取得了巨大的进步，这也为降低碳强度做出了较大贡献（Deng et al.，2016）。然而，未来云南可再生能源的深度开发将面临越来越多的生态环境保护因素的制约，如大型水电开发项目面临破坏生态环境的指责而被推迟建设或者停建（Hennig et al.，2013）。同时，可再生能源的应用难问题也会影响其对化石能源的替代。可再生能源重开发轻应用的情况在云南有所加剧，2015 年云南弃水、弃风、弃光电量达到 153 亿千瓦时（云南省人民政府，2016b）。

从上述结果和分析可以看到，到目前为止，云南几乎所有的低碳指标都集中于控制直接能源消费和碳排放，这也使云南对于供给侧结构调整战略措施的重视程度远远高于需求侧结构调整战略措施。从供给侧指标看，重心在控制强度和结构指标，对于总量和人均指标的重视程度不够。因此，推动重点控制指标由强度和结构指标向总量和人均指标转变是近期供给侧结构调整的重点方向。而远期来看，应该逐步重视需求侧方面的控制指标。本书提出的需求侧强度指标包括总碳强度和间接碳强度指标，总量指标包括总碳足迹、内部碳足迹和外部碳足迹指标，人均指标包括人均碳足迹、人均居民生活碳足迹等。这些指标都应逐步纳入经济结构调整战略规划中，从而提升经济结构调整战略对于需求侧结构调整的重视程度。

6.2.5　小结

本节首先对云南碳排放相关指标的历史变化趋势和不同情景下未来变化趋势进行了总体分析；这些指标包括总碳排放、产业碳排放、居民生活碳排放、城镇居民生活碳排放、农村居民生活碳排放、碳排放强度和人均碳排放七个。随后对云南碳足迹相关指标的历史变化趋势和不同情景下未来变化趋势进行了总体分析；这些指标包括总碳足迹、产业碳足迹、内部碳足迹、外部碳足迹、碳足迹强度和人均碳足迹六个。并且比较分析了云南总碳排放和总碳足迹、碳排放强度和碳足迹强度、人均碳排放和人均碳足迹以及内部碳足迹和外部碳足迹之间的差异。在此基础上，对云南29个部门的总碳强度、直接碳强度和间接碳强度的历史变化趋势和不同情景下未来的变化趋势进行了深入分析。然后对云南碳排放和碳足迹结构及隐含碳流动的历史变化规律和不同情景下未来的变化规律进行了深入分析。最后对重要结果进行了进一步的讨论和分析。通过对碳排放和碳足迹存量的结构和流动进行深入分析为提出通过经济结构战略性调整促进经济低碳转型的政策框架和发展路径奠定了基础。

6.3　云南省碳足迹变化驱动因子分解分析

从前面的分析可以看到，云南居民生活碳排放和碳足迹占总碳排放和总碳足迹的比例较小，且随着经济的发展其占比呈持续降低趋势。因此，居民生活碳排放和碳足迹的变化对总碳排放和总碳足迹变化的影响较小，分析产业碳排放和碳足迹变化的驱动因子则更加重要。本节将利用SDA-LMDI模型深入分析云南历史上采取的和未来将要实施的经济结构调整战略措施对产业碳排放和碳足迹变化驱动因子变化的影响。本节所提及的碳排放和碳足迹是指产业碳排放和碳足迹，未包括居民生活碳排放和碳足迹。与6.2节分析云南省碳排放和碳足迹存量的结构和流动不同，本节将重点分析碳排放和碳足迹增量的驱动因子变化。

6.3.1 碳排放变化驱动因子历史变化趋势分析

1. 碳排放变化驱动因子分解分析

1997～2012 年，云南产业碳排放增长了 139.8 百万吨。其中，1997～2002 年、2002～2007 年和 2007～2012 年分别增长了 19.4 百万吨、80.9 百万吨和 39.5 百万吨，分别占增长总量的 13.9%、57.9%和 28.3%。从供给侧部门看，电力（33.7%）、金属压延加工（29.6%）、交通运输（12.3%）和非金属制品（10.6%）四个部门贡献了 86.2%的碳排放增量（附表 9）。这四大部门对碳排放增长的贡献率远大于其对 GDP 增长的贡献率（附表 9）。从需求侧部门看，建筑（64.8%）、金属压延加工（35.7%）、其他服务业（19.6%）和电力（10.7%）四个部门贡献了 130.9%（183.0 百万吨）的碳排放增长（附表 10）。尽管其他服务部门贡献了 19.6%的碳排放增长，但是对其他服务部门产品需求的增长贡献了 33.7%的 GDP 增长，说明其他服务部门是碳排放强度较低的部门（附表 10）。

分解分析结果显示（图 6.26），人均 GDP 的增长是云南产业碳排放增长的最大驱动因子。1997～2012 年，人均 GDP 的增长驱动碳排放增长了 172.5 百万吨。改革开放以来，和全国其他省份一样，云南在发展经济和消除贫困方面的成绩显著。2012 年云南人均 GDP 是 1997 年的 3.5 倍。

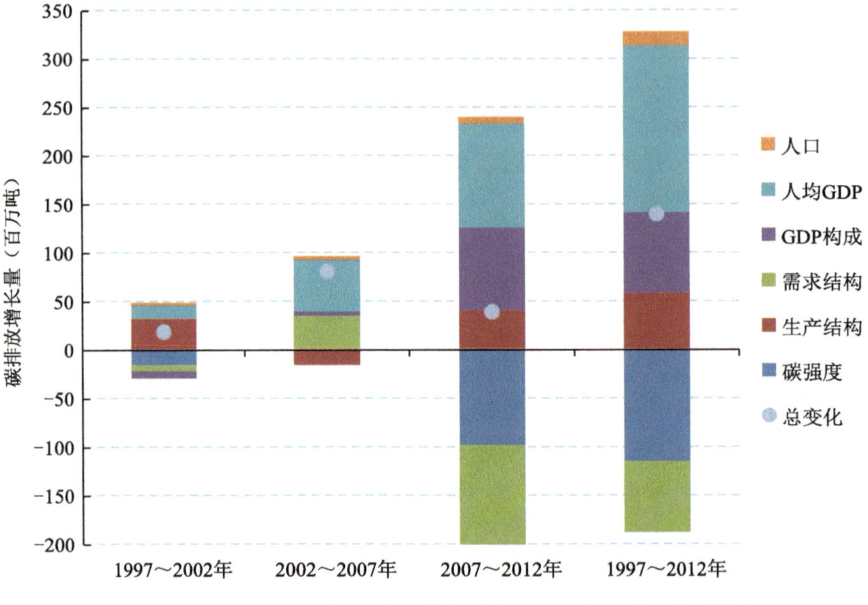

图 6.26　1997～2012 年云南碳排放变化驱动因子分解分析结果

GDP 构成的变化是驱动产业碳排放增长的第二大因子，1997～2012 年，该因子驱动碳排放增长了 82.7 百万吨。通过分时间区段的对比分析发现，碳排放的变化与投资率的变化呈正相关关系，与消费率的变化呈负相关关系（表 6.9 和图 6.26）。在云南“十一五”规划中，政府意识到了投资率过高的不可持续，并试图控制其增速（附表 6）。然而，2008 年世界金融危机的爆发阻碍了该规划的实施。在国家“四万亿”投资计划的驱动下，2007～2012 年云南投资率增长了 38.9%（表 6.9 和图 6.6）。这个时期，GDP 构成的变化驱动碳排放增长了 84.9 百万吨（图 6.26）。

表 6.9　1997～2012 年云南 GDP 构成　（单位：%）

年份	投资率	消费率	流出率
1997	42.8	59.8	33.3
2002	39.8	68.4	38.1
2007	44.3	61.9	63.8
2012	83.2	61.2	51.5

注：根据当年价投入产出表中数据计算得到

1997～2012 年，生产结构的变化驱动产业碳排放增长了 58.6 百万吨；云南生产结构的高碳化主要是由于产业结构由以烟草产业为主逐步向大力发展重化工产业转变，重工业增加值占工业增加值的比例由 47.8%上升至 69.5%。然而，2002～2007 年生产结构的变化减少了 14.9 百万吨的碳排放。这是因为从 20 世纪 90 年代末开始，云南大力鼓励绿色经济的发展。在这段时期内，云南的生物资源开发和旅游业等低碳产业得到了较大发展。但是，2008 年的世界金融危机阻断了云南产业结构的低碳化进程。在“四万亿”投资的驱动下，云南重化工产业发展迅猛，2007～2012 年，生产结构的高碳化驱动碳排放增长了 40.9 百万吨。

人口增长驱动产业碳排放增长的作用较小，1997～2012 年人口增长仅驱动碳排放增长了 14.0 百万吨。这得益于云南严格执行国家计划生育政策，在每个五年规划中政府都设置了控制人口增长率的目标。

1997～2012 年，部门碳强度的降低是驱动云南产业碳排放减少的第一大因子。15 年间，部门碳强度的降低驱动碳排放减少了 115.1 百万吨。其中，电力部门贡献了 45.1%，非金属制品部门贡献了 37.1%，金属压延加工部门贡献了 12%（附表 11）。交通运输部门则是例外，其碳强度的增长驱动碳排放增长了 5.9 百万吨。图 6.27 展示了四大高耗能部门的能源结构和能源强度的变化趋势。从图中可以看到，2007～2012 年可再生能源电力占电力生产总量的比例的大幅提升是能源结构调整的亮点。云南水力发电量从 1997 年的 169 亿千瓦时增长至 2012 年的 1238 亿千瓦时，增长了 6 倍多（云南省能源局，2013）。同时，非化石能源占非金属制品部门和金属压延加工部门能源消费的比例升幅较大，这得益于云南大力实施

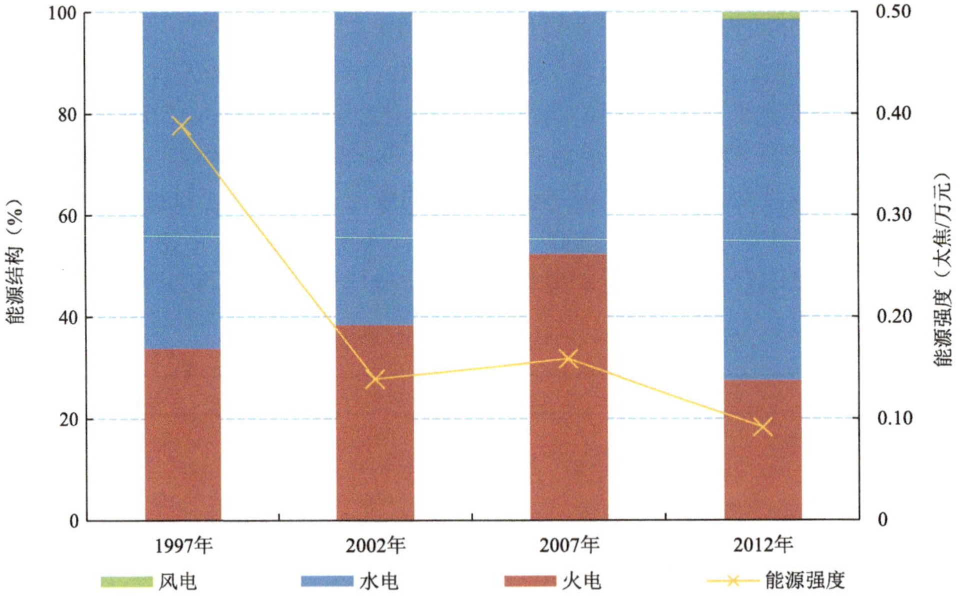

（a）电力部门

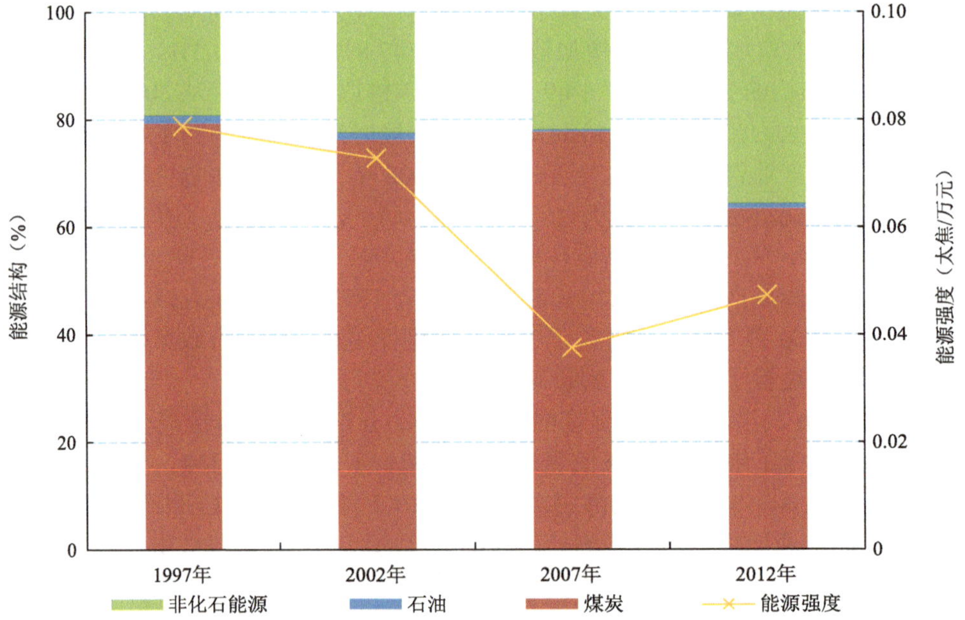

（b）金属压延加工部门

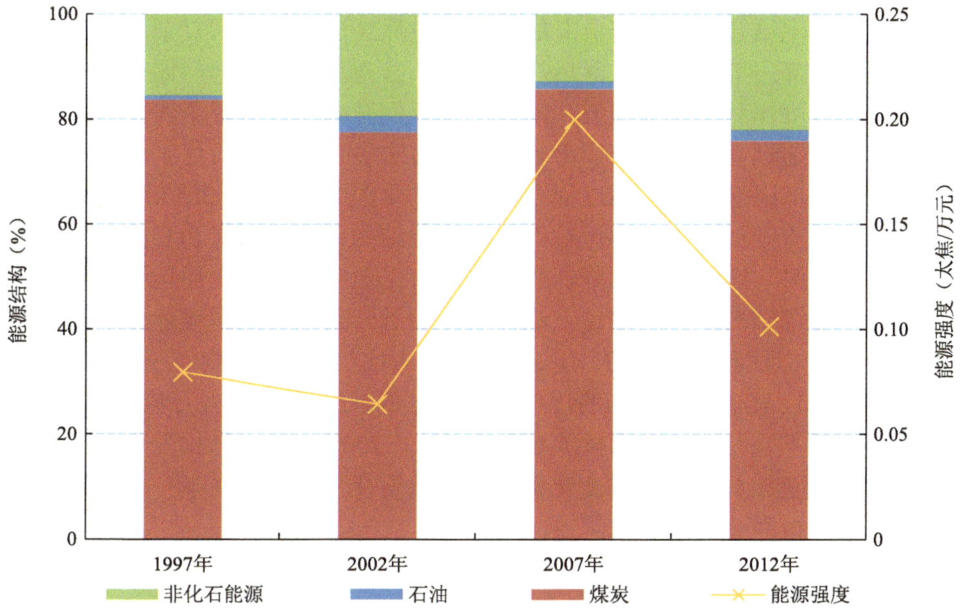

（c）非金属制品部门

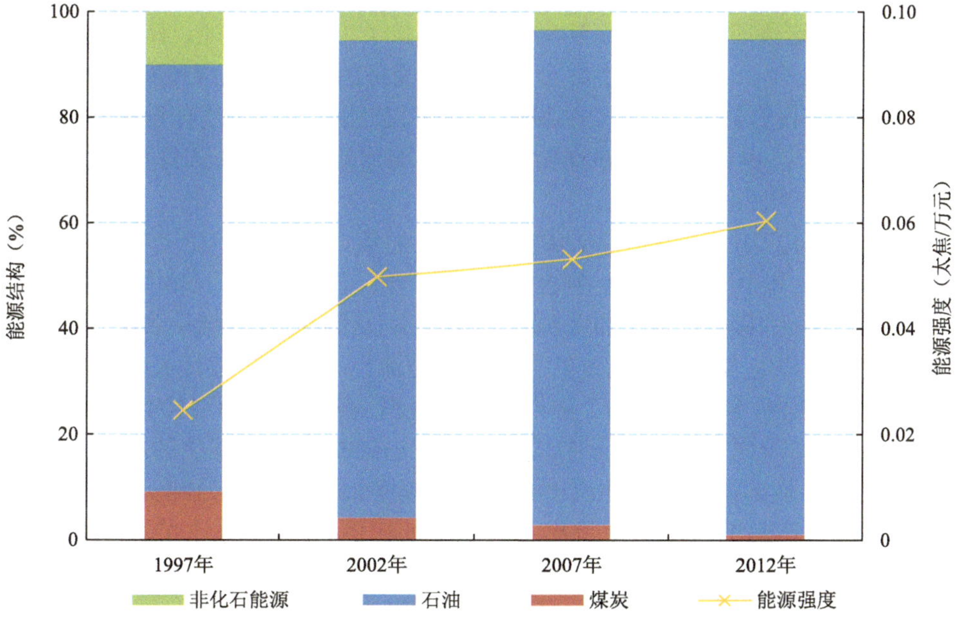

（d）交通运输部门

图 6.27　1997～2012 年生产视角云南重点部门能源强度和能源结构

的矿产业和水电结合发展的产业发展战略。虽然经历了曲折和复杂的变化过程，通过实施重点部门节能和淘汰落后产能工程，云南重点耗能部门如火电、钢铁和水泥的能源强度得到了有效降低。从“十一五”开始云南设置了约束性能源强度降低目标，并通过行政手段层层分解目标，落实责任。目标责任制的大力实施在降低重点耗能部门能源强度的过程中起到了重要作用（齐晔，2013）。然而，非金属制品、金属压延加工和交通运输部门的能源结构依然由煤炭和石油制品等高碳能源主导。同时，能源强度的降低主要发生在工业部门，对交通运输部门来说，能源强度和能源结构都有所恶化。这主要是由于云南的交通运输体系以高耗能的公路运输为主，且能效相对较高的高速公路的占比仍较低（云南省统计局，2015）。

1997～2012 年，需求结构的优化驱动碳排放减少了 72.9 百万吨。然而，需求结构的变化并不是一直驱动碳排放减少，2002～2007 年需求结构变化驱动碳排放增加了 35.3 百万吨。需求结构变化驱动碳排放变化的机制将在下一节中通过对不同最终需求类型的分析来详细阐述。

2. 最终需求视角碳排放变化驱动因子分析

从最终需求视角看（图 6.28），1997～2012 年，投资是驱动碳排放增长的第一大因子。在这段时期内，投资驱动碳排放增长了 195.3 百万吨，其中 69.5%发生在 2007～2012 年。为了降低世界金融危机对经济的影响，我国政府于 2009 年推出了“四万亿”投资计划，其中 45%投向了铁路、公路和机场等基础设施建设（Guan et al.，2014）；该计划的实施直接刺激了云南建筑投资相关碳排放的大幅增长[图 6.29（a）和图 6.30（a）]。

1997～2012 年，流出是驱动碳排放增长的第二大因子，驱动碳排放增长了 111.2 百万吨，其中 76.8%发生在 2002～2007 年。图 6.29（b）和图 6.30（b）展示了驱动流出相关碳排放增长的主要因子和部门。从图中可以看到，2002～2007 年，金属压延加工和电力产品流出量的大幅增长是流出相关碳排放增长的主要驱动因子。在这段时期内，金属压延加工和电力产品流出量分别增长了 1104.8%和 262.5%（附表 12）。高碳原材料流出量的增长也使流出结构呈现高碳化的趋势，2002～2007 年流出结构的高碳化驱动流出相关碳排放增长了 40.5 百万吨。高碳的金属压延加工和电力产品的流出量占流出总需求量的比例也分别由 2002 年的 9.4%和 2.7%上升至 2007 年的 38.7%和 3.4%（附表 12）。2007～2012 年情况则不同，尽管高碳的金属压延加工和电力产品的流出量仍分别增长了 0.3%和 3.4%，但是这些产品的流出量占流出总需求量的比例却分别下降至 2012 年的 26.6%和 2.4%（附表 12）。与此同时，相对低碳的农业和服务业产品的流出量占流出总需求量的比例有所上升（附表 12）。在这段时期内，流出结构的变化驱动流出相关碳排放减

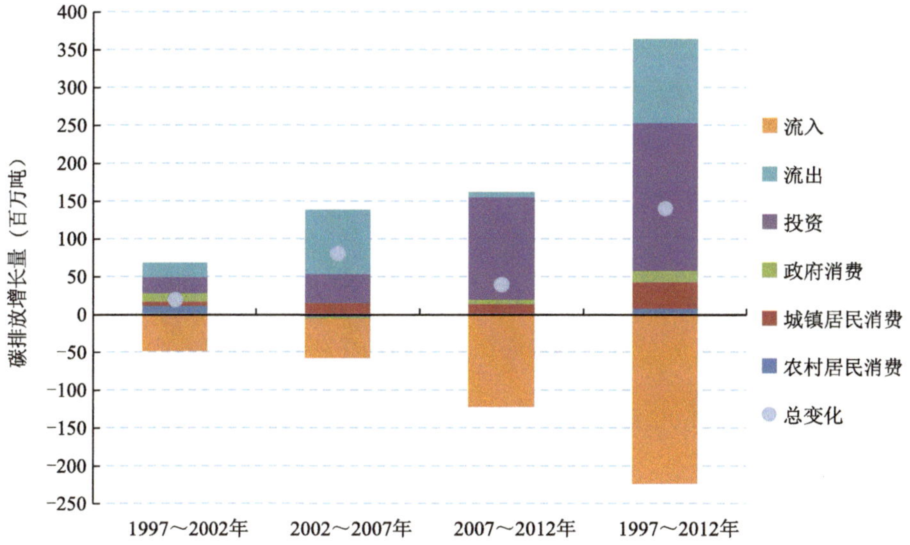

图 6.28　1997～2012 年最终需求视角云南碳排放变化驱动因子分析结果

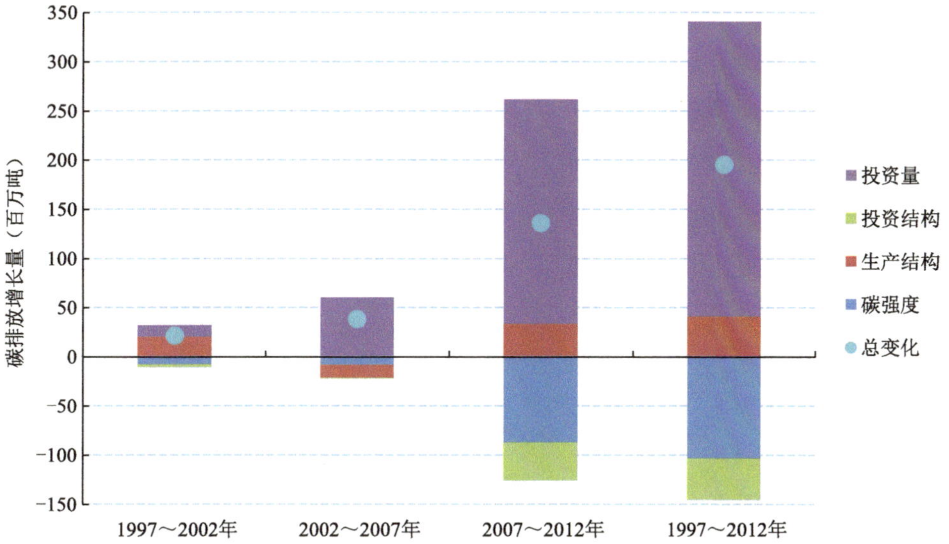

（a）投资

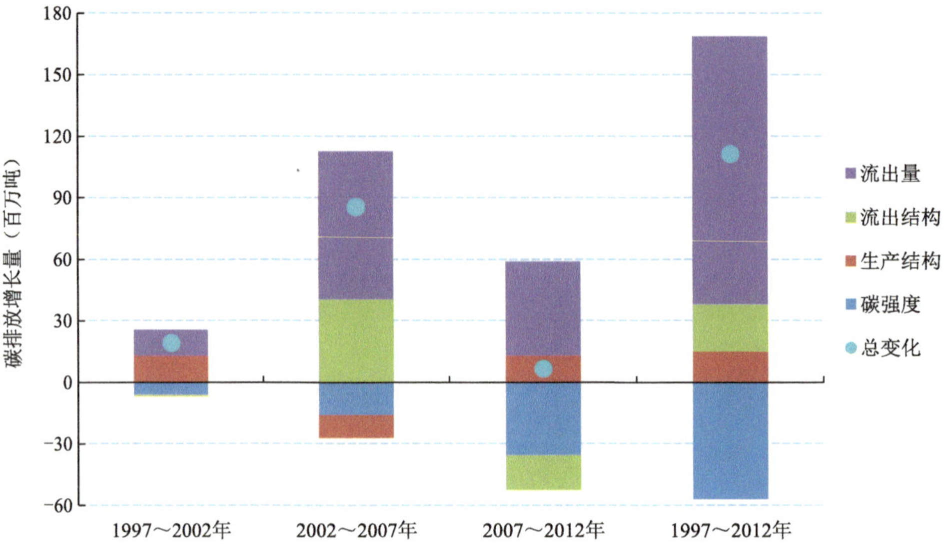
180
150
120
90
60
30
0
-30
-60
碳排放增长量（百万吨）
1997～2002年
2002～2007年
2007～2012年
1997～2012年
流出量
流出结构
生产结构
碳强度
总变化

（b）流出

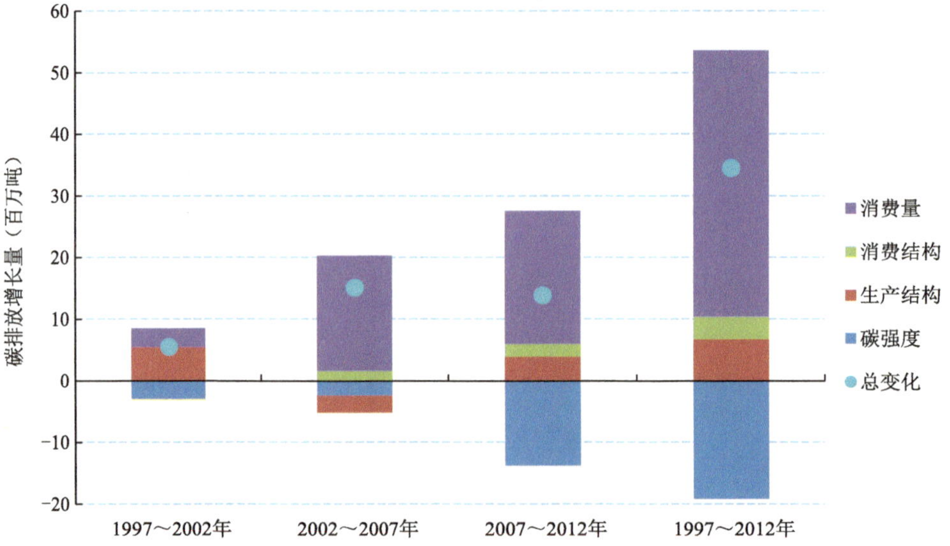
60
50
40
30
20
10
0
-10
-20
碳排放增长量（百万吨）
1997～2002年
2002～2007年
2007～2012年
1997～2012年
消费量
消费结构
生产结构
碳强度
总变化

（c）城镇居民消费

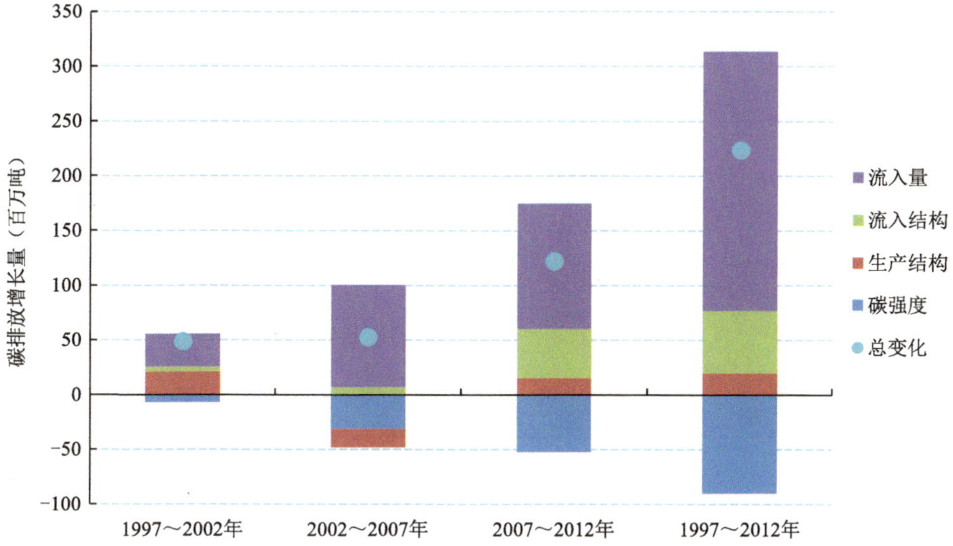

（d）流入

图 6.29　1997～2012 年最终需求视角碳排放变化驱动因子分解分析结果

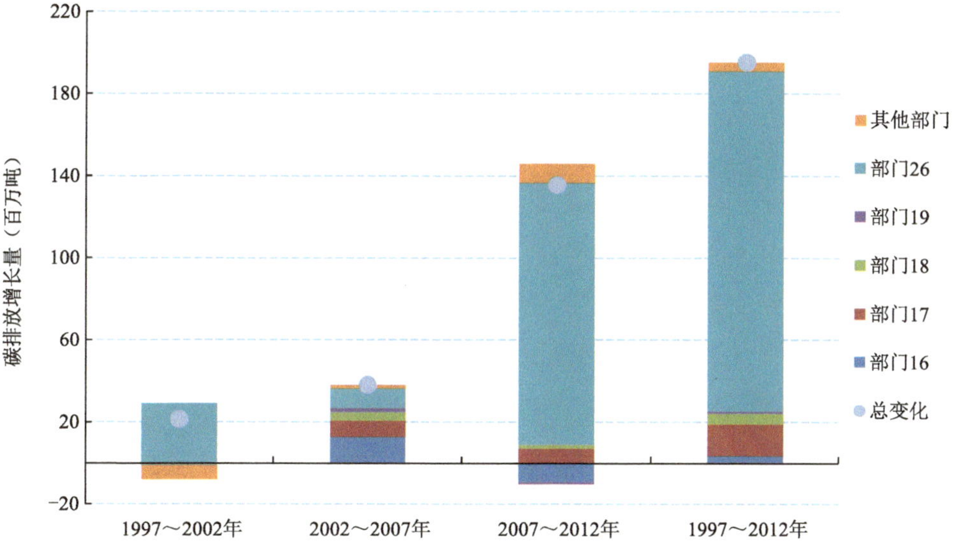

（a）投资

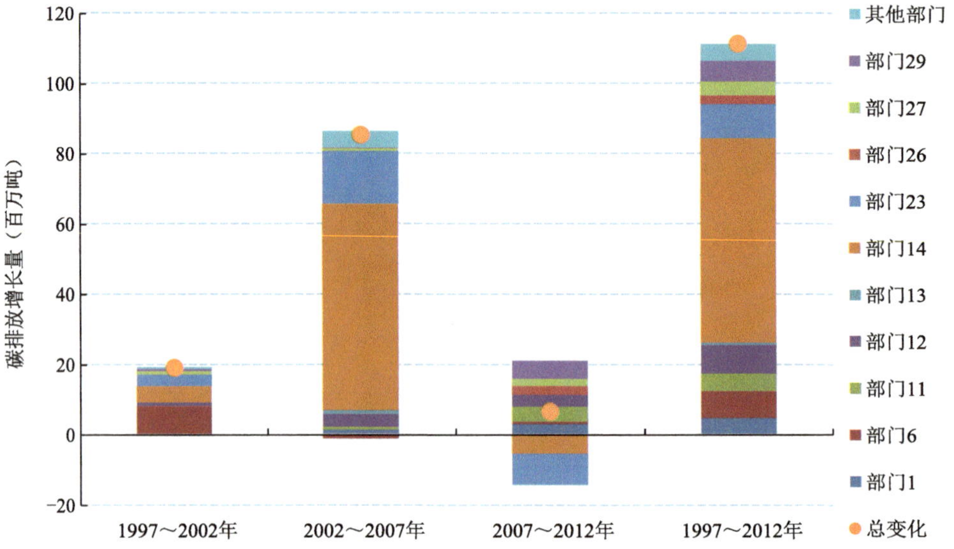
120
100
80
60
40
20
0
-20
碳排放增长量（百万吨）
1997～2002年
2002～2007年
2007～2012年
1997～2012年
其他部门
部门29
部门27
部门26
部门23
部门14
部门13
部门12
部门11
部门6
部门1
总变化

（b）流出

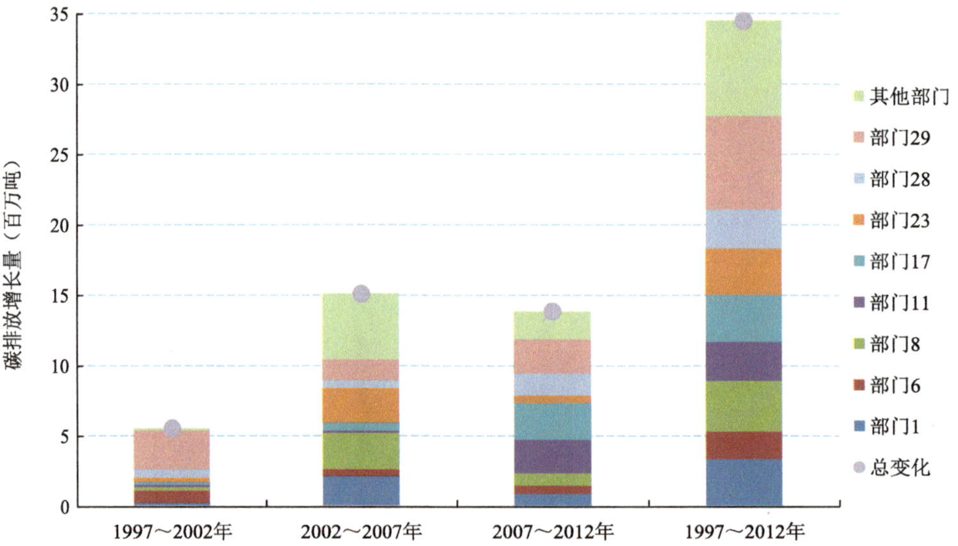
35
30
25
20
15
10
5
0
碳排放增长量（百万吨）
1997～2002年
2002～2007年
2007～2012年
1997～2012年
其他部门
部门29
部门28
部门23
部门17
部门11
部门8
部门6
部门1
总变化

（c）城镇居民消费

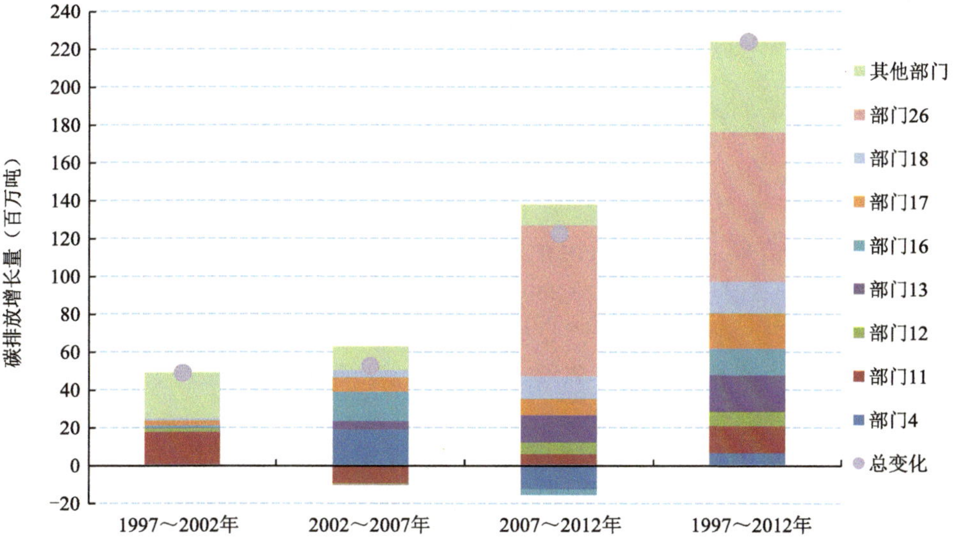

（d）流入

图 6.30 1997～2012 年最终需求视角各部门贡献的碳排放变化

少了 16.8 百万吨。云南大部分流出产品为高碳原材料，这些原材料主要流向了东部沿海发达地区支持其劳动密集型出口加工业的发展。例如，云南是我国“西电东送”工程的重要基地，从云南输送至广东等东部省份的电力由 1997 年的 2 亿千瓦时增长至 2012 年的 426 亿千瓦时（云南省能源局，2013）。

城镇居民消费是驱动碳排放增长的另一个重要因子，2002～2007 年，城镇居民消费超过农村居民消费和政府消费，成为驱动碳排放增长的第三大因子。云南的城镇化率由 2000 年的 23.4%增长至 2012 年的 39.3%，12 年间城镇人口数量增加了 840 万人（云南省统计局，2015）。在城镇人口持续增长的驱动下，1997～2012 年，城镇居民消费驱动碳排放增长了 34.5 百万吨。从图 6.29（c）可以看到，消费量的增长是驱动城镇居民消费相关碳排放增长的主要因子。从分部门看，对电力、石油制品和汽车等高碳产品消费需求的增长是近年来驱动城镇居民消费相关碳排放增长的主要因子［图 6.30（c）］。

农村居民消费和政府消费对碳排放增长的贡献较小，分别驱动碳排放增长了 7.9 百万吨和 14.8 百万吨。1997～2012 年，云南通过增加高碳建筑和重型装备制造部门产品的流入避免了 224 百万吨的省域内碳排放增长［图 6.28，图 6.29（d），图 6.30（d）］。然而，这也使其碳足迹大幅增长，并进一步激化了关于省市区间碳减排责任划分的争论（石敏俊等，2012）。因此，如何减少省域碳足迹是政策制定者应该重视的问题。

6.3.2 碳排放变化驱动因子情景分析

1. 不同情景下碳排放变化驱动因子分解分析

2012～2020 年，三个情景下人均 GDP 的增长仍将是驱动碳排放增长的主导因子（图 6.31）。参考和需求侧情景下，人均 GDP 的增长将驱动碳排放增长 156.2 百万吨；供给侧情景下，人均 GDP 的增长将驱动碳排放增长 135.1 百万吨。2020～2030 年和 2030～2050 年，人均 GDP 的增长都是驱动碳排放增长的主导因子。为了和全国同步实现“两个一百年”目标，2020 年、2030 年和 2050 年云南人均 GDP 将分别比 2012 年增长 0.88 倍、2.52 倍和 8.17 倍，2050 年将达到 3 万美元的水平（表 6.3）。

2012～2020 年，三个情景下碳强度的降低依然是驱动碳排放减少的主导因子。供给侧情景下，各部门碳强度的降低幅度更大，部门碳强度的降低驱动碳排放减少了 78.8 百万吨。参考和需求侧情景下，由于未进行技术升级，部门碳强度的降低仅驱动碳排放减少了 45.0 百万吨。2020～2050 年，与人均 GDP 驱动碳排放增长的作用相比，三个情景下部门碳强度降低驱动碳排放减少的作用有限，减排效果有所下降。说明技术进步到一定程度之后，进一步的提升将越来越难，付出的成本也越来越高。从不同部门来看，交通运输、电力和化学工业部门技术提升有限是部门碳强度降低减少碳排放作用减弱的主要原因（图 6.17）。

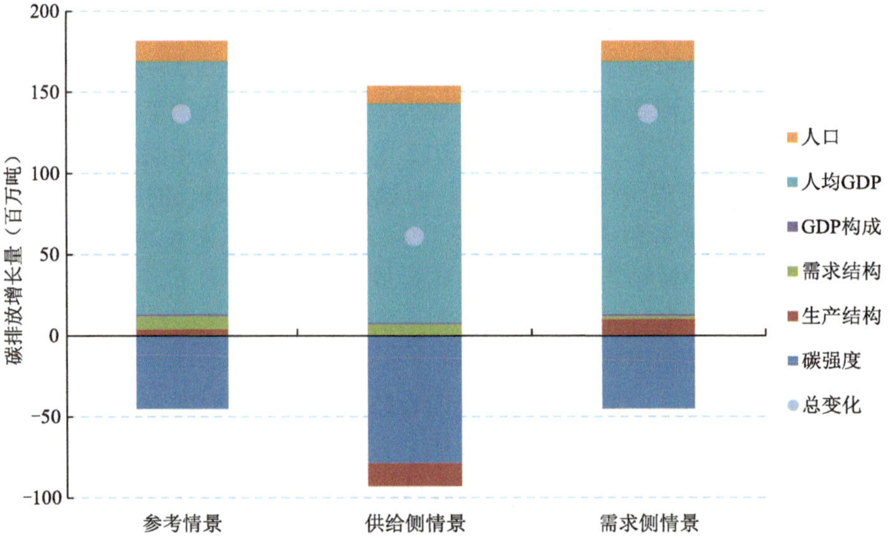

(a) 2012～2020年分解分析驱动因子

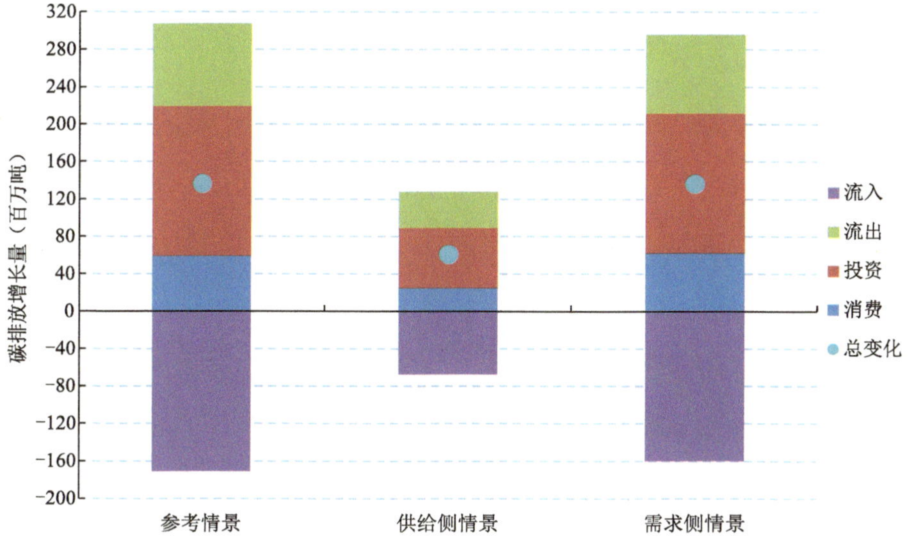

（b）2012～2020年最终需求视角驱动因子

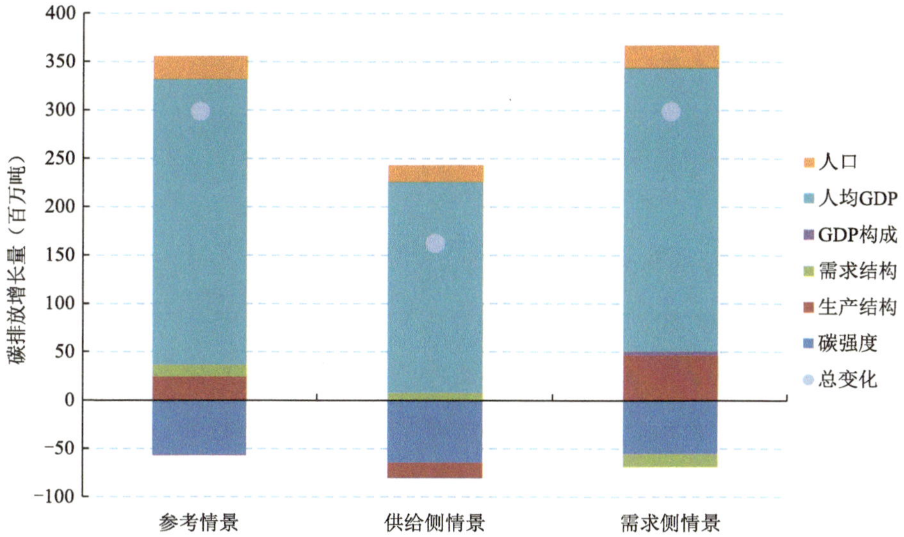

（c）2020～2030年分解分析驱动因子

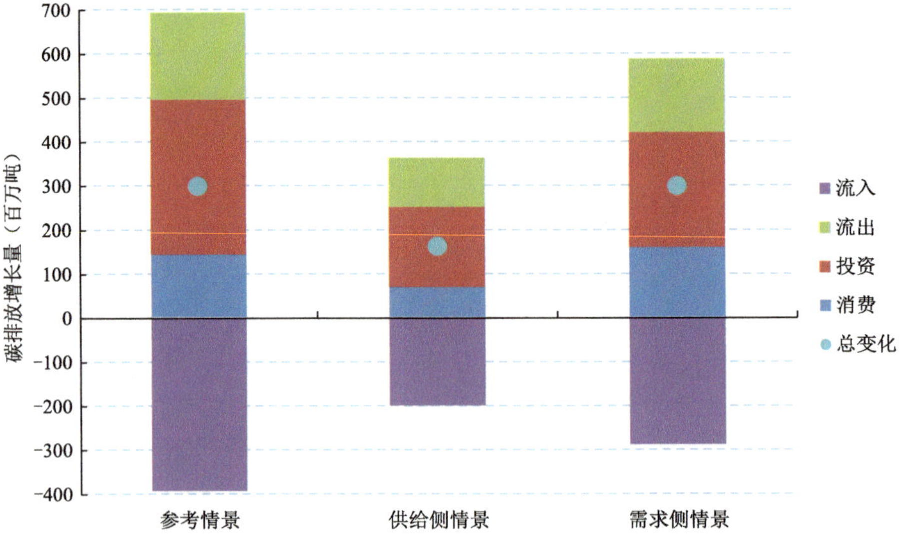

（d）2020～2030年最终需求视角驱动因子

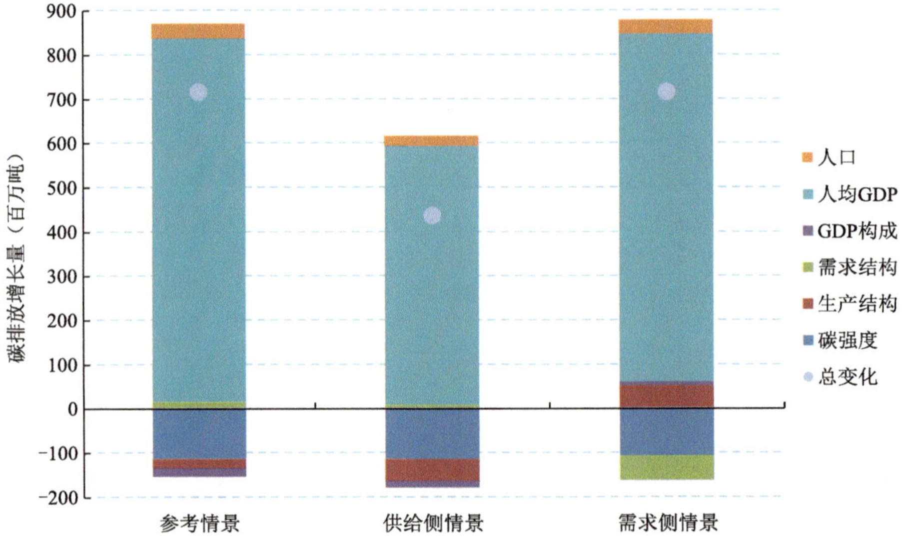

（e）2030～2050年分解分析驱动因子

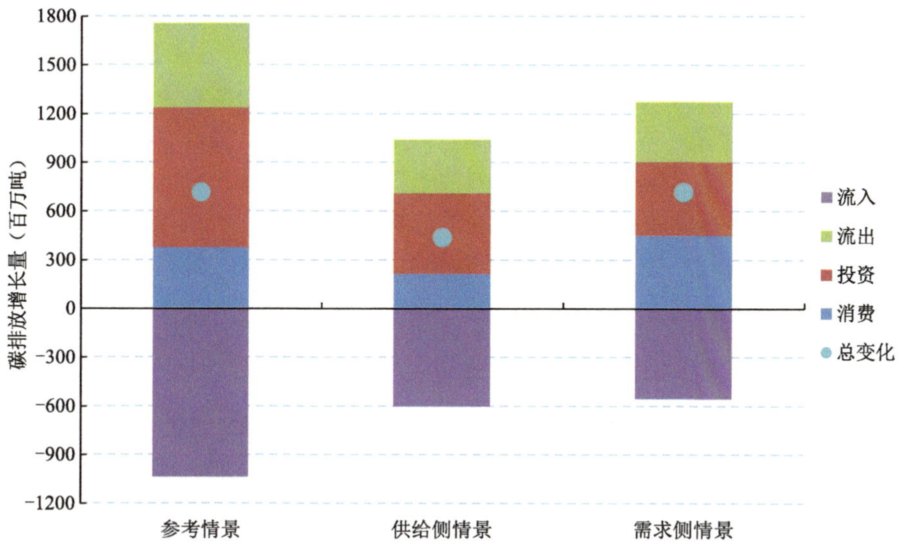

(f) 2030～2050年最终需求视角驱动因子

图 6.31　2012～2050 年不同情景下云南碳排放变化驱动因子分析结果

2012～2020 年，供给侧情景下，生产结构的变化将驱动碳排放减少；而参考和需求侧情景下，生产结构的变化将驱动碳排放增加，且需求侧情景下增幅更大。这说明实施供给侧结构调整措施有助于优化生产结构，而在不调整供给侧结构，仅调整需求侧结构的情况下，反而会使生产结构更加高碳。例如，在大力抑制焦炭等高耗能产品出口的情况下，如果其产能不变，焦化部门的产能过剩程度会更加严重，而严重的产能过剩将减弱这些高碳部门优化生产结构的动力。从 2020～2030 年和 2030～2050 年生产结构变化对碳排放的影响来看，也反映了相同的变化趋势。

需求侧情景下，尽管云南的投资率有所降低，但是 GDP 构成的变化并未驱动碳排放减少，这是因为投资率降低的同时消费率也降低了，说明只有在降低投资率的同时，提高消费率才能达到减少碳排放的目的。2020～2030 年和 2030～2050 年，虽然投资率持续降低，但是消费率仍提升有限，从而大大降低了 GDP 构成变化对减少碳排放的驱动作用。2012～2020 年，即使在需求侧情景下，需求结构的变化也未驱动碳排放减少，说明近期云南需求结构优化措施的实施力度不够。而随着需求结构调整措施实施力度的加强，2020～2030 年和 2030～2050 年，需求结构的变化驱动碳排放减少的作用显著增强。因此，云南优化消费、流出和投资结构等政策措施的实施力度急需加强。2012～2050 年，人口增长对碳排放变化的影响较小，这是因为随着经济的发展，人口增长速度减慢的趋势不可逆转（中国能源和碳排放研究课题组，2009）。

2. 不同情景下最终需求视角碳排放变化驱动因子分析

从最终需求视角看（图 6.31），2012～2050 年，三个情景下投资都是驱动碳排放增长的首要因子。与参考情景相比，供给侧情景下，投资、流出和消费驱动碳排放的增长量都将大幅降低；需求侧情景下，碳排放增长量的减少主要是由流入的减少引起的，尽管投资和流出驱动的碳排放增长量有所减少，但并未驱动省域碳排放减少。因此，大力实施供给侧结构调整战略措施才是减少省域碳排放的重要途径。

6.3.3 碳足迹变化驱动因子历史趋势分析

1997～2012 年，云南碳足迹变化驱动因子的分解分析结果显示（图 6.32），各驱动因子对碳足迹变化的驱动效应与对碳排放变化的驱动效应类似。人均需求量的增长和需求构成的变化是驱动碳足迹增长的主要因子，分别驱动碳足迹增长了 200.0 百万吨和 158.8 百万吨。需求构成的变化对碳足迹增长的驱动作用远大于 GDP 构成的变化对碳排放增长的驱动作用。这是因为在不考虑流出的情况下，投资占需求量的比例上升速度更快，与此同时消费占需求量的比例则快速下降。因此，投资率上升的同时消费率下降是驱动碳排放和碳足迹增长的共同因子。碳强度降低和需求结构变化是驱动碳足迹减少的主要因子，分别驱动碳足迹减少了 148.0 百万吨和 39.0 百万吨。需求结构的变化驱动碳足迹减少的作用比驱动碳排放减少的作用有所减弱，说明 1997～2012 年贸易结构的优化对减少碳排放起到了

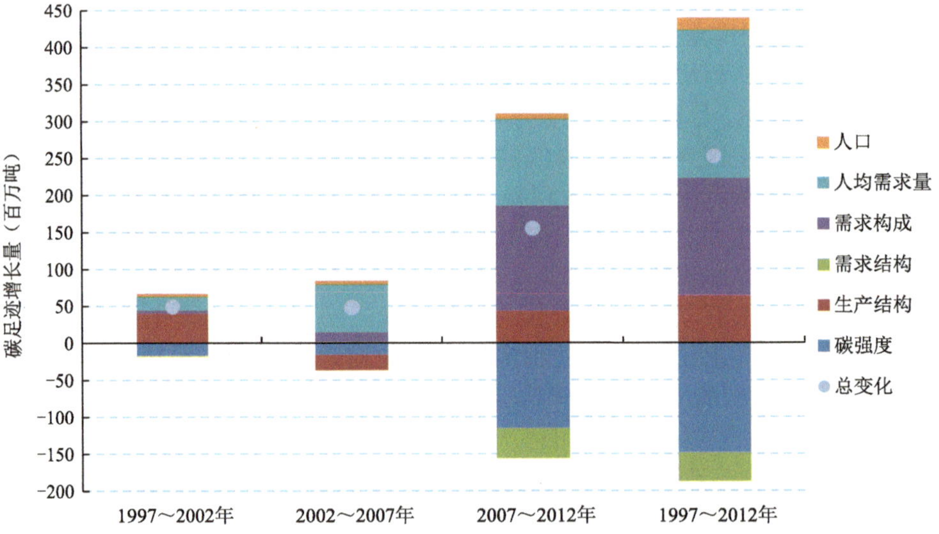

图 6.32　1997～2012 年云南碳足迹变化驱动因子分解分析结果

重要作用。生产结构的变化对碳足迹变化的驱动效应和对碳排放变化的驱动效应基本相同。

从需求侧视角看(图 6.33),投资逐渐成为驱动碳足迹增长的主导因子。2007～2012 年，投资驱动碳足迹的增长量占同期碳足迹增长总量的 90%。2002～2007 年，城镇居民消费对碳足迹增长的贡献也增长明显。然而，2007～2012 年可能是受到投资大幅增长的抑制，城镇居民消费对碳足迹增长的驱动作用有所减弱。1997～2012 年，城镇居民消费驱动碳足迹的增长量占同期碳足迹增长总量的 13.7%，是驱动碳足迹增长的第二大因子。相对于投资和城镇居民消费的驱动作用，政府消费和农村居民消费对碳足迹增长的驱动作用较小；1997～2012 年，分别驱动碳足迹增长了 14.8 百万吨和 7.9 百万吨。

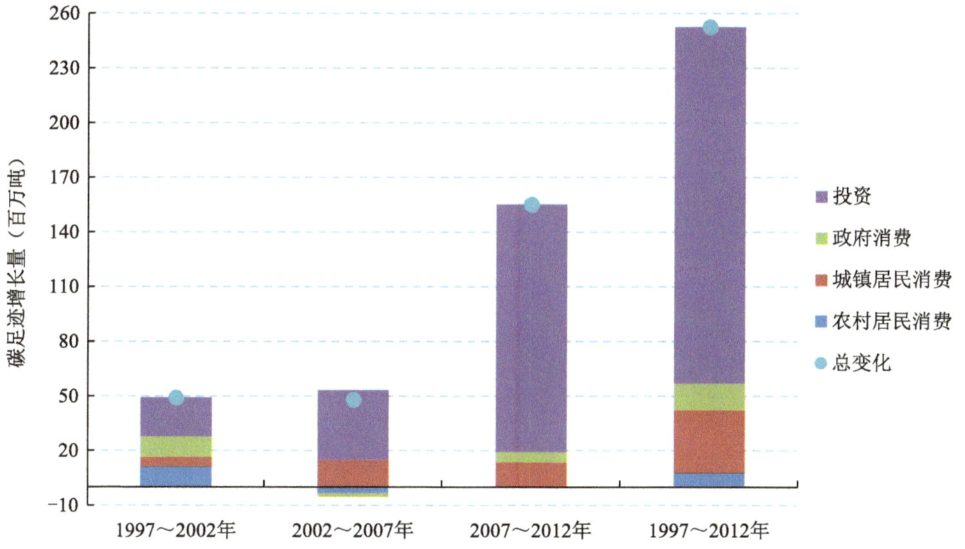

图 6.33 1997～2012 年最终需求视角云南碳足迹变化驱动因子分析结果

从内部和外部碳足迹视角看（图 6.34），1997～2012 年，外部碳足迹的大幅增长是驱动碳足迹增长的主要因子。15 年间外部碳足迹增长了 181.9 百万吨，占同期碳足迹增长总量的 72.5%。其中，2007～2012 年间外部碳足迹增长了 121.7 百万吨，分别占 1997～2012 年外部碳足迹增长量和碳足迹增长总量的 66.9%和 48.5%。从不同部门对碳足迹增长的贡献来看（图 6.35），尽管为了作图方便本书将图中建筑部门（部门 26）的碳足迹贡献量缩小了 10 倍，但它依然是驱动碳足迹增长的重要部门。2007～2012 年，建筑部门的外部碳足迹增长了 101.2 百万吨，占同期外部碳足迹增长总量的 83.2%。这说明云南省域内需求的满足特别是

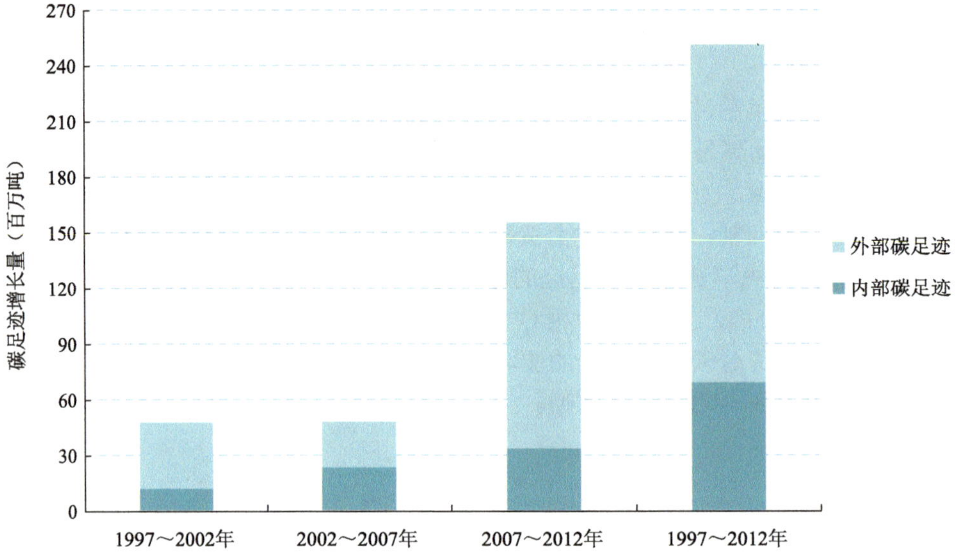

图 6.34　1997～2012 年内部和外部碳足迹视角云南碳足迹变化驱动因子分析结果

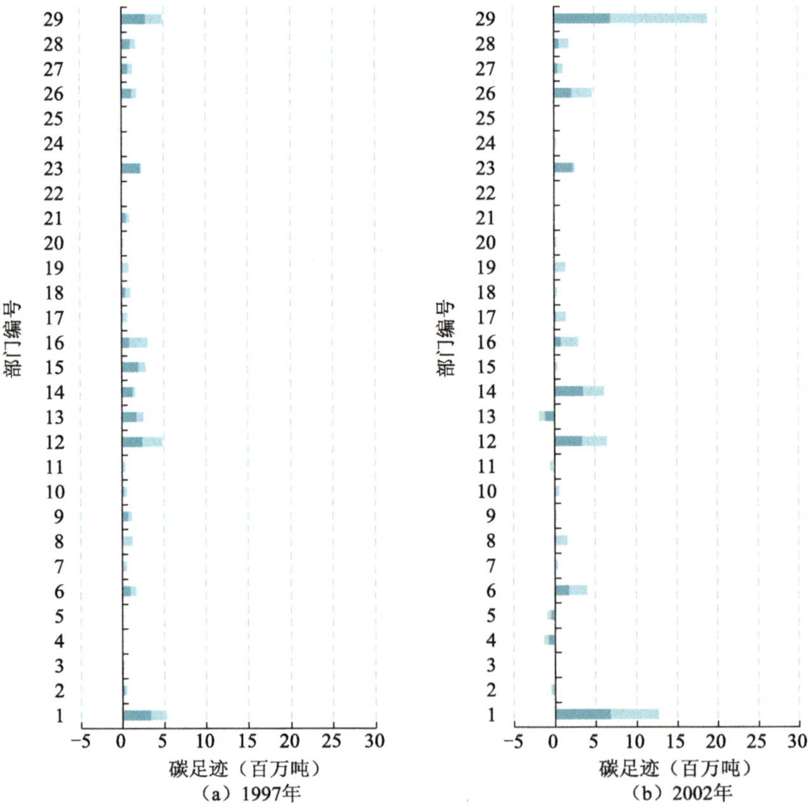

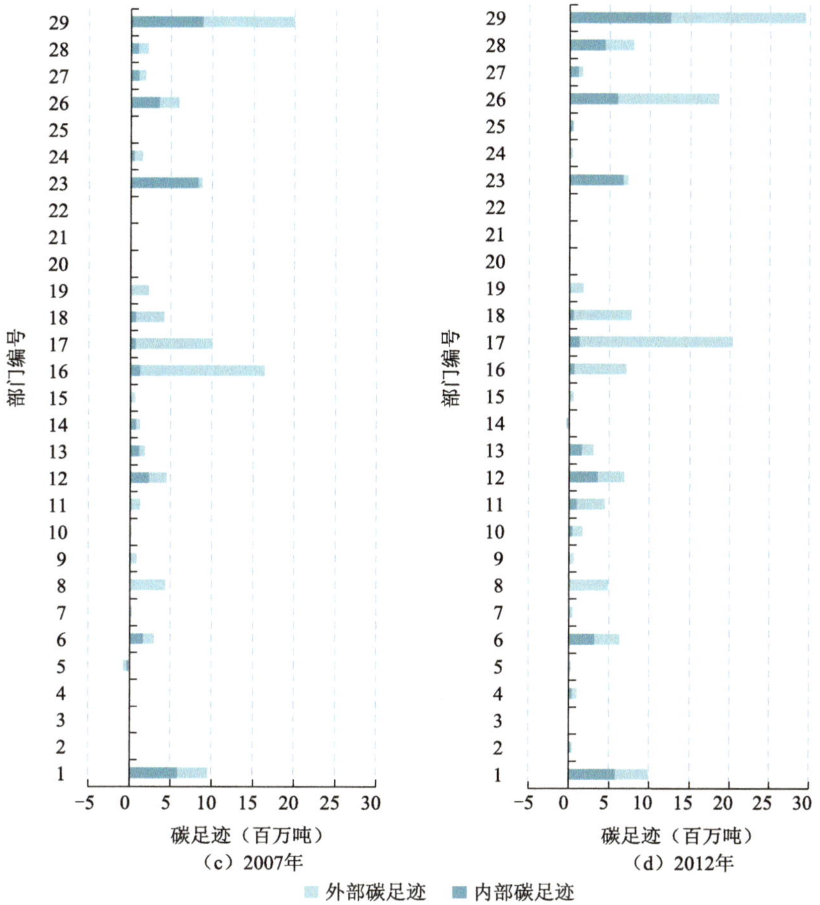

图 6.35　1997～2012 年云南 29 部门对碳足迹变化的贡献

由于建筑部门（部门 26）的碳足迹量过大，为了作图的方便，在图中将建筑部门碳足迹量缩小了 10 倍

2007～2012 年建筑部门投资需求的满足越来越依赖省域外流入产品的支持。对碳足迹增长贡献突出的部门还有其他服务部门（部门 29）以及批发零售和住宿餐饮部门（部门 28）。与建筑部门不同，这两个部门的内部和外部碳足迹都增长较快。部门 8、11、16、17、18 和 19 的碳足迹主要由外部碳足迹构成，因此这些部门碳足迹的增长主要由外部碳足迹的增长贡献。这是因为云南服装、电子产品等轻工制造业和机械设备制造业发展落后，满足对这些产品的需求依赖从省域外流入相关产品。另外，云南既不产油也没有炼油工业，成品油的需求也依靠从省域外调入。因此，对上述产品需求量的增长，促使云南外部碳足迹持续增长。在这些部门中交通运输设备制造部门（部门 17）的碳足迹增长最快，这是因为近年来云南机动车保有量的增速较快；1997～2012 年，机动车保有量由 47.1 万辆增长至 950.7

万辆，增长了近 20 倍（云南省统计局，2015）。然而，由于云南汽车工业发展滞后，绝大部分机动车需要从省域外流入。部门 1、6、12、13、14 和 23 则主要由省域内的生产活动来满足，其中部门 1 和 6 生产的产品主要满足基本生活需求，其他部门生产的产品则是资源型产品。由于对这些产品需求量的增长相对较慢，而这些产业部门总碳强度的降幅较大，因此，其碳足迹保持相对稳定。

6.3.4 碳足迹变化驱动因子情景分析

从分解分析视角看，2012～2050 年，云南碳足迹变化驱动因子的变化规律与碳排放变化驱动因子的变化规律主要有两点不同：第一，需求侧情景下，需求构成的变化将大幅减少碳足迹；2030～2050 年，需求构成的变化驱动碳足迹减少了 171.4 百万吨，超过碳强度降低驱动碳足迹的减少量，成为驱动碳足迹减少的第一大因子。第二，需求结构变化驱动碳足迹减少的作用明显弱于驱动碳排放减少的作用。2030～2050 年，需求结构变化驱动碳排放减少了 54.3 百万吨，而同期需求结构变化仅驱动碳足迹减少了 20.2 百万吨，不到驱动碳排放减少量的一半（图 6.36）。说明未来需要进一步加强对消费和投资结构的优化。从需求侧视角看，2012～2050 年，投资是驱动碳足迹增长的重要因子。然而，需求侧情景下，投资对碳足迹增长的驱动作用有所减弱并逐步被消费超过。需求侧情景下，2030～2050 年，消费驱动云南碳足迹增长了 449.7 百万吨，约占同期碳足迹增长总量的 50%，与投资驱动碳足迹的增长量相当。

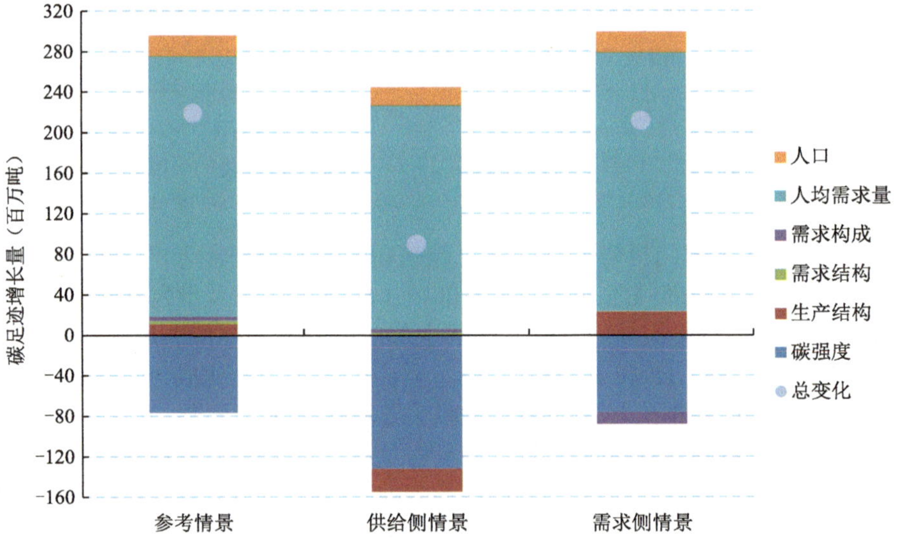

（a）2012～2020年分解分析驱动因子

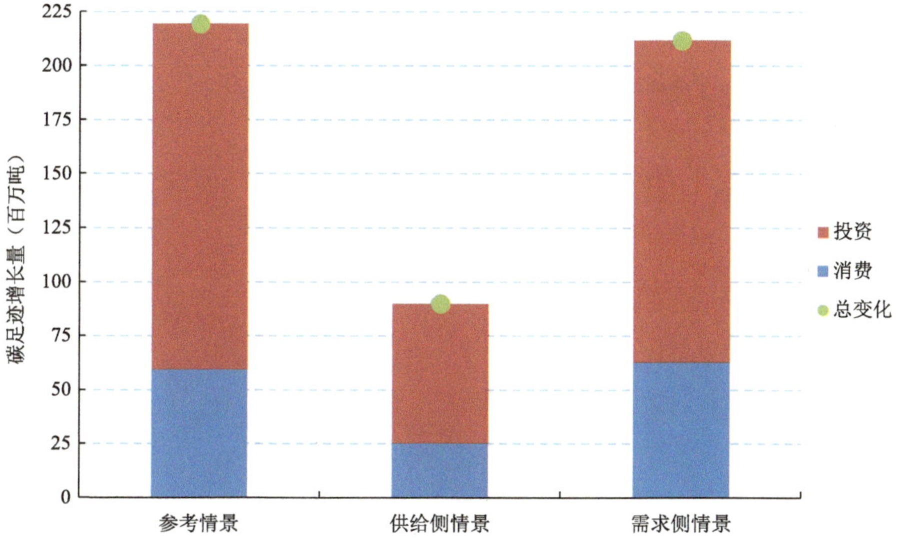

（b）2012～2020年最终需求视角驱动因子

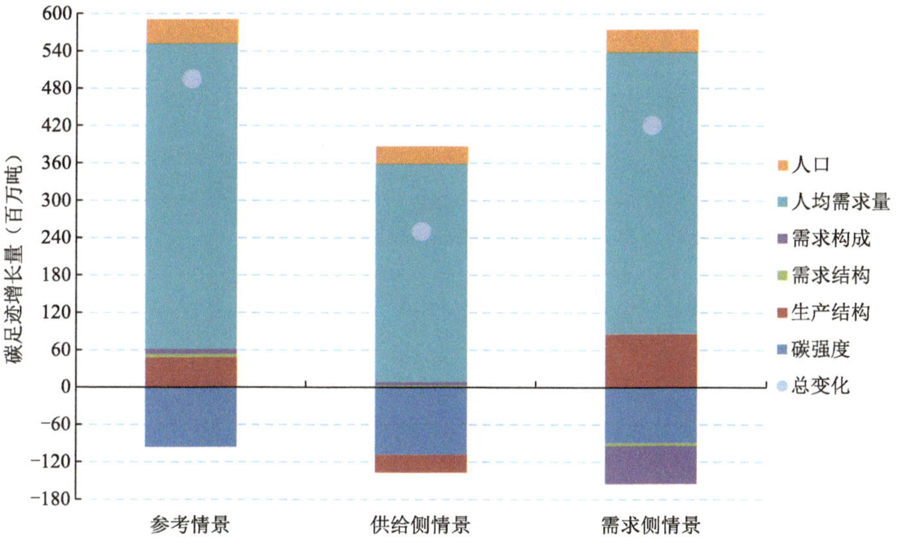

（c）2020～2030年分解分析驱动因子

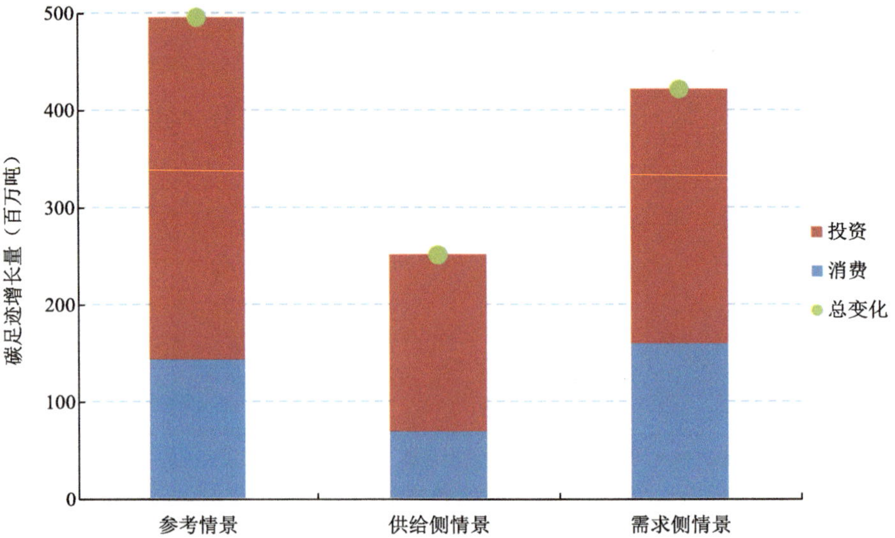

（d）2020～2030年最终需求视角驱动因子

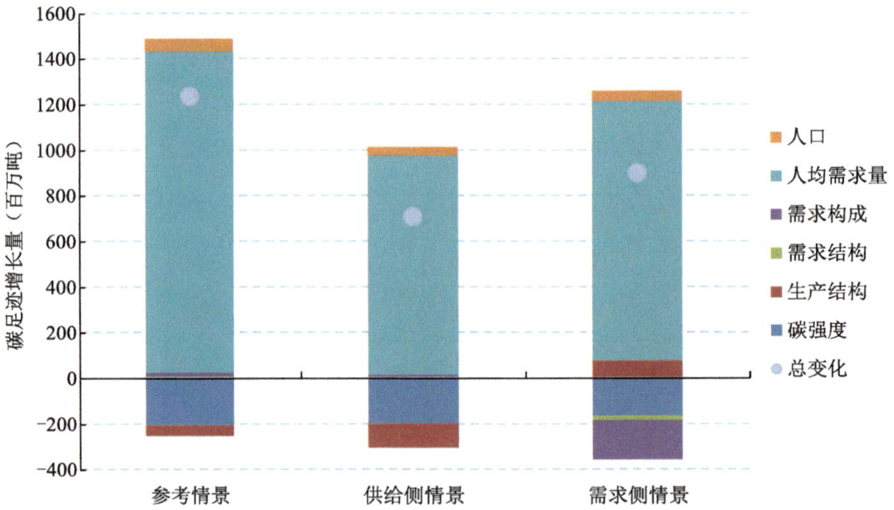

（e）2030～2050年分解分析驱动因子

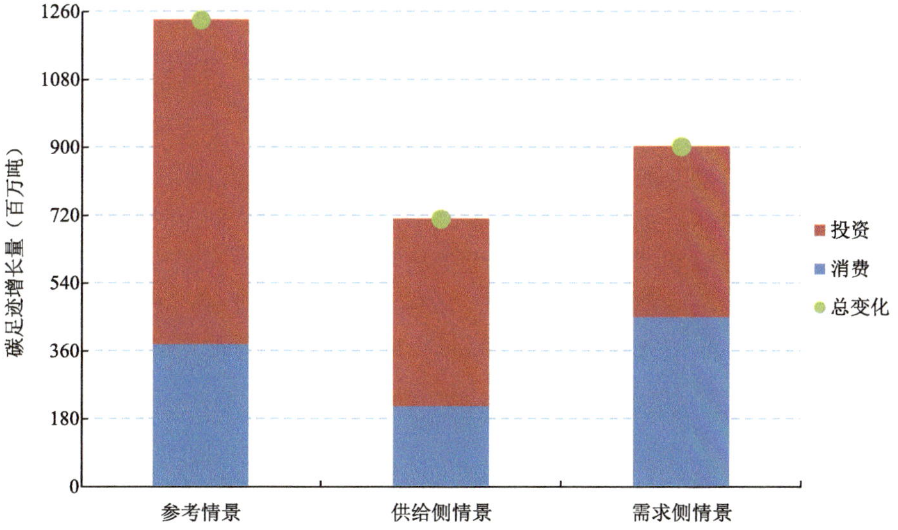

（f）2030～2050年最终需求视角驱动因子

图 6.36　2012～2050 年不同情景下云南碳足迹变化驱动因子分析结果

6.3.5　讨论和分析

人均 GDP 和人均需求量的持续增长是发展经济和消除贫困的基本保证，也是驱动碳排放和碳足迹增长的首要因子。只有实现经济结构的战略性调整才能在保持经济规模和需求量扩大的同时减少碳排放和碳足迹（Liu et al.，2012b）。云南的案例分析结果表明，无论是供给侧结构调整战略措施还是需求侧结构调整战略措施都不足以抵消经济规模和需求量扩大对碳排放和碳足迹增长的驱动作用，未来一段时期云南经济结构调整依然任重而道远。无论是过去还是将来，供给侧结构调整战略措施都是减少碳排放和碳足迹的重要手段。在没有深入调整供给侧结构的情况下，仅调整需求侧结构对减少碳排放的效果有限，有时甚至会起到反作用。因此，供给侧结构调整应是近期推进经济结构战略性调整的重点方向（金赛美，2015）。技术进步推动下，部门碳强度的降低一直是驱动碳排放和碳足迹减少的重要因子；然而，其减排作用后劲不足，效果有所减弱。尤其是交通运输、电力和化学工业部门，技术进步驱动部门碳排放和碳足迹减少的作用有限。因此，必须创新体制机制，针对这些部门的特点采取更多激励政策以促进部门技术水平的提升。

从最终需求视角看，即使是需求侧情景下，投资仍是驱动云南碳排放和碳足迹增长的重要因子。对于欠发达地区来说，基础设施落后、产业发展过于依赖自然资源、产品过于低端是其经济发展落后的重要原因。因此，未来几十年，欠发达地区将成为我国基础设施投资建设和产业升级改造的主要地区。目前，云南正在大力推进的“五网”（公路网、铁路网、航空网、水网和互联网）建设工程还将持续一段时间，促进产业转型升级的相关投资也将持续加大。然而，前面的结果和分析表明，投资增速的加快挤压了消费的增长空间，投资率上升的同时消费率降低是驱动碳排放和碳足迹增长的重要因子。因此，必须从更长远的视角来协调经济发展过程中投资和消费的关系。近期加强投资的同时不能放松促进中长期经济发展模式向消费驱动型转变的努力。只有不断提升消费率，才能在减弱投资对经济高碳化促进作用的同时使经济发展真正向低碳服务型的方向转型。

6.3.6 小结

本节首先从分解分析和最终需求视角，分析了云南碳排放变化驱动因子的历史变化趋势和不同情景下的未来变化趋势。结合已采取的和将来规划的经济结构调整战略措施，深入到经济部门尺度，分析了经济结构调整战略措施与碳排放变化驱动因子的响应关系。然后从分解分析和最终需求视角，分析了云南碳足迹变化驱动因子的历史变化趋势和不同情景下的未来变化趋势。同样结合已采取的和将来规划的经济结构调整战略措施，深入到经济部门尺度，分析了经济结构调整战略措施与碳足迹、内部碳足迹和外部碳足迹变化驱动因子的响应关系。最后对重要计算结果进行了进一步的讨论和分析。通过对不同经济结构调整战略情景下碳排放和碳足迹增量的驱动因子变化规律的深入分析，为第 6 章构建通过经济结构战略性调整促进云南经济低碳转型的政策框架和发展路径奠定了基础。

6.4 评估结论与政策建议

6.4.1 评估结论

经过三十多年的经济高速发展，我国省域经济发展面临的结构性矛盾越来越突出。调整经济结构是保持省域经济中高速持续增长的必然选择。随着《巴黎协定》的达成，世界范围内加强碳排放控制的要求越来越强烈，区域碳排放空间将越发紧缺。在对经济结构进行调整的过程中，必然要面对碳减排目标的约束。因此，通过经济结构战略性调整促进经济向低碳化方向转型，才是实现经济中长期可持续发展的正确道路。对于像云南这样的欠发达地区，同时面临着消除贫困、实现跨越发展和控制碳排放等多重经济发展和气候保护目标。欠发达地区通过经济结构调整促进经济低碳转型的任务更加艰巨，形势更加紧迫。因此，构建一套适合省域尺度的经济结构调整战略碳足迹评估的理论框架和技术方法体系并将其应用于欠发达地区意义重大。通过综合评估经济结构调整战略措施对区域碳足迹变化的影响，能有效监测经济结构调整战略的实施是否朝着低碳化的方向推进。

本章通过将战略碳足迹评估体系应用于云南省 1997～2050 年经济结构调整战略碳足迹评估的案例中，探索在云南构建通过经济结构调整促进经济低碳转型的政策框架和发展路径。通过本章的评估，主要取得了以下结论。

第一，通过分析云南资源、环境和社会、经济现状及碳排放与经济发展之间的关系发现：云南具有丰富的生物和民族文化多样性、清洁能源和旅游资源等多种有利于发展低碳经济的资源禀赋；云南经济发展经历了相对高碳、高碳向相对低碳发展的过程。通过对比分析云南社会经济技术发展水平与全国水平的历史差距和差异发现：云南 GDP 总量和人均 GDP 分别在全国水平的 2%和 60%上下波动。2008 年前，由于 GDP 增长速度大部分年份都慢于全国水平，差距有逐步拉大的趋势。2008 年后，尤其是“十二五”时期，GDP 增长速度快于全国水平，GDP 总量和人均 GDP 分别逐步接近占全国水平的 2%和 60%。人口方面，云南人口增长率快于全国水平，人口总量占全国人口总量的比例呈上升趋势。城镇化方面，云南城镇化率与全国水平相差 13%左右，“十二五”期间差距逐步缩小。产业结构方面，云南第一产业占比高于全国水平，而第二和第三产业占比都低于全国水平。能源消费总量和强度方面，1995 年是云南能源消费总量和能源强度与全国水平对比的分界点，1995 年之前能源消费总量占全国能源消费总量的比例低于 2%而 1995 年以后高于 2%；1995 年以前能源强度低于全国水平而 1995 年后高于全国水平。能源结构方面，云南煤炭和天然气占比低于全国水平，一次电占比高于全国水平，石油占比逐步上升至与全国水平相当。GDP 构成方面，云南投资率高于全国水平且加速上升，而净流出率一直为负值且快速下降，消费率高于全国水平且保持平稳。

第二，通过分析经济结构调整战略的目标和方向发现：经济结构调整战略分为供给侧结构调整战略和需求侧结构调整战略两种类型。其中，供给侧结构调整战略主要有产业结构优化、产业技术升级、能源生产结构优化和产业能源消费结构优化四个战略目标，需求侧结构调整战略主要有消费结构优化、投资结构优化、流出结构优化、流入结构优化和 GDP 构成优化五个战略目标；每个战略目标又包含若干个战略方向。云南历史上更加重视供给侧结构调整，产业结构调整主要由“一烟独大”向多元化方向转变，而技术水平提升指标逐步定量化并具有更强的约束性。未来一段时期，云南经济结构调整仍将以供给侧结构调整为主，产业结构调整和技术水平提升的目标和指标将更加具体和明确，并更具约束性。

第三，通过设置云南经济结构调整战略情景发现：2012～2050 年，云南 GDP 增速快于全国水平，2020 年、2030 年和 2050 年 GDP 总量分别达到 20419 亿元、40168 亿元和 106578 亿元（2012 年不变价）。云南人口增长率先上升后下降，2020 年、2030 年和 2050 年人口总量分别达到 4900.3 万人、5150.9 万人和 5254.9 万人。因此，2020 年、2030 年和 2050 年云南人均 GDP 分别达到 6313.6 美元/人、11815.6 美元/人和 30729.9 美元/人（按照 2012 年 1 美元兑人民币汇率 6.6 元换算）。云南城镇化率将逐步赶上全国水平，2020 年、2030 年和 2050 年分别达到 50%、60%和 70%。参考和需求侧情景下，云南将延续通过优先发展第二产业带动第三产业发展的路径，2020 年、2030 年和 2050 年三次产业结构分别为 12.1∶45.6∶42.3、8.3∶50.5∶41.2 和 6.4∶42.4∶51.2；供给侧情景下，云南将大力发展高原特色农业和服务业，并通过生产性服务业的发展带动精工制造业的发展，2020 年、2030 年和 2050 年三次产业结构分别为 13.1∶40.6∶46.3、10.3∶38.5∶51.2 和 8.4∶30.4∶61.2。通过提升技术水平，三个情景下部门能源强度都有所降低，而供给侧情景下的降幅更大。参考和需求侧情景下，云南产业一次能源消费中煤炭占比有所下降，天然气和可再生能源占比有所上升，2020 年、2030 年和 2050 年煤炭、石油、天然气和非化石能源占比分别为 46.5∶15.0∶3.5∶35.0、39.5∶14.0∶6.5∶40.0 和 35.5∶13.0∶6.5∶45.0；供给侧情景下，煤炭占比持续快速下降，天然气和可再生能源占比则快速上升，2020 年、2030 年和 2050 年煤炭、石油、天然气和非化石能源占比分别为 38.5∶15.0∶6.5∶40.0、34.5∶14.0∶6.5∶45.0 和 30.5∶13.0∶6.5∶50.0。通过优化需求结构，云南高碳产品需求占比将有所下降，服务业等低碳产品需求占比则将持续上升。参考和供给侧情景下，2020 年、2030 年和 2050 年云南 GDP 构成中消费、投资和流出占比分别为 60.4∶84.0∶50.5、60.9∶84.9∶50.3 和 65.6∶83.9∶50.6；需求侧情景下，占比分别为 60.1∶79.9∶49.3、59.4∶69.7∶45.6 和 62.4∶52.1∶40.6。参考和供给侧情景下，2020 年、2030 年和 2050 年云南人均城镇和农村居民生活一次能源消费量将分别达到 250.9 千克标准煤/人和 154.2 千克标准煤/人、285.0 千克标准煤/人和 201.2 千克标准煤/人以及 321.4 千克标准煤/人和 325.2 千克标准煤/人；需求侧情景下，将分别达到 186.9 千克标准煤/人和 131.1 千克标准煤/人、203.4 千克标准煤/人和 173.1 千克标准煤/人以及 213.4 千克标准煤/人和 240.9 千克标准煤/人。参考和供给侧情景下，2020 年、2030 年和 2050 年云南居民生活一次能源消费中煤炭、石油、天然气和非化石能源占比分别为 30.0∶21.5∶3.5∶45.0、25.0∶20.5∶6.5∶48.0 和 20.0∶19.5∶6.5∶54.0；需求侧情景下，煤炭、石油、天然气和非化石能源占比分别为 25.0∶21.5∶6.5∶47.0、20.0∶20.5∶6.5∶53.0 和 15.0∶19.5∶6.5∶59.0。

第四，1997～2050 年，三个情景下云南总碳排放和总碳足迹呈持续增长趋势，且总碳足迹一直大于总碳排放，属于隐含碳净流入省份。碳排放强度和碳足迹强度都呈降低趋势，碳足迹强度的降幅低于碳排放强度。参考情景下，2020 年、2030 年和 2050 年碳排放强度分别比 2005 年降低了 41.1%、43.0%和 54.3%；供给侧情景下，分别降低了 54.3%、61.9%和 70.8%；需求侧情景下，分别降低了 41.6%、43.5%和 54.6%。参考情景下，2020 年、2030 年和 2050 年碳足迹强度分别比 2005 年降低了 11.7%、14.8%和 31.3%；供给侧情景下，分别降低了 32.8%、45.5%和 58.4%；需求侧情景下，分别降低了 10.8%、11.7%和 26.8%。在总碳排放和总碳足迹中，产业碳排放和产业碳足迹的占比不断上升；需求侧情景下，2050 年产业碳排放和产业碳足迹占比分别达到 99.3%和 99.5%。参考情景下，2050 年人均碳排放和人均碳足迹将分别达到 25.79 吨/人和 43.36 吨/人；供给侧情景下，将分别为 16.45 吨/人和 26.20 吨/人；需求侧情景下，将分别达到 25.68 吨/人和 35.29 吨/人。参考和供给侧情景下，云南将更依赖外部碳足迹的支持，2050 年外部碳足迹占比将分别达到 66.2%和 65.8%；需求侧情景下，对外部碳足迹的依赖有所减弱，2050 年外部碳足迹占比为 54.9%。从不同部门碳强度变化来看，部门 2、11～14、23、24 以及 27 不仅直接碳强度较高而且间接碳强度也较高，而其他部门的间接碳强度大于其直接碳强度。1997～2012 年，尽管大部分部门的间接碳强度有所降低，但其降幅小于直接碳强度。三个情景下，2012～2050 年 29 个部门的直接和间接碳强度都呈持续降低趋势，且间接碳强度的降幅大于直接碳强度。

第五，1997～2012 年，原煤是最大的碳排放贡献能源，但其贡献率呈下降趋势；焦炭、石油制品和煤气的贡献率则呈上升趋势。尽管居民生活碳排放占比持续降低，但从原煤流向农村居民生活和从汽油流向城镇和农村居民生活的隐含碳流量却增长较快。2012～2050 年，三个情景下，原煤、焦炭和煤气的贡献率都呈下降趋势，石油制品和天然气的贡献率呈持续上升趋势。三个情景下，居民生活碳排放占比将继续下降，且城镇居民生活碳排放占比将逐步超过农村居民生活碳排放占比。原煤和汽油隐含碳流量的持续增长仍将是居民生活碳排放增长的强大动力。与此同时，天然气在居民生活中的逐步普及将使其碳排放贡献率不断上升。从供给侧视角看，电力、金属压延加工、非金属制品、交通运输和化学工业是五大主要的碳排放贡献部门；从需求侧视角看，建筑、金属压延加工、电力和其他服务是四大主要的碳排放贡献部门。建筑部门的隐含碳主要流向了投资，其自身需要电力、金属压延加工、非金属制品、交通运输和化学工业等部门隐含碳流入的支持；金属压延加工和电力部门的隐含碳主要流向了流出，它们需要部门内部隐含碳流量的支持；其他服务部门的隐含碳则主要流向了消费，其自身需要电力和交通运输部门隐含碳流入的支持。

第六，1997～2012年，内部碳足迹对总碳足迹的贡献率呈下降趋势，外部碳足迹的贡献率则呈上升趋势。从供给侧视角看，碳足迹主要由电力、金属压延加工、非金属制品、交通运输和化学工业五大部门贡献。从需求侧视角看，内部碳足迹的贡献部门由相对分散逐渐集中于建筑、其他服务、电力和农业四大部门；外部碳足迹的贡献部门也由相对分散逐渐集中于建筑、其他服务和交通设备制造三大部门。由于建筑部门隐含碳的流入，投资是贡献碳足迹最大的最终需求类型，且投资需求由主要由省域内生产产品满足转向主要由省域外流入产品满足。消费增长与服务业增长密切相关，近年来对电力和交通运输设备需求的增长贡献了大部分消费相关碳足迹。2012～2050年，需求侧情景下，内部碳足迹的贡献率将由33.6%上升至44.9%。三个情景下，交通运输部门的贡献率都将大幅上升，且供给侧情景下上升幅度更大；需求侧结构调整战略措施能有效降低交通运输部门的碳足迹贡献率。供给侧结构调整战略措施将减少建筑部门流向投资的隐含碳，但是将使建筑投资更加依赖流入产品的支持。需求侧结构调整战略措施能减少建筑部门流向投资的隐含碳，降低云南对建筑投资的依赖，但是将大幅增加其他服务部门流向消费的隐含碳。

第七，1997～2012年，在投资和流出规模扩张驱动下人均GDP的增长是云南碳排放增长的主要因子。近年来流出和投资结构的变化开始成为驱动碳排放增长的重要因子。水电资源的大力开发和应用以及高耗能部门能源效率的提高是驱动碳排放减少的主要因子。2012～2050年，三个情景下人均GDP的增长和碳强度的降低分别是驱动碳排放增长和减少的主导因子。然而，相对于人均GDP增长驱动碳排放增加的作用，碳强度降低驱动碳排放减少的作用越来越有限。从最终需求视角看，投资和流出依然是驱动碳排放增长的主要因子；需求侧情景下，投资和流出驱动碳排放增长的作用将大幅减弱，消费逐步成为驱动碳排放增长的第一大因子；碳排放增长量的减少主要是通过减少流入来实现的，投资和流出对减少省域内碳排放的效果有限。

第八，1997～2012年，人均需求量的增长和需求构成的变化是驱动碳足迹增长的主要因子，碳强度的降低和需求结构的变化则是驱动碳足迹减少的主要因子。从最终需求视角看，投资是驱动云南碳足迹增长的主导因子。2002～2007年，城镇居民消费对碳足迹增长的贡献明显增加，但2007～2012年其驱动作用受到投资驱动作用增长的抑制。从内部和外部碳足迹视角看，外部碳足迹的增长是驱动碳足迹增长的主要因子；2007～2012年建筑部门外部碳足迹的大幅增长贡献了大部分碳足迹增长。2012～2050年，三个情景下人均需求量的增长和碳强度的降低分别是驱动碳足迹增长和减少的主导因子；通过实施需求侧结构调整战略措施，需求构成的优化逐步成为驱动碳足迹减少的主要因子。需求侧情景下，投资依然是驱动碳足迹增长的重要因子，然而，通过实施需求侧结构调整战略措施，投资驱动碳足迹增长的作用逐渐减弱并被消费超过。

6.4.2　经济结构调整促进云南经济低碳转型的政策框架

根据前面的分析，本节将从供给侧和需求侧两方面构建通过经济结构调整促进云南经济低碳转型的政策框架（图 6.37）。

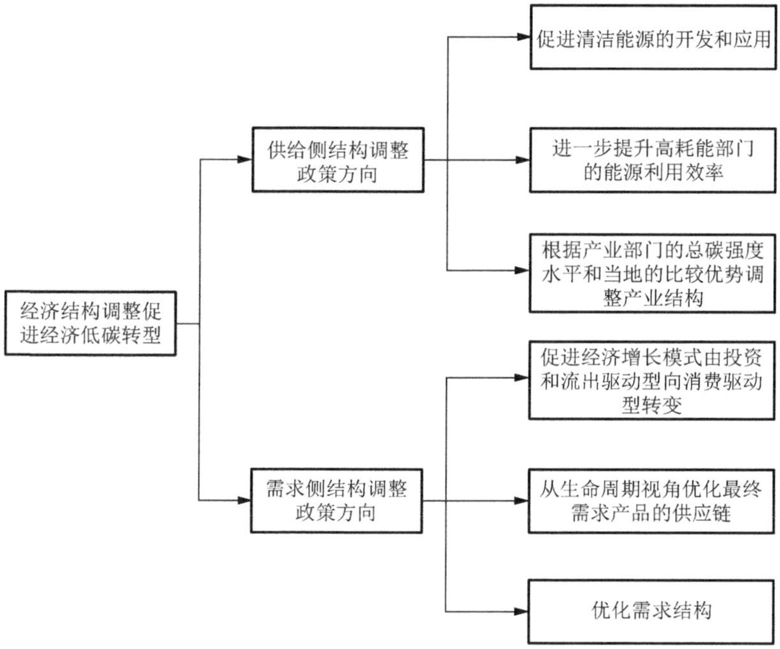

图 6.37　经济结构调整促进云南经济低碳转型的政策框架

6.4.2.1　供给侧结构调整促进经济低碳转型的政策方向

1. 促进清洁能源的开发和应用

在过去的几十年里，大力开发水电资源并促进水电在产业和居民生活部门中的应用极大地降低了云南的碳排放和碳足迹。然而，本章的分析结果显示无论是过去还是将来，清洁能源在一些部门的应用程度还不够。未来几十年，清洁能源的开发和应用仍将是降低云南碳排放和碳足迹的强大驱动力。因此，政策制定者应在清洁能源开发和应用领域大力实施供给侧结构调整战略措施以支持云南加大对适合当地资源禀赋的水电、风电、太阳能和生物质能等清洁可再生能源的开发力度，提升清洁能源应用水平。其中，电力体制的供给侧结构性改革非常重要。随着电力在终端能源消费中的比例不断提高，通过实施理清电价、放开售电侧市场准入和对可再生能源电力实施优先上网和补贴电价等电力体制供给侧结构性改革措施，能有效促进清洁电力的开发和应用（Laes et al., 2014）。目前，云南作为国家电力体制综合性改革的试点省份（云南省人民政府，2016b），应充分利用先行先试的优势，实质性推进电力体制的供给侧结构性改革。

在推进清洁能源开发和应用领域的供给侧结构调整战略措施时，要注意处理好以下几方面事项：第一，协调好中央政府、云南地方政府和电网、发售电企业之间的关系；第二，处理好清洁能源开发过程中的生态环境保护问题；第三，统筹好清洁能源开发和高载能产业发展的布局。另外，构建完善的分布式清洁能源供应网络体系有助于提升清洁能源的应用水平，从而促进产业和居民生活部门能源结构的低碳化（Laes et al., 2014）。然而，分布式清洁能源供应网络体系的构建需要通过深化电网领域的供给侧结构性改革来实现。云南应利用好作为电力体制综合性改革和输配电价格改革试点省份的优势（云南省发展和改革委员会，2015；云南省人民政府，2016b），在电网领域大力推进供给侧结构性改革，以促进分布式清洁电力供应网络体系的完善从而提高清洁电力产能的利用水平，减少日益严重的弃水、弃风和弃光现象。面对交通运输部门高碳化的现状和未来碳排放将大幅增长的严峻形势，增加水电、天然气和氢能等清洁能源在交通运输体系中的应用程度能有效降低交通运输对高碳石油制品的依赖。其中，通过在能源价格领域推进供给侧结构性改革，使能源价格能够体现能源使用过程中对气候的负外部性成本，能有效提高高碳能源的使用成本，从而减少高碳能源的需求量。

2. 进一步提升高耗能部门的能源利用效率

根据前面的分析，通过设置强制性能源强度和碳强度降低目标结合目标责任制的强力执行，云南高耗能部门的能源强度和碳强度在“十一五”和“十二五”期间得到了极大的改善。未来能源利用效率的提高仍将是减少云南碳排放和碳足迹的重要驱动力。然而，要进一步改善部门的能源利用效率，仅仅依靠行政手段效果将越来越有限。而构建碳交易市场、实施碳税政策和补贴节能技术创新等经济手段应该逐步成为提升部门能源利用效率的重要措施。因此，政府必须大力推进能源效率领域的供给侧结构性改革，通过构建碳排放权交易制度体系、优化税收体系等措施，逐步形成支持经济部门通过技术创新改善能源利用效率的投融资机制和创新激励机制。对于云南这样的西部欠发达地区来说，能够用于支持低碳技术开发和研究以及引进低碳技术的资金有限。因此，形成一个促进低碳研发人才和低碳技术从东部发达地区向云南等西部欠发达地区转移的生态补偿机制应该成为政策制定者关注的重点。另外，通过大力发展绿色金融和绿色信贷能为资金缺乏的欠发达地区实现经济低碳转型提供宝贵的资金支持（胡梦泽，2014）。

前面的分析表明，无论是过去还是将来，电力、金属压延加工、非金属制品、交通运输和化学工业等部门仍将是云南最重要的高耗能部门，这些部门生产过程中消耗的化石能源贡献了 80%以上的碳排放。因此，应重点提升这些部门的技术和管理水平，以改善部门能源利用效率，这些高耗能部门能源效率的提升将对减少云南碳排放和碳足迹起到立竿见影的作用。另外，淘汰部门内的落后产能对于提高部门整体能源利用效率也很重要。政府一方面应该及时更新未来可推广的低碳技术目录并对相关低碳技术的推广和应用进行必要的补贴，从而提升这些技术在相关部门的应用程度（Liu et al.，2012c）；另一方面应构建完善的保护知识产权的制度体系，以促进低碳技术交易市场体系的逐步形成和完善。

3. 根据产业部门的总碳强度水平和当地的比较优势调整产业结构

通过实施供给侧结构调整战略促进低碳特征的产业体系的形成对云南经济的低碳转型至关重要。由于欠发达地区的可用资本资源有限，所以只能集中用于重点支持少数几个支柱产业的发展（Eng，1999）。在选择合适的支柱产业时，既要考虑当地的比较优势又要评估产业部门全产业链的碳强度，即部门总碳强度。根据对云南 29 个部门总碳强度的评估和分析结果（表 6.10），结合云南在环境容量相对充足、自然资源丰富和劳动力资源相对廉价等方面的比较优势，本书对云南未来支柱产业的选择提出以下建议：第一，大力发展高原特色农业（部门 1）、生物资源深度开发（部门 6）、旅游和文化产业（部门 29）以及清洁能源开发产业；第二，大力发展生产性服务业（部门 29）不仅能提升低碳服务业占 GDP 的比例，而且能促进产业部门的技术更新和升级，从而提升部门能源利用效率和清洁能源利用水平；第三，实施相关政策措施推动东部地区劳动密集型和技术密集型产业向云南转移，劳动密集型产业包括纺织业（部门 7）、服装制造业（部门 8）、造纸印刷和工艺品制造业（部门 10）以及批发零售和住宿餐饮业（部门 28），技术密集型产业包括通信和电子设备制造业（部门 19）、废弃物处理和循环利用产业（部门 22）等。通过这些产业的转移和在云南发展壮大，能够逐步取代一部分当地的高耗能和资源密集型重化工产业，从而创建一个更加轻型化的产业结构；并为云南重化工业推进转型升级进程，走精深加工的道路赢得时间。

表 6.10　1997～2012 年云南 29 个部门总碳强度及排名

部门	1997 年		2002 年		2007 年		2012 年	
	总碳强度（吨/万元，2012 年不变价）	排名	总碳强度（吨/万元，2012 年不变价）	排名	总碳强度（吨/万元，2012 年不变价）	排名	总碳强度（吨/万元，2012 年不变价）	排名
1	1.5	26	2.4	26	1.8	23	1.7	21
2	9.6	7	11.6	4	7.6	7	4.3	9
3	0	29	5.4	19	0	29	0	29
4	4.2	17	8.8	9	8.2	5	6.6	4
5	4.6	13	7.6	11	10.6	3	7.1	3
6	0.9	27	1.9	28	1.2	27	0.9	27
7	2.5	23	4.9	22	6.3	9	3.3	13
8	2.6	22	3.8	24	3.6	16	1.8	20
9	4.7	11	5.5	18	3.6	17	1.4	24
10	4	20	4.4	23	2.9	19	2.5	17
11	10.8	4	18	1	5.1	12	4	10
12	9.8	6	10.7	6	7.8	6	5.6	7
13	11.2	3	11.5	5	23.2	1	12.3	1
14	12.7	2	13.3	3	7	8	6.4	5
15	8.2	8	8.8	10	4.5	14	3.4	12
16	4.1	19	7.1	13	3.7	15	3.3	14
17	4.4	14	6.1	16	2.8	20	2.8	16
18	5.9	9	6.8	14	4.6	13	3.8	11
19	4.7	12	5	21	2.5	22	1.4	25
20	4.4	15	5.6	17	2.8	21	1.9	19
21	4.2	18	6.2	15	3.5	18	3.1	15
22	0.1	28	0.1	29	0.1	28	0.3	28
23	34.1	1	16.3	2	21.6	2	11.3	2
24	10.8	5	9.8	7	8.3	4	1.5	23
25	3	21	5.1	20	1.6	25	2.5	18
26	5.5	10	7.3	12	5.9	11	4.6	8
27	4.3	16	9.6	8	6	10	6.3	6
28	1.7	24	2.2	27	1.5	26	1.4	26
29	1.6	25	2.8	25	1.7	24	1.6	22

注：部门 1、3、6～8、10、19、22、25、28、29 属于云南的低碳产业部门，这些部门有两年或两年以上的总碳强度排在 29 个部门中的 20 名及以后；部门 2、4、5、11～15、23、24、26、27 属于云南的高碳产业部门，这些部门有两年或两年以上的总碳强度排在 29 个部门中的前 10 名

从区域产业发展壮大的过程来看，产业规模的扩大往往在不同区域的实现途径趋同，而产业结构的调整则因各地的比较优势而途径各异（陈仲常，2005；苏东水，2010）。因此，为了让各省市区的产业结构能向低碳化的方向优化调整，中

央政府首先要改变以往“一盘棋”和“一刀切”的省域经济结构调整政策，通过下放经济事权给予省市区发展低碳产业更多的自主决策权。为了实现构建符合当地比较优势低碳产业体系的目标，深化供给侧结构性改革必不可少。从中央层面来看，应该通过税制改革给予云南这样的欠发达地区发展低碳产业更多税收优惠，可以考虑将低碳产业发展带来的税收收入增加的大部分留在地方。因为从云南烟草产业发展壮大的历史来看，对地方财政增收的较大贡献是云南选择大力发展烟草产业的强大驱动力（Eng，1999）。从云南地方政府层面来看，理应转变以往“经济发展靠重化工业规模扩大”的思想观念，从更加长远的可持续发展视角看待经济的增长速度。本书的计算结果显示，要保持经济的中高速增长，云南控制碳排放总量并达峰的目标至少在 2050 年前无法实现。因此，必须将经济发展重心从更加注重规模的扩大转移至更加注重低碳产业的发展和产业结构的优化上来。在构建低碳产业体系的过程中，设定适合不同产业部门发展阶段的低碳目标和指标至关重要，应引起政策制定者的足够重视。

6.4.2.2 需求侧结构调整促进经济低碳转型的政策方向

1. 促进经济增长模式由投资和流出驱动型向消费驱动型转变

从需求侧视角看，云南经济增长主要由房地产和基础设施建设投资及有色金属和电力等原材料的流出贡献。但是由于建筑、电力和金属压延加工等部门产品的生产过程都需要高碳的供应链来支持，因而由投资和流出驱动的经济增长模式是碳排放和碳足迹增长的主要驱动因子（Peters et al.，2010）。与投资和流出相比，消费产品主要来源于服务业和农业等拥有相对低碳供应链的部门（表 6.11）。拉动经济增长相同的量，消费对碳排放和碳足迹增长的驱动作用比投资和流出小得多；因此，消费驱动型的经济增长模式才是低碳的经济增长模式。为了促进经济低碳转型，经济发展政策制定时应改变目前重点支持投资和原材料流出规模扩大的政策方向，转向促进消费增长的政策方向。提高社会保障水平、增加劳动收入占总收入的比例、提高一线工人的工资水平和降低房价等措施能有效促进消费增长，这些领域才是应该重点关注的需求侧结构调整政策方向。

从前面的分析可以看到，消费的增长和服务业的发展是密切相关的，因此，要形成消费驱动型经济增长模式，大力发展服务业势在必行。近中期来看，云南人口数量和城镇化率将加速增长，而且其生物资源开发、旅游和矿产资源开发等产业部门已经具有一定发展水平，再加上对清洁电力、天然气和石油制品等能源的需求逐步得到保障，云南发展消费服务型经济具有较大的后发优势。第一，人口数量和城镇化率加速增长能有效促进生活性服务业的发展，包括性价比高的外卖型餐饮服务业、城市内交通出行服务业以及电力和清洁水的供应等公共服务业；第二，随着旅游业的二次创业和品质提升，服务于省外流入人口的高端旅游、养生和健康服务业也将得到大力发展；第三，随着传统矿产业转型升级步伐的加快，云南生产性服务业也将得到极大发展，包括信息产业、教育培训和节能环保产业等。要促进云南服务业的发展，改革效率低下的事业单位和公共服务提供体制，降低科教卫体等服务部门的进入门槛，从而提升服务业的劳动生产率是重要的政策方向。

表 6.11　2012 年云南 29 个部门对消费量和消费相关碳排放的贡献　（单位：%）

部门	农村居民消费		城镇居民消费		政府消费	
	消费量	碳排放	消费量	碳排放	消费量	碳排放
1	31.3	19.0	16.9	9.6	0.0	0.0
2	0.5	0.6	0.1	0.1	0.0	0.0
3	0.0	0.0	0.0	0.0	0.0	0.0
4	0.0	0.0	0.0	0.0	0.0	0.0
5	0.0	0.1	0.0	0.0	0.0	0.0
6	12.9	7.7	10.6	5.8	0.0	0.0
7	0.8	1.2	0.4	0.5	0.0	0.0
8	3.4	3.5	10.3	9.8	0.0	0.0
9	1.3	1.3	0.8	0.8	0.0	0.0
10	1.0	1.9	1.5	2.8	0.0	0.0
11	2.6	5.7	3.3	6.6	0.0	0.0
12	1.7	4.0	2.6	5.7	0.0	0.0
13	1.1	5.6	0.4	2.0	0.0	0.0
14	0.0	0.0	0.0	0.0	0.0	0.0
15	0.1	0.2	0.2	0.4	0.0	0.0
16	0.7	1.3	0.3	0.4	0.0	0.0
17	2.9	4.3	5.9	8.0	0.0	0.0
18	1.2	2.4	1.4	2.6	0.0	0.0
19	0.9	0.8	1.5	1.2	0.0	0.0
20	0.0	0.0	0.0	0.0	0.0	0.0
21	0.1	0.1	0.1	0.2	0.0	0.0
22	0.0	0.0	0.0	0.0	0.0	0.0
23	2.1	13.1	1.8	10.4	0.0	0.0
24	0.1	0.2	0.8	0.8	0.0	0.0
25	0.1	0.3	0.6	1.0	0.0	0.0
26	0.6	1.3	1.5	3.2	0.0	0.0
27	0.7	2.0	1.0	2.8	0.0	0.0
28	12.9	8.2	12.2	7.2	0.0	0.0
29	20.9	15.4	25.8	17.9	100	100
总计	100	100	100	100	100	100

2. 从生命周期视角优化最终需求产品的供应链

对于建筑、金属压延加工和电力等部门的高碳供应链，政府要制定相关政策激励这些部门选择更加低碳的原材料，节约高碳原材料的使用和促进高碳原材料的循环利用。这样才能减少煤炭、水泥、钢铁和电力等高碳原材料的生产和供应量（Huang et al.，2009）。从生命周期视角制定完善的清洁生产和循环经济相关标准，并及时更新和严格执行非常重要。另外，通过税收优惠和合理补贴等经济手段促使被循环利用原材料的价格的降低也是政策制定者应该考虑的方向。

3. 优化需求结构

本书的计算结果显示，需求结构的优化曾是驱动云南碳排放和碳足迹减少的重要因子，但是未来需求结构调整的减排作用显得不足。因此，加强需求结构调整战略措施的实施力度非常重要。对于云南来说，重点在于优化流出结构、城镇居民消费结构和投资结构。

从优化流出结构看，减少高碳原材料的流出是重要的政策方向。在限制高碳产品出口方面，中央政府已经采取了强有力的措施，如从2007年开始我国逐步取消了“两高一资”产品的出口退税并开始对这些产品的出口征收关税（李丽平等，2008）。对于国内省市区间的贸易，由于我国实施的是国内商品自由流通政策，征税的措施无法实施。这种情况下，对低碳产品的贸易进行适当补贴并加强大宗低碳商品省市区间贸易合作非常重要。以云南与广东间的电力贸易为例，云南每年向广东提供大量低碳的水电，因而可以在云南和广东之间建立一个省份间的生态补偿机制，对低碳水电进行除了经济成本和利润之外的生态成本的补偿。如果直接经济补偿很难确定生态补偿标准，也应构建相关机制促进广东优先向云南转移低碳技术和相对低碳的劳动密集型产业。如何形成这样的生态补偿机制是各级政府应该考虑的重要问题。

本书的计算结果显示，城镇居民消费已经成为并将继续是驱动云南碳排放和碳足迹增长的重要因子。因此，对于像云南这样的欠发达地区来说，在经济发展初期出台优化城镇居民消费结构的相关政策是必要的，有助于避免在发达地区发生的高碳消费模式的惯性。近年来，中央政府出台的阶梯电价、燃油税和禁止一次性塑料袋使用等政策在云南也得到了很好的实施，对优化城镇居民消费结构起到了一定作用。云南省政府也根据自身的特点出台了枯峰电价、惩罚性电价等政策。本书认为经济手段在优化城镇居民消费结构中的作用应得到进一步加强。另外，由于城市居民交通出行需求的持续增长，应加大公共交通的投资力度，并改善城市环境设施以促进居民步行和自行车出行，从而减少城镇居民出行对高碳私人汽车的依赖。由于云南低碳水电资源丰富，政府应大力鼓励电动交通出行方式，并投资发展城市电动交通基础设施，例如，加大对电动汽车和电动自行车租赁以及充电设施建设的支持力度。

由于投资具有“碳锁定”（carbon lock-in）效应（Unruh，2000；Davis et al.，2010；Peters et al.，2010），因而投资方向的选择将影响云南的低碳发展。例如，如果投资转向低碳能源、公共交通、绿色建筑等方向，尽管在这些设施的建设过程中需要消耗高碳原材料，但是从长远来看，这些基础设施将促进低碳生产和生活方式的形成，有利于整个社会经济系统的低碳发展（Unruh，2002；Unruh and Carrillo-Hermosilla，2006）。因此，政府应制定低碳投资规划以指导投资向更加低碳的方向发展。另外，优化投资结构也非常必要。由于投资是为了满足未来的消费需求，今天的投资结构在某种程度上将决定未来的经济结构。促进高技术产业和服务业领域的投资增长，并抑制高碳部门的投资增长，是促进未来经济低碳转型的政策方向。

6.4.3 经济低碳转型的发展路径

无论从供给侧还是从需求侧来看，过去经济发展对经济规模扩张路径的依赖远胜于经济结构调整路径。尽管过去云南也曾在调整供给侧结构方面提出过优化产业结构和提升技术水平等战略目标和指标。但是，对这些目标和指标的重视程度都位于需求侧（如投资和流出）和供给侧（如产能）规模扩张之后。从过去几个五年规划的目标和指标来看，往往是体现 GDP 规模、投资规模和贸易规模的指标执行的效果较好，体现供给侧结构调整效果的指标（如服务业占比、研发投入占比等）则实现困难。对于需求侧结构调整的目标和指标虽有提出，但是约束性不强，执行效果也较差（附表 6）。因此，过去被选择和实施的经济发展路径是供给和需求规模扩张的高碳发展路径。在有些人看来，这样的路径选择从某些方面来讲能够理解，而且与欠发达地区经济发展落后和贫困人口较多的现状有关。他们认为经济蛋糕必须先有并且足够大，才谈得上切好和分配好。在这样的思想观念的影响下，经济发展逐渐形成了重规模扩张轻结构调整的体制机制和路径依赖（蒯鹏，2015）。然而，正是对这种规模扩张路径的依赖造成了碳排放和碳足迹的快速增长和对气候系统的严重威胁（Liu et al.，2013）。经济结构调整路径比经济规模扩张路径更加可持续，应受到更多的关注。因此，无论是供给侧还是需求侧，都急需全力推进结构性调整和改革，以降低以往与规模扩张相适应的体制和机制对经济低碳转型的阻碍。通过总结本书的结果和分析，未来三十多年，云南通过经济结构战略性调整促进经济低碳转型的发展路径见图 6.38。

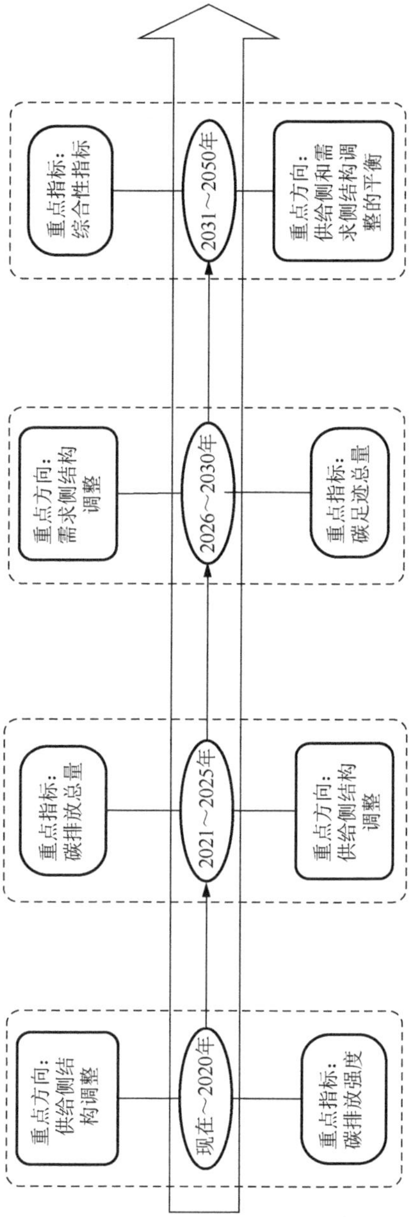

图 6.38　云南经济低碳转型的发展路径

“十三五”（2016～2020 年）时期，应着力进行供给侧结构调整。从前面的结果和分析可以看到，一方面在不调整供给侧结构的情况下，仅调整需求侧结构对碳排放和碳排放强度的影响有限；另一方面供给侧结构调整战略措施不但能有效减少碳排放，而且对减少碳足迹的作用也很明显。因此，“十三五”时期，考虑到几乎所有的约束性指标都集中于降低碳排放强度和控制碳排放总量，着力调整供给侧结构应成为经济结构调整战略的重点方向。“十三五”时期通过供给侧结构调整促进经济低碳转型的着力点在于实现“十三五”规划中提出的各项指标，包括能源强度和碳排放强度降低指标，可再生能源占比、服务业占比和研发投入占比提升指标等反映供给侧结构调整效果的指标。同时，“十三五”时期我国势必会加强对能源消费总量和碳排放总量的控制，因此，这两项指标也应得到政策制定者的重视（陈靓，2013）。

“十四五”（2021～2025 年）时期，仍应将供给侧结构调整作为重点战略方向坚持不懈地努力推进，但是重点指标应转向对能源消费总量和碳排放总量的控制。在这个时期，供给侧结构调整应将政策执行手段由行政手段为主逐步转向更多利用经济手段，包括构建完善的碳排放权交易市场、能源交易市场以及充分市场化的能源和碳资产价格体系，并利用能源税和碳税等税收手段进行必要的市场调节。

“十五五”（2026～2030 年）时期，应逐步将经济结构调整战略的重点方向由供给侧结构调整转向需求侧结构调整，首要任务是在中长期战略规划中纳入能促进需求侧结构调整的相关指标，包括总碳足迹、碳足迹强度、人均碳足迹、内部碳足迹、外部碳足迹、低碳产品需求量占总需求量的比例、消费率提升幅度和投资率降低幅度等指标。

2031～2050 年，要重点促进供给侧结构调整和需求侧结构调整的衔接和融合。前面的结果和分析表明，仅调整供给侧结构和仅调整需求侧结构一样，都会出现一些问题。因此，协调好两者的关系非常重要。需要综合研究和顶层设计，并采取宏观调控和微观调节的各种手段，使供给侧和需求侧结构调整能够相互协调、互相促进。在这个时期，需要研究和开发反映供给侧和需求侧结构调整协调性的综合指标以监测供给侧和需求侧结构的平衡性及其对碳足迹的影响。

参 考 文 献

曹和平．2005．瑞士模式：地区经济发展的第三种选择[J]．决策，(8): 10-11.

曹丽格，方玉，姜彤，等．2012．IPCC 影响评估中的社会经济新情景（SSPs）进展[J]．气候变化研究进展，8(1): 74-78.

陈操操，刘春兰，汪浩，等．2014．北京市能源消费碳足迹影响因素分析——基于 STIRPAT 模型和偏小二乘模型[J]. 中国环境科学，34(6): 1622-1632.

陈靓．2013．中国能源消费低碳转型的影响因素时空解析与路径选择[D]．北京：北京师范大学.

陈锡康．2011. 投入产出技术[M]. 北京：科学出版社.

陈仲常．2005. 产业经济理论与实证分析[M]. 重庆：重庆大学出版社.

方一平，秦大河，丁永建．2009. 气候变化脆弱性及其国际研究进展[J]．冰川冻土，31(3): 540-545.

付加锋，刘小敏．2010. 基于情景分析法的中国低碳经济研究框架与问题探索[J]. 资源科学，32(2): 205-210.

耿涌，董会娟，郗凤明，等．2010. 应对气候变化的碳足迹研究综述[J]. 中国人口·资源与环境，20(10): 6-12.

郭茹，曹晓静，李风亭. 2011. 上海市能源碳排放量 2050[M]. 上海：同济大学出版社.

国家统计局. 2011. 国民经济行业分类（GB/T 4754—2011）[S]. 北京：中国标准出版社.

国家统计局云南调查总队. 2015. 云南调查年鉴 2015[M]. 北京：中国统计出版社.

何强，吕光明. 2008. 基于 IPAT 模型的生态环境影响分析——以北京市为例[J]. 中央财经大学学报，(12): 83-88.

何易霖．2006. “二氧化碳列环评,经部强烈反对”[EB/OL]. http://training.ttri.org.tw/dailynews/newsview.php?newsnum=6434[2014-11-13].

胡梦泽. 2014. 绿色信贷中的环境信用风险管理与评价研究[D]. 北京：北京师范大学.

黄敏，廖为明，王立国，等. 2010. 基于 Kaya 公式的低碳经济模型构建与运用——以江西省为例[J]. 生态经济，(12): 51-55.

计军平，刘磊，马晓明. 2011. 基于 EIO-LCA 模型的中国部门温室气体排放结构研究[J]. 北京大学学报（自然科学版），47(4): 741-749.

蒋婷. 2010. 碳足迹评价标准概述[J]. 信息技术与标准化，(11): 15-18.

金赛美. 2015. 结构性改革背景下湖南产业结构调整与优化[J]. 求索，2015(1): 79-82.

蒯鹏. 2015. 矿产资源型城市工业系统绿色转型路径优化研究[D]. 北京：北京师范大学.

李灿光. 2006. 云南资源大全[M]. 昆明：云南人民出版社.

李丽平，胡涛，吴玉萍，等. 2008. 构筑我国绿色贸易体系的对策研究[J]. 中国人口·资源与环境，18(2): 200-203.

李巍，李贞，李天威. 2006. 战略环境评价发展、经验与应用实践[M]. 北京：化学工业出版社.

刘竹，耿涌，薛冰，等. 2011a. 中国低碳试点省份经济增长与碳排放关系研究[J]. 资源科学，33(4): 620-625.

刘竹，耿涌，薛冰，等. 2011b. 城市能源消费碳排放核算方法[J]. 资源科学，33(7): 1325-1330.

潘家华. 2016. 碳排放交易体系的构建、挑战与市场拓展[J]. 中国人口·资源与环境，26(8): 1-5.

齐晔. 2013. 中国低碳发展报告 2013—— 政策执行与制度创新[M]. 北京：社会科学文献出版社.

邵超峰，鞠美庭. 2010. 基于 DPSIR 模型的低碳城市指标体系研究[J]. 生态经济，(10): 95-99.

沈娅莉. 2011. 云南省清洁发展机制项目发展现状、存在问题及对策研究[J]. 生态经济，(9): 88-91.

石敏俊，王妍，张卓颖，等. 2012. 中国各省区碳足迹与碳排放空间转移[J]. 地理学报，67(10): 1327-1338.
世界自然基金会上海低碳发展路线图课题组. 2011. 2050 上海低碳发展路线图报告[M]. 北京：科学出版社.
苏东水. 2010. 产业经济学[M]. 北京：高等教育出版社.
苏伟. 2014. 中国温室气体清单研究 2005[M]. 北京：中国环境出版社.
田中华，杨泽亮，蔡睿贤. 2015. 广东省能源消费碳排放分析及碳排放强度影响因素研究[J]. 中国环境科学，35(6): 1885-1891.
江浩. 2014. 京津冀都市圈碳足迹时空特征及影响因素研究[D]. 北京：北京市环境保护科学研究院.
谢元博. 2014. 城市能源规划的居民健康风险与经济损失评估研究[D]. 北京：北京师范大学.
新华社. 2015. 强化应对气候变化行动——中国国家自主贡献[EB/OL]. http://www.scio.gov.cn/xwfbh/xwbfbh/wqfbh/2015/20151119/xgbd33811/Document/1455864/1455864.htm[2014-11-13].
徐鹤，白宏涛，吴婧，等. 2013. 气候变化新视角下的中国战略环境评价[M]. 北京：科学出版社.
云南论坛秘书处. 2007. 云南论坛 • 2006[M]. 昆明：云南大学出版社.
云南省发展和改革委员会. 2011. 云南省低碳发展规划纲要（2011—2020 年）[EB/OL]. http://www.yn.gov.cn/yn_zwlanmu/yn_srmzfgb/201108/t20110804_537.html[2014-11-13].
云南省发展和改革委员会，2015. 云南电网输配电价改革试点方案[EB/OL]. http://www.sdpc.gov.cn/fzgggz/jggl/zcfg/201510/t20151013_754492.html[2014-11-13].
云南省人民政府. 2001. 云南省国民经济和社会发展第十个五年计划纲要[EB/OL]. http://www.bjpc.gov.cn/fzgh_1/guihua/10_5/gj_ws/200710/P020071024539269370799.pdf[2014-11-13].
云南省人民政府. 2006. 云南省国民经济和社会发展第十一个五年规划纲要[EB/OL]. http://xxgk.yn.gov.cn/bgt_Model1/newsview.aspx?id=130772[2014-11-13].
云南省人民政府. 2008. 云南省应对气候变化方案[EB/OL]. http://govinfo.nlc.gov.cn/ynsfz/zfgb/200820/201104/t20110414_718401.shtml?classid=479[2014-11-13].
云南省人民政府. 2011a. 云南省国民经济和社会发展第十二个五年规划纲要[EB/OL]. http://xxgk.yn.gov.cn/bgt_Model1/newsview.aspx?id=140295[2014-11-13].
云南省人民政府. 2011b. 云南省城镇体系规划（2011—2030 年）[EB/OL]. http://wenku.baidu.com/link?url=51poYq38ky-48A1PiU6SAJEswlBkBt4BxEf_dEZPGRncEooehsPNKSqKJcTdx3xfBxb8N3qOKrnBvfJwbJg6wWjsUDMTEM69HIyl5xTrQ6_[2014-11-13].
云南省人民政府. 2014. 云南省人民政府关于加快天然气利用发展的意见[EB/OL]. http://www.yn.gov.cn/yn_zwlanmu/qy/zfgb/201403/t20140319_21310.html[2016-10-09].
云南省人民政府. 2016a. 云南省国民经济和社会发展第十三个五年规划纲要[EB/OL]. http://www.yn.gov.cn/yn_zwlanmu/qy/wj/yzf/201605/P020160620347716569312.pdf[2016-10-09].
云南省人民政府. 2016b. 云南省进一步深化电力体制改革试点方案[EB/OL]. http://politics.yunnan.cn/html/2016-04/18/content_4290069.htm[2016-10-09].
云南省统计局. 2016. 2015 年云南经济发展报告[EB/OL]. http://www.stats.yn.gov.cn/TJJMH_Model/newsview.aspx?id=4003423[2016-10-09].
赵红艳，耿涌，郗凤明，等. 2012. 基于生产和消费视角的辽宁省行业能源消费碳排放[J]. 环境科学研究，25(11): 1290-1296.
赵旭. 2009. 投入产出框架下的水足迹核算模型及其在不同空间尺度的应用[D]. 北京：北京师范大学.
支援. 2015. 基于水足迹的产业用水结构分析及节水路径选择[D]. 北京：北京师范大学.
中共云南省委，云南省人民政府. 2014. 云南省新型城镇化规划（2014—2020 年）[EB/OL]. http://yn.yunnan.cn/html/2014-04/19/content_3179728_2.htm[2016-10-09].

中国能源和碳排放研究课题组. 2009. 2050 中国能源和碳排放报告[M]. 北京：科学出版社.

周大地，戴彦德，郁聪，等. 2003. 2020 中国可持续能源情景[M]. 北京：中国环境科学出版社.

宗蓓华. 1994. 战略预测中的情景分析法[J]. 预测，(2): 50-51.

邹骥，滕飞，傅莎. 2014. 减缓气候变化社会经济评价研究的最新进展——对 IPCC 第五次评估报告第三工作组报告的评述[J]. 气候变化研究进展，10(5): 313-322.

Agrawala S, Kramer A M, Prudent-Richard G, et al. 2012. Incorporating climate change impacts and adaptation in environmental impact assessments: Opportunities and challenges [J]. Climate and Development, 4(1): 26-39.

Akbostanci E, Tunc G I, Turut-Asik S. 2011. CO_2 emissions of Turkish manufacturing industry: A decomposition analysis [J]. Applied Energy, 88(6): 2273-2278.

Ang B W, Liu N, 2007. Negative-value problems of the logarithmic mean Divisia index decomposition approach [J]. Energy Policy, 35(1): 739-742.

Atkins J P, Burdon D, Elliott M, et al. 2011. Management of the marine environment: Integrating ecosystem services and societal benefits with the DPSIR framework in a systems approach [J]. Marine Pollution Bulletin, 62(2): 215-226.

Barrett J, Minx J, Wiedmann T. 2009. Understanding changes in uk CO_2 emissions 1992~2004: A structural decomposition approach [R]. London: Defra.

Canadian Environmental Assessment Agency (CEAA). 2003. Incorporating climate change considerations in environmental assessment: General guidance for practitioners [EB/OL]. http://www.ceaa.gc.ca/Content/A /4/1/A41F45C5-1A79-44FA-9091-D251EEE18322/Incorporating_Climate_Change_Considerations_in_Environmental_Assessment.pdf[2014-11-13].

Intergovernmental Panel on Climate Change (IPCC). 2006. Guidelines for National Greenhouse Gas Inventories [EB/OL]. http://www.ipcc-nggip.iges.or.jp/public/2006gl/index.html[2014-11-13].

Carter J G, White I, Richards J. 2009. Sustainability appraisal and flood risk management [J]. Environmental Impact Assessment Review, 29(1): 7-14.

Chai J, Guo J, Wang S, et al. 2009. Why does energy intensity fluctuate in China? [J]. Energy Policy, 37(12): 5717-5731.

Chen L, Yang Z F, Chen B. 2013a. Decomposition analysis of energy-related industrial CO_2 emissions in China [J]. Energies, 6(5): 2319-2337.

Chen L, Yang Z F, Chen B. 2013b. Scenario analysis and path selection of low-carbon transformation in China based on a modified IPAT model [J]. Plos One, 8(10): e77699.

Chermack T J. 2005. Studying scenario planning: Theory, research suggestions, and hypotheses [J]. Technological Forecasting and Social Change, 72(1): 59-73.

Commoner B. 1992. Making peace with the planet [M]. New York: The New Press.

Davis S J, Caldeira K. 2010. Consumption-based accounting of CO_2 emissions [J]. Proceedings of the National Academy of Sciences of the United States of America, 107(12): 5687-5692.

Davis S J, Caldeira K, Matthews HD. 2010. Future CO_2 emissions and climate change from existing energy infrastructure [J]. Science, 329(5997): 1330-1333.

De Boer P. 2008. Additive structural decomposition analysis and index number theory: An empirical application of the montgomery decomposition [J]. Economic Systems Research, 20(1): 97-109.

De Freitas L C, Kaneko S. 2011. Decomposition of CO_2 emissions change from energy consumption in Brazil: Challenges and policy implications [J]. Energy Policy, 39(3): 1495-1504.

Deng M X, Li W, Hu Y. 2016. Decomposing industrial energy-related CO_2 emissions in Yunnan province, China: Switching to low-carbon economic growth [J]. Energies, 9(1): 23.

Dietz T, Rosa E A. 1994. Rethinking the environmental impacts of population, affluence and technology [J]. Human Ecology Review, 1: 277-300.

Dietzenbacher E, Hoen A R. 1998. Deflation of input-output tables from the user's point of view: A heuristic approach [J]. Review of Income and Wealth, 44(1): 111-122.

Dietzenbacher E, Lenzen M, Los B, et al. 2013. Input-output analysis: The next 25 years [J]. Economic Systems Research, 25(4): 369-389.

Dietzenbacher E, Los B. 1998. Structural decomposition techniques: Sense and sensitivity [J]. Economic Systems Research, 10(4): 307-324.

Durand R. 1994. An alternative to double deflation for measuring real industry value-added [J]. Review of Income and Wealth, 40(3): 303-316.

Eng I. 1999. Agglomeration and the local state: the tobacco economy of Yunnan, China [J]. Transactions of the Institute of British Geographers, 24(3): 315-329.

Feng K, Siu Y L, Guan D B, et al. 2012. Analyzing drivers of regional carbon dioxide emissions for China: A structural decomposition analysis [J]. Journal of Industrial Ecology, 16(4): 600-611.

Friedlingstein P, Andrew R M, Rogelj J, et al. 2014. Persistent growth of CO_2 emissions and implications for reaching climate targets [J]. Nature Geoscience, 7(10): 709-715.

Fröde A, Kloss S. 2011. A good match: Strategic environmental assessment and climate proofing [EB/OL]. http://openlandscapes.zalf.de/Documents/FROEDE,%20KLOSS_A% 20good%20match%20-% 20SEA%20and%20 Climate%20Proofing_2011.pdf.[2014-11-13].

Gallego B, Lenzen M. 2005. A consistent input-output formulation of shared producer and consumer responsibility [J]. Economic Systems Research, 17(4): 365-391.

Geng Y, Zhao H, Liu Z, et al. 2013. Exploring driving factors of energy-related CO_2 emissions in Chinese provinces: A case of Liaoning [J]. Energy Policy, 60(6): 820-826.

George C. 1999. Testing for sustainable development through environmental assessment [J]. Environmental Impact Assessment Review, 19(2): 175-200.

Guan D B, Barker T. 2012. Low-carbon development in the least developed region: A case study of Guangyuan, Sichuan province, southwest China [J]. Natural Hazards, 62(2): 243-254.

Guan D B, Hubacek K, Weber C L, et al. 2008. The drivers of Chinese CO_2 emissions from 1980 to 2030 [J]. Global Environmental Change, 18(4): 626-634.

Guan D B, Klasen S, Hubacek K, et al. 2014. Determinants of stagnating carbon intensity in China [J]. Nature Climate Change, 4(11): 1017-1023.

Guan D B, Liu Z, Geng Y, et al. 2012. The gigatonne gap in China's carbon dioxide inventories [J]. Nature Climate Change, 2(9): 672-675.

Hammond G. 2007. Time to give due weight to the "carbon footprint" issue [J]. Nature, 445(7125): 256.

Hendrickson C, Horvath A, Joshi S, et al. 1998. Economic input-output models for environmental life-cycle assessment [J]. Environmental Science & Technology, 32(7): 184A-191A.

Hennig T, Wang W, Feng Y, et al. 2013. Review of Yunnan's hydropower development. Comparing small and large hydropower projects regarding their environmental implications and socio-economic consequences [J]. Renewable & Sustainable Energy Reviews, 27: 585-595.

Hertwich E G, Peters G P. 2009. Carbon footprint of nations: A global, trade-linked analysis [J]. Environmental Science & Technology, 43(16): 6414-6420.

Hoekstra R, van der Bergh J, 2003. Comparing structural and index decomposition analysis [J]. Energy Economics, 25(1): 39-64.

Huang Y A, Weber C L, Matthews H S. 2009. Categorization of scope 3 emissions for streamlined enterprise carbon footprinting [J]. Environmental Science & Technology, 43(22): 8509-8515.

Hubacek K, Sun L. 2001. A scenario analysis of China's land use and land cover change: Incorporating biophysical information into input-output modeling [J]. Structural Change & Economic Dynamics, 12(4): 367-397.

Hubacek K, Sun L, 2005. Economic and societal changes in China and their effects on water use [J]. Journal of Industrial Ecology, 9(1-2): 187-200.

Hulme M. 2016. 1.5 ℃ and climate research after the Paris Agreement [J]. Nature Climate Change, 6(3): 222-224.

Huo H, Zhang Q, Guan D B, et al. 2014. Examining air pollution in China using production-and consumption-based emissions accounting approaches [J]. Environmental Science & Technology, 48(24): 14139-14147.

Intergovernmental Panel on Climate Change (IPCC). 1996. Revised 1996 IPCC guidelines for national greenhouse gas inventories [EB/OL]. http://www.ipcc-nggip.iges.or.jp/public/gl/invs1.html[2014-11-13].

Intergovernmental Panel on Climate Change (IPCC). 2006. Guidelines for national greenhouse gas inventories [EB/OL]. http://www.ipcc-nggip.iges.or.jp/public/2006gl/index.html[2014-11-13].

Intergovernmental Panel on Climate Change (IPCC). 2014. Climate change 2014: Synthesis report. Contribution of working groups I, II and III to the Fifth Assessment Report of the Intergovernmental Panel on Climate Change [Core Writing Team, R.K. Pachauri and L.A. Meyer (eds.)][R]. Geneva: IPCC.

Kaya Y. 1989. Impact of carbon dioxide emission control on GNP growth: Interpretation of proposed scenarios [R]. IPCC Response Strategies Working Group memorandum.

Koopman R, Wang Z, Wei S J. 2008. How much of chinese exports is really made in China? Assessing foreign and domestic value-added in gross exports [EB/OL]. http://www.usitc.gov/publications/332/ec200803b_revised.pdf [2014-11-13].

Laes E, Gorissen L, Nevens F. 2014. A comparison of energy transition governance in Germany, the Netherlands and the United Kingdom [J]. Sustainability, 6(3): 1129-1152.

Larsen S V, Kornov L, Wejs A. 2012. Mind the gap in SEA: An institutional perspective on why assessment of synergies amongst climate change mitigation, adaptation and other policy areas are missing [J]. Environmental Impact Assessment Review, 33(1): 32-40.

Lechtenböhmer S, Schneider C, Yetano Roche M, et al. 2015. Re-industrialisation and low-carbon economy—Can they go together? Results from stakeholder-based scenarios for energy-intensive industries in the German state of North Rhine Westphalia [J]. Energies, 8(10): 11404-11429.

Lenzen M, Murray J, Sack F, et al. 2007. Shared producer and consumer responsibility—Theory and practice [J]. Ecological Economics, 61(1): 27-42.

Lenzen M, Murray S A, Korte B, et al. 2003. Environmental impact assessment including indirect effects—A case study using input-output analysis [J]. Environmental Impact Assessment Review, 23(3): 263-282.

Leontief W, 1986. Input-output economics [M]. New York: Oxford University Press.

Li Z M, Tang R S, Xia C F, et al. 2005. Towards green rural energy in Yunnan, China [J]. Renewable Energy, 30(2): 99-108.

Liang S, Zhang T. 2011. What is driving CO_2 emissions in a typical manufacturing center of South China? The case of Jiangsu Province [J]. Energy Policy, 39(11): 7078-7083.

Liu W. 2012. The integration of sustainable transport into future renewable energy systems in China [D]. Aalborg :

Aalborg University.

Liu Z, Feng K S, Hubacek K, et al. 2015. Four system boundaries for carbon accounts [J]. Ecological Modelling, 318: 118-125.

Liu Z, Geng Y, Lindner S, et al. 2012a. Uncovering China's greenhouse gas emission from regional and sectoral perspectives [J]. Energy, 45(1): 1059-1068.

Liu Z, Geng Y, Lindner S, et al. 2012b. Embodied energy use in China's industrial sectors [J]. Energy Policy, 49: 751-758.

Liu Z, Guan D B, Crawford-Brown D, et al. 2013. A low-carbon road map for China [J]. Nature, 500(7461): 143-145.

Liu Z, Guan D B, Moore S, et al. 2015a. Steps to China's carbon peak [J]. Nature, 522(7556): 279-281.

Liu Z, Guan D B, Wei W, et al. 2015b. Reduced carbon emission estimates from fossil fuel combustion and cement production in China [J]. Nature, 524(7565): 335-338.

Liu Z, Liang S, Geng Y, et al. 2012c. Features, trajectories and driving forces for energy-related GHG emissions from Chinese mega cites: The case of Beijing, Tianjin, Shanghai and Chongqing [J]. Energy, 37(1): 245-254.

Matthews H S, Hendrickson C T, Weber C L. 2008. The importance of carbon footprint estimation boundaries [J]. Environmental Science & Technology, 42(16): 5839-5842.

Meinshausen M, Jeffery L, Guetschow J, et al. 2015. National post-2020 greenhouse gas targets and diversity-aware leadership [J]. Nature Climate Change, 5(12): 1098.

Miller R E, Blair P D. 2009. Input-output analysis: Foundations and extensions [M]. Cambridge: Cambridge University Press.

Minx J C, Baiocchi G, Peters G P, et al. 2011. A "Carbonizing Dragon": China's fast growing CO_2 emissions revisited [J]. Environmental Science & Technology, 45(21): 9144-9153.

Minx J C, Wiedmann T, Wood R, et al. 2009. Input-output analysis and carbon footprinting: An overview of applications [J]. Economic Systems Research, 21(3): 187-216.

Ozer B, Gorgun E, Incecik S. 2013. The scenario analysis on CO_2 emission mitigation potential in the Turkish electricity sector: 2006-2030 [J]. Energy, 49: 395-403.

Peters G P. 2008. From production-based to consumption-based national emission inventories [J]. Ecological Economics, 65(1): 13-23.

Peters G P. 2010. Carbon footprints and embodied carbon at multiple scales [J]. Current Opinion in Environmental Sustainability, 2(4): 245-250.

Peters G P, Guan D, Hubacek K, et al. 2010. Effects of China's economic growth [J]. Science, 328(5980): 824-825.

Peters G P, Weber C L, Guan D B, et al. 2007. China's growing CO_2 emissions—A race between increasing consumption and efficiency gains [J]. Environmental Science & Technology, 41(17): 5939-5944.

Peters G P, Weber C L, Liu J. 2006. Construction of Chinese energy and emissions inventory [R]. Trondheim: Norwegian University of Science and Technology.

Posas P J. 2011. Exploring climate change criteria for strategic environmental assessments [J]. Progress in Planning, 75 (3): 109-154.

Postma T J B M, Liebl F. 2005. How to improve scenario analysis as a strategic management tool? [J]. Technological Forecasting & Social Change, 72(2): 161-173.

Poulsen T G, Hansen J A, 2003. Strategic environmental assessment of alternative sewage sludge management scenarios [J]. Waste Management & Research, 21(1): 19.

Robaina-Alves M, Moutinho V. 2014. Decomposition of energy-related GHG emissions in agriculture over 1995-2008 for European countries [J]. Applied Energy, 114(2): 949-957.

Shabbir R, Ahmad S S. 2010. Monitoring urban transport air pollution and energy demand in Rawalpindi and Islamabad using LEAP model [J]. Energy, 35(5): 2323-2332.

Sheate W R, Dagg S, Richardson J, et al. 2003. Integrating the environment into strategic decision-making: Conceptualizing policy SEA [J]. European environment, 13(1): 1-18.

Shin H C, Park J W, Kim H S, et al. 2005. Environmental and economic assessment of landfill gas electricity generation in Korea using LEAP model [J]. Energy Policy, 33(10): 1261-1270.

Steininger K W, Lininger C, Meyer L H, et al. 2016. Multiple carbon accounting to support just and effective climate policies [J]. Nature Climate Change, 6(1): 35-41.

Stockholm Environment Institute (SEI). 2015. LEAP 2015 user guide [EB/OL]. https://www.energycommunity.org/default.asp?action=userguide[2014-11-13].

Su B, Ang B W. 2012a. Structural decomposition analysis applied to energy and emissions: Some methodological developments [J]. Energy Economics, 34(1): 177-188.

Su B, Ang B W. 2012b. Structural decomposition analysis applied to energy and emissions: Aggregation issues [J]. Economic Systems Research, 24(3): 299-317.

Su B, Ang B W. 2013. Input-output analysis of CO_2 emissions embodied in trade: Competitive versus non-competitive imports [J]. Energy Policy, 56(5): 83-87.

Su B, Ang B W. 2014. Attribution of changes in the generalized Fisher index with application to embodied emission studies [J]. Energy, 69(5): 778-786.

Su B, Ang B W. 2015. Multiplicative decomposition of aggregate carbon intensity change using input-output analysis [J]. Applied Energy, 154: 13-20.

Su B, Ang B W, Low M. 2013. Input-output analysis of CO_2 emissions embodied in trade and the driving forces: Processing and normal exports [J]. Ecological Economics, 88: 119-125.

Su B, Huang H C, Ang B W, et al. 2010. Input-output analysis of CO_2 emissions embodied in trade: The effects of sector aggregation [J]. Energy Economics, 32(1): 166-175.

Swart R J, Raskin P, Robinson J. 2004. The problem of the future: sustainability science and scenario analysis [J]. Global Environmental Change, 14(2): 137-146.

Takemon Y, Tanaka K. 2011. E-learning course for the 21st IHP Training Course "Introduction to River Basin Environment Assessment under Climate Change" [EB/OL]. http://ihpnagoyaforum.org/download/switch/[2014-11-13].

Tang X, Zhang Y, Yi H, et al. 2012. Development a detailed inventory framework for estimating major pollutants emissions inventory for Yunnan Province, China [J]. Atmospheric Environment, 57: 116-125.

Tian X, Chang M, Lin C, et al. 2014. China's carbon footprint: A regional perspective on the effect of transitions in consumption and production patterns [J]. Applied Energy, 123: 19-28.

Tian X, Chang M, Tanikawa H, et al. 2013. Structural decomposition analysis of the carbonization process in Beijing: A regional explanation of rapid increasing carbon dioxide emission in China [J]. Energy Policy, 53(1): 279-286.

Tollefson J. 2014. US-China climate deal raises hopes for Lima talks [J]. Nature, 515(7528): 473-474.

United Nations Department for Economic and Social Affairs Statistics Division (UNDESASD), 1999. Hand book of input-output table compilation and analysis [R]. New York: United Nations.

United Nations Framework Convention on Climate Change (UNFCCC). 2015. The Paris agreement [EB/OL]. http://unfccc.int/paris_agreement/items/9485.php[2016-10-09].

Unruh G C. 2000. Understanding carbon lock-in [J]. Energy Policy, 28(12): 817-830.

Unruh G C. 2002. Escaping carbon lock-in [J]. Energy Policy, 30(4): 317-325.

Unruh G C, Carrillo-Hermosilla, J. 2006. Globalizing carbon lock-in [J]. Energy Policy, 34(10): 1185-1197.

Vuuren D V, Zhou F, Vries B D, et al. 2003. Energy and emission scenarios for China in the 21st century—Exploration of baseline development and mitigation options [J]. Energy Policy, 31(4): 369-387.

Wachsmann U, Wood R, Lenzen M, et al. 2009. Structural decomposition of energy use in Brazil from 1970 to 1996 [J]. Applied Energy, 86(4): 578-587.

Wackernagel M, Rees W. 1996. Our Ecological footprint: Reducing human impact on the Earth [M]. Gabriola Island: New Society Publishers.

Wang J, Meng Y. 2013. An analysis of the drought in Yunnan, China, from a perspective of society drought severity [J]. Natural Hazards, 67(2): 431-458.

Wang W W, Zhang M, Zhou M. 2011. Using LMDI method to analyze transport sector CO_2 emissions in China [J]. Energy, 36(10): 5909-5915.

Wang Y, Liang S. 2013. Carbon dioxide mitigation target of China in 2020 and key economic sectors [J]. Energy Policy, 58(5): 90-96.

Wang Y, Zhao H, Li L, et al. 2013. Carbon dioxide emission drivers for a typical metropolis using input-output structural decomposition analysis [J]. Energy Policy, 58(9): 312-318.

Weber C L, Clavin C. 2012. Life cycle carbon footprint of shale gas: Review of evidence and implications [J]. Environmental Science & Technology, 46(11): 5688-5695.

Weber C L, Peters G P, Guan D B, et al. 2008. The contribution of Chinese exports to climate change [J]. Energy Policy, 36(9): 3572-3577.

Wende W, Bond A, Bobylev N, et al. 2012. Climate change mitigation and adaptation in strategic environmental assessment [J]. Environmental Impact Assessment Review, 32 (1): 88-93.

Wen Z, Li H. 2014. Analysis of potential energy conservation and CO_2 emissions reduction in China's non-ferrous metals industry from a technology perspective [J]. International Journal of Greenhouse Gas Control, 28: 45-56.

Wilson E, Piper J. 2008. Spatial planning for biodiversity in Europe's changing climate [J]. European environment, 18(3): 135-151.

Wood R. 2009. Structural decomposition analysis of Australia's greenhouse gas emissions [J]. Energy Policy, 37(11): 4943-4948.

Xi F M, Geng Y, Chen X D, et al. 2011. Contributing to local policy making on GHG emission reduction through inventorying and attribution: A case study of Shenyang, China [J]. Energy Policy, 39(10): 5999-6010.

York R, Rosa E A, Dietz T. 2003. STIRPAT, IPAT and ImPACT: Analytic tools for unpacking the driving forces of environmental impacts [J]. Ecological Economics, 46(3): 351-365.

Yu H, Pan S, Tang B, et al. 2015. Urban energy consumption and CO_2 emissions in Beijing: Current and future [J]. Energy Efficiency, 8(3): 527-543.

Zakkour P, Gaterell M, Griffin P, et al. 2002. Developing a sustainable energy strategy for a water utility. Part II: A review of potential technologies and approaches [J]. Journal of environmental management, 66(2): 115-125.

Zhang L, Feng Y, Chen B. 2011. Alternative scenarios for the development of a low-carbon city: A case study of Beijing, China [J]. Energies, 4(12): 2295-2310.

Zhang Z, Shi M, Yang H. 2012. Understanding Beijing's water challenge: A decomposition analysis of changes in Beijing's water footprint between 1997 and 2007 [J]. Environmental Science & Technology, 46(22): 12373-12380.

Zhao X, Chen B, Yang Z F. 2009. National water footprint in an input-output framework—A case study of China 2002 [J]. Ecological Modelling, 220(2): 245-253.

Zhi Y, Yang Z F, Yin X A, et al. 2016. Evaluating and forecasting the drivers of water use in a city: Model development and a case from Beijing [J]. Journal of Water Resources Planning and Management, 142(1): 04015042.

附　　表

附表 1　国外环境评价纳入气候变化因素相关导则和指南

导则和指南名称	国家或机构	年份	涉及主题	纳入层次
气候变化和生物多样性纳入环境影响评价指南 （Guidance on Integrating Climate Change and Biodiversity into Environmental Impact Assessment）	欧盟	2013	减缓气候变化 适应气候变化 生物多样性	项目环境评价
战略环境评价和气候变化：实践者指南 （Strategic Environmental Assessment and Climate Change: Guidance for Practitioners）	英国	2007	减缓气候变化 适应气候变化	战略环境评价
战略环境评价和气候变化：实践者指南 （Strategic Environmental Assessment and Climate Change: Guidance for Practitioners）	英国	2011	减缓气候变化 适应气候变化	战略环境评价
战略环境评价和适应气候变化 （Strategic Environmental Assessment and Adaptation to Climate Change）	OECD	2008	适应气候变化	战略环境评价
战略环境评价和适应气候变化 （Strategic Environmental Assessment and Adaptation to Climate Change）	OECD	2010	适应气候变化	战略环境评价
减缓气候变化与环境影响评价 （Climate Change Mitigation & EIA）	IEMA	2010	减缓气候变化	项目环境评价
适应气候变化与环境影响评价 （Climate Change Adaptation & EIA）	IEMA	2011	适应气候变化	项目环境评价
将气候变化因素纳入环境评价：实践者通用指南 （Incorporating Climate Change Considerations in Environmental Assessment: General Guidance for Practitioners）	加拿大	2003	减缓气候变化 适应气候变化	项目环境评价
气候变化纳入环境影响评价过程：实践者指南 （Practitioner's Guide - Incorporating Climate Change into the Environmental Impact Assessment Process）	加拿大	2003	适应气候变化	项目环境评价
在战略环境评价中考虑气候因素 [Consideration of Climatic Factors within Strategic Environmental Assessment (SEA)]	苏格兰	2010	减缓气候变化 适应气候变化	战略环境评价
将气候变化纳入爱尔兰的战略环境评价：指导性说明 （Integrating Climate Change into Strategic Environmental Assessment in Ireland: A Guidance Note）	爱尔兰	2015	减缓气候变化 适应气候变化	战略环境评价

附表 2　环境评价纳入气候变化因素重点技术导则中的详细评价内容

国家或机构	技术导则	评价程序	主要指标	采用方法	重点领域和行业
OECD	《战略环境评价与适应气候变化》（2008）；《将气候变化影响纳入环境影响评价的挑战与机遇》（2010）	“建立评价框架”、“设定评价目标”、“识别利益相关方”、“确定评价范围”、“收集基线数据”、“识别影响和应对措施”、“识别风险评价矩阵”“筛选替代方案”、“提出对策建议”、“实施跟踪监测”、“执行规划评估”和“战略环境评价过程评估”	未提出指标，概括了指标建立原则	风险矩阵判断，长期气象观测	国家层面，部门层面
加拿大	《将气候变化纳入环境评价——从业者通用指南》（2003）	范畴界定，信息收集，环境影响分析，减缓措施识别，后续监测	项目建设对气候变化影响指标：温室气体排放量，碳汇水平；气候变化对项目建设影响指标：平均温度，极端气候出现频率，平均降雨量，海平面上升，土壤水分含量	排放清单法，矩阵分析法，情景分析法	建筑，交通，能源，原料供应，废弃物处理
莱韦特－泰里夫可持续性顾问（Levett-Therivel sustainability consultants）	《战略环境评价与气候变化——从业者指南》（2007）	气候变化基线调查，辨识气候变化问题，建立气候变化评价目的与指标，评估替代方案，提出减缓与适应方案	起因指标：人均碳排放、碳排放；气候变化指标：海平面、地质灾害、温度、河流洪水水位、极端气候天数；当地气候变化影响指标：年均洪水发生率，物种迁移率，极端冷/热天气死亡人数，地质下沉发生率，河流径流量与水质；家庭能源利用减缓措施指标：电力及汽油利用量，交通工具人均行驶里程，可再生能源发电量，区域可再生能源种类，新建建筑能耗，绿色建筑入驻家庭比例；适应措施指标：城市排水系统发展水平，洪泛区家庭比例，洪泛区道路比例，洪水风险应对方案，家庭水资源利用水平，栖息地建设和恢复，建设生态网络	核查表法，情景分析法。	建筑，能源生产，农业，土地管理，林业，水资源管理，人群健康

续表

国家或机构	技术导则	评价程序	主要指标	采用方法	重点领域和行业
苏格兰	《战略环境评价中应对气候变化方案》（2010）	辨识温室气体排放情况，识别项目是否影响区域适应气候变化水平，评估影响量级，评估规划/项目对气候变化因素的显著影响，建立评价方法预测气候变化影响，气候变化因素显著影响评估，识别减缓措施，公众参与论证规划实施的气候变化影响，提出监测措施	减缓措施指标：温室气体减排，交通工具转换，提高能源利用效率，提高可再生能源利用率，减少资源消耗，减少土壤碳损失等；适应措施指标：对洪水、风暴、热浪、地质灾害等气候变化风险的预案	排放清单法	生物多样性，人群健康，水资源管理，能源，废弃物处理，农业，交通，土地利用，自然遗产保护
荷兰	《环境评价中的气候变化》（2010）	针对工程建设对气候变化的影响及气候变化对工程建设的影响两个方面开展评价	温室气体排放，能源消费量，碳汇水平，应对气候变化风险的预案数，降低气候变化风险的方案数	风险分析法，长期气象观测	工业，发电厂，基础设施，农业，园艺工程，住宅，废弃物处理工程，地下水抽采，机场工程
英国	《战略环境评价与气候变化——从业者指南》（2011）	识别未来气候变化基线与气候变化关键问题，不同替代方案的气候变化影响评价，减缓和适应方案的总体评价，减缓和适应方案的有效性监测	起因指标：温室气体排放量（人均、区域）；气候变化影响：海平面，温度，洪水警戒水位，极端气候天数；当地气候变化影响指标：年均洪水发生率，干旱损失率，栖息地范围变化情况，极端热/冷死亡人数，河流径流量与水质；减缓措施指标：家庭能源利用，电力与汽油利用，车辆年均行驶里程，可再生能源发电量，新建筑能源利用效率；适应措施指标：可持续利用排水系统，洪泛区家庭比例，家庭水利用效率	排放清单法，矩阵法分析，情景分析法	减缓领域：建筑，交通，电力，矿产废弃物；适应领域：建筑，水资源管理、基础设施，农业，林业及土地管理，生物多样性保护，旅游经济，人群健康

附表 3 战略环境评价纳入气候变化因素的实践案例

领域	纳入气候变化因素的战略环境评价	主要评价内容	方法
交通	萨里交通发展规划战略环境评价（英格兰，2010） （Strategic Environmental Assessment of the Surrey Transport Plan）	温室气体排放评估； 不同气候变化情景下交通领域的应对措施	情景分析法 风险分析与管理框架
	雷丁区交通规划战略环境评价 2011—2026 年（英格兰，2010） （Strategic Environmental Assessment of Reading Local Transport Plan 2011—2026）	降低温室气体排放； 提出不同洪水风险情景下的应对措施	矩阵分析 情景分析
	西约克郡交通规划战略环境评价（英格兰，2006） （Strategic Environmental Assessment of the West Yorkshire Local Transport Plan）	交通行业的气候变化适应措施	矩阵分析、风险分析
	汉普郡交通发展规划战略环境评价（英格兰，2010） （Strategic Environmental Assessment of the Hampshire Transport Plan）	考虑了温室气体排放源、排放趋势和减缓措施； 分析了交通设施可能受到的洪灾风险	情景分析方法
区域发展	萨克森州发展规划战略环境评价（德国，2011） （Strategic Evironmental Asessment of the Saxony State Development Programme）	提出发展可再生能源； 考虑气候变化因素的土地利用规划	定性分析
	欧洲北部发展规划战略环境评价（欧盟，2007） （Strategic Environmental Assessment of the Northern Periphery Programme）	提出大力发展新能源产业作为应对气候变化的选择	—
土地利用	Nhon Trach 区土地利用规划战略环境评价（越南，2007）	提出了应对预期气候变化影响的对策和措施	—
	卡拉斯土地利用综合规划战略环境评价（纳米比亚，2011） （Strategic Environmental Assessment of the Karas Regional Integrated Land Use Plan）	在累积性影响评价中纳入了规划实施对气候变化的影响评估	定性分析
水资源	武嘉-秋盆河流域的广南省水电开发战略环境评价（越南，2006）	识别出了一系列对于流域水资源产生重要影响的气候变化情景； 提出实施适应气候变化的流域综合管理方案	定性分析
能源	北爱尔兰海上风电和海洋可再生能源战略环境评价（北爱尔兰，2009） （Strategic Environmental Assessment of Offshore Wind and Marine Renewable Energy Plan in Northern Ireland）	认为开展海上风电有利于减缓和适应气候变化	定性分析

附表 4　战略环境评价纳入气候变化因素新增内容详细对照表

评价环节与评价要素		评价任务	纳入气候变化因素的工作内容	拟采用的技术方法	存在问题及说明
评价环节	战略方案分析	战略方案概述	战略方案中与温室气体排放有关的活动，如产业规模、布局、资源和能源利用、污染源等	—	—
		协调性分析	分析战略方案与应对气候变化相关法律法规、环境政策、产业政策的符合性	—	—
		战略方案初步筛选	依照国家的环境保护政策、法规及其他有关规划，简要分析战略方案的实施对实现碳排放削减、提高应对气候变化能力等目标的影响，筛选对气候变化产生影响的战略活动	专家咨询、类比分析、矩阵法、核查表法	—
	现状调查、分析与评价	现状调查	区域气候变化背景调查； 碳源和碳汇调查； 气候敏感目标调查	资料收集与分析，现场调查与监测	尚未建成完备的碳排放监测体系，碳源和碳汇等基础数据比较缺乏，现场调查工作量大。相关职能部门应设置专门的数据库进行数据储备，同时应提高部门间数据共享水平
		现状评价	评估碳排放量和碳汇水平现状； 分析零战略方案情景下的减缓和适应气候变化的趋势		针对温室气体无功能区划、无评价标准，此外缺少评价方法以分析气候敏感目标的脆弱性和恢复力，分析结果难以量化。应积极开展各种评价方法研究

续表

评价环节与评价要素		评价任务	纳入气候变化因素的工作内容	拟采用的技术方法	存在问题及说明
评价环节	环境影响识别、环境目标与评价指标拟定	影响识别和环境目标	识别由战略活动导致的碳源和碳汇的改变，以及由此引起的气候变化对战略方案的实施产生的影响；根据国家和地方碳减排和碳汇增加目标，制定相应的应对气候变化目标	核查表法、矩阵法、网络法、GIS支持下的叠加图法、系统流图法、层次分析法、情景分析法、驱动力-压力-状态-影响-响应（DPSIR）法等	—
		评价指标体系	在方案识别的基础上，结合应对气候变化目标从温室气体排放、减缓气候变化、适应气候变化三方面制订评估指标		应对气候变化的许多指标没有评价标准，需要积极开展对应的评价方法和标准研究
	环境影响预测、分析与评价	环境影响预测	分析战略方案的实施带来的气候影响； 预测战略方案实施后温室气体的排放量和排放强度	碳物质流评估法以及经济学方法	气候变化风险评价也是难点之一，主要应用的方法为针对不确定性，通过设置情景进行风险概率分析；针对气候敏感目标进行脆弱性和恢复力分析等
		环境影响评价	评估碳排放量削减目标的可达性； 评估战略方案实施对区域碳汇水平的影响	—	温室气体没有环境质量标准，没有区域总量控制要求
		资源环境承载力	评估碳汇能力	碳汇能力损益评估	—

续表

评价环节与评价要素		评价任务	纳入气候变化因素的工作内容	拟采用的技术方法	存在问题及说明
评价环节	清洁生产与循环经济	清洁生产分析	评估能耗和单位 GDP 的碳排放量 提出改进设计、使用清洁的能源和原料、采用先进的工艺技术与设备、改善管理等措施，从源头上减少温室气体的排放	清单系数法和经济学方法	需要和现行的技术方法相结合
		循环经济分析	评估战略方案提出的二氧化碳综合利用途径与方式的有效性和合理性； 提出产业循环利用措施，降低固体废弃物产生的温室气体	目标核查法	需要和现行的技术方法相结合
	战略方案优化调整建议与不利影响减缓措施	优化调整建议	从温室气体削减目标的可达性方面，对战略方案的规模、结构、布局进行优化调整； 从增强气候变化适应能力方面，优化调整战略方案的相关内容	—	需要建立健全有助于协同减排的技术程序和管理机制
		减缓措施	提出温室气体减排的政策、管理和技术对策和措施； 区域适应气候变化的对策和措施	—	—

续表

评价环节与评价要素		评价任务	纳入气候变化因素的工作内容	拟采用的技术方法	存在问题及说明
评价要素	大气环境	大气影响评价	开展二氧化碳排放量的预测； 温室气体排放源分析	碳物质流平衡法	—
	水环境与水资源	水环境影响评价 水资源承载力评价	重点考虑气候变化带来的水资源短缺、干旱等自然灾害对战略方案实施的影响	情景分析 风险分析	—
	固体废弃物	固体废弃物排放预测、环境影响分析以及处理处置措施	固体废弃物处理温室气体排放量估算； 通过清洁生产和循环经济等手段，减少固体废弃物的产生量，降低温室气体排放	固体废弃物处理温室气体排放清单法	—

附表 5　不同年份投入产出表和能源消费部门分类和合并过程

能源数据 43 部门	1997 年投入产出表 40 部门	2002 年投入产出表 42 部门	2007 年投入产出表 42 部门	2012 年投入产出表 42 部门	部门合并后 29 部门
农林牧渔业	农业	农业	农林牧渔业	农林牧渔产品及服务	农林牧渔业
煤炭开采和洗选业	煤炭采选业	煤炭开采和洗选业	煤炭开采和洗选业	煤炭采选产品	煤炭开采和洗选业
石油和天然气开采业	石油和天然气开采业	石油和天然气开采业	石油和天然气开采业	石油和天然气开采产品	石油和天然气开采业
黑色金属矿采选业 有色金属矿采选业	金属矿采选业	金属矿采选业	金属矿采选业	金属矿采选产品	金属矿采选业

续表

能源数据43部门	1997年投入产出表40部门	2002年投入产出表42部门	2007年投入产出表42部门	2012年投入产出表42部门	部门合并后29部门
非金属矿采选业及其他采矿业	非金属矿采选业	非金属矿采选业	非金属矿及其他矿采选业	非金属及其他矿采选产品	非金属矿及其他矿采选业
农副食品加工业	食品制造及烟草加工业	食品制造及烟草加工业	食品制造及烟草加工业	食品和烟草	食品制造及烟草加工业
食品制造业					
饮料制造业					
烟草制品业					
纺织业	纺织业	纺织业	纺织业	纺织品	纺织业
纺织服装、鞋、帽制造业	服装皮革羽绒及其他纤维制品制造业	服装皮革羽绒及其制造业	纺织服装鞋帽皮革羽绒及其制品业	纺织服装鞋帽皮革羽绒及其制品	纺织服装鞋帽皮革羽绒及其制品业
皮革、毛皮、羽绒及其制品业					
木材加工及竹、藤、棕、草制品业	木材加工及家具制造业	木材加工及家具制造业	木材加工及家具制造业	木材加工和家具	木材加工及家具制造业
家具制造业					
造纸及纸制品业	造纸印刷及文教用品制造业	造纸印刷及文教用品制造业	造纸印刷及文教体育用品制造业	造纸印刷及文教体育用品	造纸印刷及文教体育用品制造业
印刷业和记录媒介的复制					
文教体育用品制造业					
石油加工、炼焦及核燃料加工业	石油加工及炼焦业	石油加工、炼焦及核燃料加工业	石油加工、炼焦及核燃料加工业	石油、炼焦产品和核燃料加工品	石油加工、炼焦及核燃料加工业
化学原料及化学品制造业	化学工业	化学工业	化学工业	化学产品	化学工业
医药制造业					
化学纤维制造业					
橡胶制品业					
塑料制品业					

续表

能源数据43部门	1997年投入产出表40部门	2002年投入产出表42部门	2007年投入产出表42部门	2012年投入产出表42部门	部门合并后29部门
非金属矿物制品业	非金属矿物制品业	非金属矿物制品业	非金属矿物制品业	非金属矿物制品	非金属矿物制品业
黑色金属冶炼及压延加工业	金属冶炼及压延加工业	金属冶炼及压延加工业	金属冶炼及压延加工业	金属冶炼及压延加工品	金属冶炼及压延加工业
有色金属冶炼及压延加工业					
金属制品业	金属制品业	金属制品业	金属制品业	金属制品	金属制品业
通用设备制造业	机械工业	通用、专用设备制造业	通用、专用设备制造业	通用设备	通用、专用设备制造业
专用设备制造业				专用设备	
交通运输设备制造业	交通运输设备制造业	交通运输设备制造业	交通运输设备制造业	交通运输设备	交通运输设备制造业
电气机械及器材制造业	电气机械及器材制造业	电气、机械及器材制造业	电气机械及器材制造业	电气机械和器材	电气机械及器材制造业
通信设备、计算机及其他电子设备制造	电子及通信设备制造业	通信设备、计算机及其他电子设备制造业	通信设备、计算机及其他电子设备制造业	通信设备、计算机及其他电子设备	通信设备、计算机及其他电子设备制造业
仪器仪表、文化办公用机械制造业	仪器仪表及文化办公用机械制造业	仪器仪表及文化办公用机械制造业	仪器仪表及文化办公用机械制造业	仪器仪表	仪器仪表及文化办公用机械制造业
工艺品及其他制造业	机械设备修理业	其他制造业	工艺品及其他制造业	金属制品、机械和设备修理服务	工艺品及其他制造业
	其他制造业			其他制造产品	
废弃资源和废旧材料回收加工业	废品及废料	废品废料	废品废料	废品废料	废品废料
电力、热力的生产和供应业	电力及蒸汽热水生产和供应业	电力及蒸汽热水生产和供应业	电力、热力的生产和供应业	电力、热力生产和供应	电力、热力的生产和供应业
燃气生产和供应业	煤气生产和供应业	煤气生产和供应业	燃气生产和供应业	燃气生产和供应	燃气生产和供应业
水的生产和供应业	自来水的生产和供应业	水的生产和供应业	水的生产和供应业	水的生产和供应	水的生产和供应业
建筑业	建筑业	建筑业	建筑业	建筑	建筑业
交通运输仓储和邮政业	旅客运输业 货物运输及仓储业 邮电业	交通运输及仓储业 邮政业	交通运输及仓储业 邮政业	交通运输、仓储和邮政	交通运输仓储及邮政业

续表

能源数据43部门	1997年投入产出表40部门	2002年投入产出表42部门	2007年投入产出表42部门	2012年投入产出表42部门	部门合并后29部门
批发零售和住宿餐饮业	商业	批发和零售贸易业	批发和零售业	批发和零售	批发零售和住宿餐饮业
	饮食业	住宿和餐饮业	住宿和餐饮业	住宿和餐饮	
其他行业	金融保险业	信息传输、计算机服务和软件业	信息传输、计算机服务和软件业	信息传输、软件和信息技术服务	其他服务业
	房地产业	金融保险业	金融业	金融	
	社会服务业	房地产业	房地产业	房地产	
	卫生体育和社会福利业	租赁和商务服务业	租赁和商务服务业	租赁和商务服务	
	教育文化艺术及广播电影电视业	旅游业	研究与试验发展业	科学研究和技术服务	
	科学研究事业	科学研究事业	综合技术服务业	水利、环境和公共设施服务	
	综合技术服务业	综合技术服务业	水利、环境和公共设施管理业	居民服务、修理和其他服务	
	行政机关及其他行业	其他社会服务业	居民服务和其他服务业	教育	
		教育事业	教育	卫生和社会工作	
		卫生、社会保障的社会福利业	卫生、社会保障和社会福利业	文化、体育和娱乐	
		文化、体育和娱乐业	文化、体育和娱乐业	公共管理、社会保障和社会组织	
		公共管理和社会组织	公共管理和社会组织		

附表 6　云南五年规划中经济规模和结构指标规划和完成情况

指标	"十三五"规划中的规划目标（2015～2020 年）		"十三五"规划中的"十二五"规划目标完成情况（2010～2015 年）			"十二五"规划中的规划目标（2010～2015 年）		"十二五"规划中的"十一五"规划目标完成情况（2005～2010 年）			"十一五"规划中的规划目标（2005～2010 年）	
	2015 年	2020 年	2010 年	2015 年实际完成情况	"十二五"规划中 2015 年规划目标	2010 年	2015 年	2005 年	2010 年实际完成情况	"十一五"规划中 2010 年规划目标	2005 年	2010 年
全省 GDP（亿元）	13717.88[c]	21000[c]（年均增速为 8.5%左右）	7224.18[b]	13717.88[c]（年均实际增速为 11.1%）	>11630[b]（年均增速>10%）	7220[b]	>11630[b]（年均增速>10%）	3462[a]	6047[a]（年均实际增速为 11.76%）	>5220[a]（年均增速>8.5%）	3472[a]	>5220[a]（年均增速>8.5%）
服务业增加值占 GDP 的比例（%）	45	50	40	45	>42	40	>42	39.7	40	42	39	42
研发投入（R&D）占 GDP 的比例（%）	1	1.5	0.61	1	1.5	0.60	1.5	0.41	0.60	≥1.5	0.41	≥1.5
单位 GDP 能源消耗（吨标准煤/万元,2005 年价，等价热值）	—	—	—	—	—	1.438	1.222	1.73	1.44	1.44	1.83	1.60
单位 GDP 能源消耗降低率（%）	—	—	—	2015 年比 2010 年实际降低 20.65%	2015 年比 2010 年降低 15%	—	—	—	2010 年比 2005 年实际降低 17.41%	2010 年比 2005 年降低 17%	—	—
单位 GDP 碳排放降低率（%）	—	—	—	2015 年比 2010 年实际降低 39%	2015 年比 2010 年降低 16.5%	—	2015 年比 2010 年降低 16.5%	—	—	—	—	—

续表

指标	“十三五”规划中的规划目标（2015～2020年）		“十三五”规划中的“十二五”规划目标完成情况（2010～2015年）			“十二五”规划中的规划目标（2010～2015年）		“十二五”规划中的“十一五”规划目标完成情况（2005～2010年）			“十一五”规划中的规划目标（2005～2010年）	
	2015年	2020年	2010年	2015年实际完成情况	“十二五”规划中2015年规划目标	2010年	2015年	2005年	2010年实际完成情况	“十一五”规划中2010年规划目标	2005年	2010年
非化石能源占一次能源消费比例（%）	—	—	27.6	43.6	29.6	25	29.6	—	—	—	—	—
资本形成率[d]（%）	—	—	—	—	—	—	—	50	60.5[e]	46	50	46
服务贸易进出口总额（亿美元）	—	—	—	—	—	—	—	5	18.2	10	5.0	10.0
城镇化率（%）	43.4	50	34.8	43.3	45	36	45	29.5	36	35.0	29.5	35.0

注：a. 中数据为2005年价；b. 中数据为2010年价；c. 中数据为2015年价；d. 此处资本形成率与本书中投资率的含义是相同的；e. 中数据为云南“十二五”规划中给出的数据，在《云南统计年鉴2015》中，2010年云南投资率为77.2%

附表 7　云南经济结构调整战略历史实施情况

时期	战略类型	战略方向	支撑规划和政策
“九五”时期（1996～2000 年）	供给侧结构调整	转变经济增长方式；大力发展生物资源开发产业、烟草产业、矿产业和旅游业四大支柱产业；发展劳动密集型产业；改善能源生产和消费结构；实施可持续发展战略；发展环保产业；科教兴滇；延长产业链；提高能源利用效率	《云南省国民经济和社会发展“九五”计划和 2010 年远景目标》，1996 年 《云南省以食品为重点的生物资源开发产业“九五”计划纲要》，1997 年 《云南省 1996－2010 年人才资源开发战略规划》，1997 年 《云南省人民政府关于加快花卉产业发展的意见》，1998 年 《云南省人民政府关于加快咖啡产业发展的意见》，1998 年 《云南省高新技术产业发展规划纲要》，1999 年 《云南省建材工业“控制总量、调整结构”的实施意见》，1999 年 《关于加强我省企业技术进步的意见》，1999 年 《云南省人民政府关于鼓励省外来滇投资发展的若干规定》，1999 年 《云南省产业结构调整优化实施建议》，1999 年
	需求侧结构调整	转变经济增长方式；调整需求结构；投资拉动经济；提高技术改造投资占比；优化进出口结构	《云南省国民经济和社会发展“九五”计划和 2010 年远景目标》，1996 年
“十五”时期（2001～2005 年）	供给侧结构调整	建设“绿色经济强省，民族文化大省，中国连接东南亚、南亚的国际大通道”；大力发展非烟工业；大力发展高新技术产业；实现跨越式发展；培育烟草、生物资源开发创新、旅游、矿产和水电为主的电力产业五大支柱产业；发展现代服务业；发展信息产业	《云南省国民经济和社会发展第十个五年计划纲要》，2001 年 《关于进一步加强知识产权工作促进技术创新的若干意见》，2001 年 《云南省人民政府关于“十五”期间加快工业结构调整的若干意见》，2001 年 《云南省人民政府关于发展茶叶产业的意见》，2001 年 《云南省人民政府关于进一步巩固提高我省蔗糖业的意见》，2002 年 《云南省人民政府关于进一步加强绿色食品产业发展的意见》，2001 年 《云南省人民政府关于进一步扩大内需的若干意见》，2001 年 《关于加快食用菌产业发展的意见》，2001 年 《云南省发展计划委员会关于加快服务业发展的实施意见》，2003 年 《云南省人民政府关于促进花卉产业升级的意见》，2002 年 《云南省人民政府关于加快中小水电发展的决定》，2003 年 《关于把畜牧产业发展成为国民经济重要产业的若干意见》，2004 年

续表

时期	战略类型	战略方向	支撑规划和政策
“十五”时期（2001～2005年）	供给侧结构调整	建设“绿色经济强省，民族文化大省，中国连接东南亚、南亚的国际大通道”；大力发展非烟工业；大力发展高新技术产业；实现跨越式发展；培育烟草、生物资源开发创新、旅游、矿产和水电为主的电力产业五大支柱产业；发展现代服务业；发展信息产业	《云南省加快文化产业发展的若干政策》，2004年 《云南省新型工业化重点产业发展规划纲要》，2004年 《云南省人民政府办公厅关于加快推进全省电子商务发展的实施意见》，2005年 《云南旅游发展倍增计划（2004—2010年）》，2004年 《云南省人民政府关于促进我省保险业加快发展的意见》，2005年 《云南省人民政府关于大力推进我省循环经济工作的通知》，2005年 《云南省人民政府关于贯彻国务院建设节约型社会近期重点工作实施意见的通知》，2005年 《云南省人民政府关于加快茶叶产业发展的意见》，2005年
	需求侧结构调整	鼓励汽车消费；增加出口产品科技含量；发展服务贸易；改善居民居住和出行方式；扩大服务性消费	《云南省国民经济和社会发展第十个五年计划纲要》，2001年 《云南省人民政府关于大力推进我省循环经济工作的通知》，2005年 《云南省人民政府关于贯彻国务院建设节约型社会近期重点工作实施意见的通知》，2005年
“十一五”时期（2006～2010年）	供给侧结构调整	全方位调整产业结构；加强自主创新；走新型工业化道路；实施“工业强省”战略；提升服务业占比；将万元生产总值能耗降低17%设为约束性指标；做强烟草及其配套、能源、冶金、化工、机械、医药、信息、建材、农特产品加工、造纸十个重点行业；实施矿电结合；能源开发以可再生能源为主方向转变；积极发展循环经济	《云南省国民经济和社会发展第十一个五年规划纲要》，2006年 《云南省人民政府关于促进云南装备制造业发展的意见》，2006年 《云南省人民政府关于贯彻国务院加强节能工作决定的实施意见》，2006年 《云南省人民政府关于加快发展工业循环经济的意见》，2006年 《云南省“十一五”新型工业化发展规划纲要》，2006年 《云南省促进工业产业结构调整实施意见》，2006年 《云南省发展循环经济建设节约型社会近期重点工作任务分解》，2007年 《云南省人民政府办公厅关于做好淘汰落后水泥生产能力工作的通知》，2007年 《关于加快云南省现代物流业发展的意见》，2007年 《云南省节能减排综合性工作方案》，2007年 《云南省应对气候变化方案》，2008年 《云南省自主创新若干配套政策》，2008

续表

时期	战略类型	战略方向	支撑规划和政策
“十一五”时期（2006～2010年）	供给侧结构调整	全方位调整产业结构；加强自主创新；走新型工业化道路；实施“工业强省”战略；提升服务业占比；将万元生产总值能耗降低17%设为约束性指标；做强烟草及其配套、能源、冶金、化工、机械、医药、信息、建材、农特产品加工、造纸十个重点行业；实施矿电结合；能源开发以可再生能源为主方向转变；积极发展循环经济	出台包括烟草、生物、能源、石化、黑色金属、有色金属、装备制造、商贸流通、旅游文化和光电子十大产业发展规划，2008年 《云南省人民政府办公厅关于启动水电铝产业发展模式进一步推进矿电结合工作的通知》，2009年 《云南省人民政府办公厅关于加快发展现代信息服务业的实施意见》，2009年 《云南省人民政府关于实施质量兴省战略的意见》，2010年 《云南省人民政府办公厅关于促进全省电影产业繁荣发展的实施意见》，2010年
	需求侧结构调整	全方位调整需求结构；降低资本形成率；大力提升服务贸易进出口总额；倡导绿色消费	《云南省国民经济和社会发展第十一个五年规划纲要》，2006年 《云南省人民政府关于贯彻国务院加强节能工作决定的实施意见》，2006年 《云南省发展循环经济建设节约型社会近期重点工作任务分解》，2007年 《云南省节能减排综合性工作方案》，2007年 《云南省应对气候变化方案》，2008年
“十二五”时期（2011～2015年）	供给侧结构调整	建设“绿色经济强省、民族文化强省、中国面向西南开放的桥头堡”；促进产业转型升级；提高轻工业比例；延长重化工业产业链；实施“创新型云南行动计划”和“质量兴省”战略；发展清洁载能产业；积极推动循环经济和低碳发展；将非化石能源占一次能源消费比例和单位生产总值二氧化碳排放量降低率设为约束性指标	《云南省国民经济和社会发展第十二个五年规划纲要》，2011年 《云南省低碳发展规划纲要（2011—2020年）》，2011年 《云南省人民政府关于加快新兴科技与传统产业融合的指导意见》，2011 《云南省人民政府关于加快高原特色农业发展的决定》，2012年 《云南省“十二五”低碳节能减排综合性工作方案》，2012年 《云南省“十二五”节能减排规划》，2012年 《云南省轻工业“十二五”专项规划》，2012年 《云南省人民政府关于促进节能与新能源汽车产业发展的意见》，2013年 《云南省人民政府关于实施加快服务业发展3年行动计划的意见》，2013年 《云南省人民政府关于加快推进企业技术改造的实施意见》，2013年
	需求侧结构调整	促进低碳产品消费；鼓励低碳出行；控制高能耗、高污染和资源性产品出口；扩大服务贸易占比；发展服务外包；稳投资、扩消费、降低贸易逆差；优化投资结构	《云南省国民经济和社会发展第十二个五年规划纲要》，2011年 《云南省低碳发展规划纲要（2011—2020年）》，2011年 《云南省“十二五”低碳节能减排综合性工作方案》，2012年 《云南省“十二五”节能减排规划》，2012年

附表 8 2012～2050 年不同情景下云南 29 个部门能源强度变化趋势

（单位：吉焦/万元，2012 年不变价）

部门	2012 年	参考情景			供给侧情景			需求侧情景		
		2020 年	2030 年	2050 年	2020 年	2030 年	2050 年	2020 年	2030 年	2050 年
1	2.3	2.0	2.0	2.0	1.8	1.6	1.6	2.0	2.0	2.0
2	3.3	2.7	2.6	2.6	2.5	2.0	1.8	2.7	2.6	2.6
3	0.0	0.0	0.0	0.0	0.0	0.0	0.0	0.0	0.0	0.0
4	14.8	11.3	9.8	9.8	10.4	7.4	5.6	11.3	9.8	9.8
5	11.8	11.3	11.3	11.3	10.4	9.9	9.9	11.3	11.3	11.3
6	3.2	2.8	2.8	2.8	2.6	2.2	2.2	2.8	2.8	2.8
7	9.6	8.1	7.9	7.9	7.4	5.9	5.7	8.1	7.9	7.9
8	1.3	1.3	1.3	1.3	1.2	1.2	1.2	1.3	1.3	1.3
9	5.8	4.4	3.9	3.9	4.1	3.0	2.3	4.4	3.9	3.9
10	10.6	9.9	9.9	9.9	9.1	8.5	8.5	9.9	9.9	9.9
11	14.8	14.6	14.6	14.6	13.4	13.2	13.2	14.6	14.6	14.6
12	23.5	21.8	21.8	21.8	20.1	18.3	18.3	21.8	21.8	21.8
13	58.3	52.7	52.7	52.7	48.6	42.9	42.9	52.7	52.7	52.7
14	35.6	35.6	35.6	35.6	33.2	33.2	33.2	35.6	35.6	35.6
15	2.5	2.4	2.4	2.4	2.2	2.1	2.1	2.4	2.4	2.4
16	2.1	2.0	2.0	2.0	1.9	1.8	1.8	2.0	2.0	2.0
17	2.4	2.3	2.3	2.3	2.1	2.0	2.0	2.3	2.3	2.3
18	1.4	1.4	1.4	1.4	1.3	1.2	1.2	1.4	1.4	1.4
19	1.7	1.6	1.6	1.6	1.5	1.4	1.4	1.6	1.6	1.6
20	1.5	1.4	1.4	1.4	1.3	1.2	1.2	1.4	1.4	1.4
21	12.8	12.2	12.2	12.2	11.3	10.7	10.7	12.2	12.2	12.2
22	0.3	0.3	0.3	0.3	0.3	0.3	0.3	0.3	0.3	0.3
23	68.7	66.7	66.7	66.7	61.5	59.2	59.2	66.7	66.7	66.7
24	4.1	3.9	3.9	3.9	3.6	3.4	3.4	3.9	3.9	3.9
25	2.5	2.4	2.4	2.4	2.2	2.1	2.1	2.4	2.4	2.4
26	1.2	1.1	1.1	1.1	1.0	1.0	1.0	1.1	1.1	1.1
27	38.1	36.5	36.5	36.5	33.6	31.9	31.9	36.5	36.5	36.5
28	3.4	3.2	3.2	3.2	3.0	2.8	2.8	3.2	3.2	3.2
29	1.4	1.3	1.3	1.3	1.2	1.2	1.2	1.3	1.3	1.3

附表 9　不同时期供给侧视角下云南 29 个部门对碳排放和 GDP 变化的贡献

部门	1997～2002 年				2002～2007 年				2007～2012 年				1997～2012 年			
	碳排放		GDP		碳排放		GDP		碳排放		GDP		碳排放		GDP	
	贡献量（百万吨）	贡献率（%）	贡献量（万元，2002 年不变价）	贡献率(%)	贡献量（百万吨）	贡献率（%）	贡献量（万元，2002 年不变价）	贡献率（%）	贡献量（百万吨）	贡献率（%）	贡献量（万元，2002 年不变价）	贡献率（%）	贡献量（百万吨）	贡献率（%）	贡献量（万元，2002 年不变价）	贡献率(%)
1	1.0	5.3	10.0	16.9	1.1	1.4	9.7	5.3	0.0	0.1	8.0	3.0	2.2	1.6	27.8	5.5
2	−0.1	−0.3	−0.2	−0.4	−0.2	−0.3	−0.5	−0.3	−0.7	−1.7	3.1	1.2	−1.0	−0.7	2.4	0.5
3	0.0	0.0	0.0	−0.1	0.0	0.0	0.0	0.0	0.0	0.0	0.0	0.0	0.0	0.0	0.0	0.0
4	0.2	1.3	−0.1	−0.2	0.5	0.6	−1.7	−0.9	0.5	1.2	0.8	0.3	1.2	0.9	−1.1	−0.2
5	0.0	0.1	−0.9	−1.5	0.2	0.2	−1.2	−0.6	0.5	1.4	0.2	0.1	0.7	0.5	−1.9	−0.4
6	−0.1	−0.4	9.9	16.7	0.9	1.1	31.6	17.2	0.0	0.1	64.5	24.1	0.9	0.6	106.0	20.8
7	0.0	−0.1	0.0	−0.1	0.1	0.2	−0.1	−0.1	−0.1	−0.2	0.3	0.1	0.1	0.0	0.1	0.0
8	0.0	−0.1	0.0	0.0	0.0	0.0	−0.1	0.0	0.0	0.0	0.3	0.1	0.0	0.0	0.3	0.1
9	0.0	0.0	−1.0	−1.7	0.0	0.0	0.5	0.3	0.0	−0.1	3.8	1.4	0.0	0.0	3.2	0.6
10	−0.1	−0.3	−0.1	−0.2	0.6	0.8	2.6	1.4	0.3	0.9	7.4	2.8	0.9	0.7	9.8	1.9
11	−0.1	−0.7	0.0	0.0	0.6	0.8	3.5	1.9	1.1	2.7	5.2	1.9	1.6	1.1	8.6	1.7
12	3.2	16.7	1.8	3.0	−3.7	−4.6	−1.9	−1.0	6.9	17.5	12.5	4.7	6.4	4.6	12.4	2.4
13	−0.3	−1.4	0.4	0.6	8.2	10.1	−2.3	−1.2	6.9	17.5	4.7	1.8	14.8	10.6	2.8	0.6
14	3.3	16.9	1.6	2.7	25.7	31.7	51.4	28.0	12.4	31.4	11.2	4.2	41.4	29.6	64.2	12.6
15	0.0	0.3	0.2	0.4	−0.1	−0.1	−0.2	−0.1	0.0	0.1	2.2	0.8	0.0	0.0	2.3	0.4
16	0.1	0.3	0.3	0.5	0.0	0.0	1.3	0.7	0.0	−0.1	0.1	0.0	0.0	0.0	1.7	0.3
17	0.0	0.1	0.7	1.1	0.0	0.0	1.4	0.8	0.2	0.4	1.3	0.5	0.2	0.1	3.4	0.7
18	0.0	0.1	0.2	0.4	0.0	0.0	0.7	0.4	0.0	0.0	0.3	0.1	0.0	0.0	1.2	0.2
19	0.0	0.1	0.1	0.2	−0.1	−0.1	0.2	0.1	0.0	0.0	0.2	0.1	0.0	0.0	0.5	0.1
20	0.0	0.0	0.1	0.1	0.0	0.0	0.3	0.1	0.0	0.0	0.2	0.1	0.0	0.0	0.5	0.1
21	0.0	0.0	−1.7	−2.8	0.0	0.0	0.2	0.1	0.0	0.0	0.0	0.0	0.0	0.0	−1.5	−0.3
22	0.0	0.1	1.6	2.8	0.0	0.0	−0.5	−0.2	0.0	0.0	−0.2	−0.1	0.0	0.0	1.0	0.2

续表

部门	1997～2002 年				2002～2007 年				2007～2012 年				1997～2012 年			
	碳排放		GDP		碳排放		GDP		碳排放		GDP		碳排放		GDP	
	贡献量（百万吨）	贡献率（%）	贡献量（万元，2002 年不变价）	贡献率(%)	贡献量（百万吨）	贡献率（%）	贡献量（万元，2002 年不变价）	贡献率（%）	贡献量（百万吨）	贡献率（%）	贡献量（万元，2002 年不变价）	贡献率（%）	贡献量（百万吨）	贡献率（%）	贡献量（万元，2002 年不变价）	贡献率(%)
23	7.2	37.2	7.0	11.8	39.4	48.7	7.8	4.3	0.5	1.4	14.6	5.5	47.1	33.7	29.4	5.8
24	0.0	0.1	0.0	0.0	0.4	0.6	0.5	0.3	-0.5	-1.2	0.9	0.3	0.0	0.0	1.4	0.3
25	0.0	0.0	0.4	0.7	0.0	0.0	0.4	0.2	0.0	0.0	1.8	0.7	0.0	0.0	2.6	0.5
26	0.2	1.0	1.7	2.9	0.5	0.7	10.9	6.0	1.3	3.2	31.3	11.7	2.0	1.4	44.0	8.6
27	4.6	23.5	0.9	1.6	6.0	7.4	7.0	3.8	6.7	16.9	4.1	1.5	17.2	12.3	12.1	2.4
28	0.1	0.6	7.0	11.8	0.5	0.7	13.1	7.1	2.3	5.8	38.1	14.2	2.9	2.1	58.2	11.4
29	-0.1	-0.3	19.4	32.7	0.2	0.3	48.7	26.5	1.1	2.7	50.8	19.0	1.2	0.9	118.9	23.3
总计	19.4	100	59.4	100	80.9	100	183.5	100	39.5	100	267.5	100.0	139.8	100	510.4	100

附表 10　不同时期需求侧视角下云南 29 个部门对碳排放和 GDP 变化的贡献

部门	1997～2002 年				2002～2007 年				2007～2012 年				1997～2012 年			
	碳排放		GDP		碳排放		GDP		碳排放		GDP		碳排放		GDP	
	贡献量（百万吨）	贡献率（%）	贡献量（万元，2002 年不变价）	贡献率(%)	贡献量（百万吨）	贡献率（%）	贡献量（万元，2002 年不变价）	贡献率（%）	贡献量（百万吨）	贡献率（%）	贡献量（万元，2002 年不变价）	贡献率（%）	贡献量（百万吨）	贡献率（%）	贡献量（万元，2002 年不变价）	贡献率(%)
1	7.2	36.9	16.3	27.4	-2.1	-2.5	7.1	3.9	2.7	6.7	16.7	6.2	7.8	5.6	40.0	7.8
2	-2.7	-13.8	-2.2	-3.8	0.2	0.2	-1.2	-0.7	4.9	12.3	8.3	3.1	2.3	1.7	4.8	0.9
3	0.0	0.0	0.6	0.9	0.0	0.0	-0.3	-0.2	0.0	0.0	-0.7	-0.3	0.0	0.0	-0.4	-0.1
4	-1.4	-7.4	-1.6	-2.8	-17.3	-21.4	-21.1	-11.5	13.4	34.0	14.7	5.5	-5.3	-3.8	-8.0	-1.6
5	-0.9	-4.4	-1.1	-1.8	-0.5	-0.6	-0.1	-0.1	-0.3	-0.6	-1.0	-0.4	-1.6	-1.1	-2.2	-0.4

续表

部门	1997～2002年				2002～2007年				2007～2012年				1997～2012年			
	碳排放		GDP		碳排放		GDP		碳排放		GDP		碳排放		GDP	
	贡献量（百万吨）	贡献率（%）	贡献量（万元，2002年不变价）	贡献率（%）	贡献量（百万吨）	贡献率（%）	贡献量（万元，2002年不变价）	贡献率（%）	贡献量（百万吨）	贡献率（%）	贡献量（万元，2002年不变价）	贡献率（%）	贡献量（百万吨）	贡献率（%）	贡献量（万元，2002年不变价）	贡献率（%）
6	8.7	44.6	27.4	46.2	-1.0	-1.3	30.1	16.4	3.0	7.7	65.2	24.4	10.7	7.6	122.7	24.0
7	-0.4	-2.0	-1.0	-1.7	-0.1	-0.2	-0.1	0.0	0.1	0.4	-0.1	-0.1	-0.4	-0.3	-1.2	-0.2
8	-0.2	-1.1	-0.7	-1.1	-0.6	-0.8	-1.7	-1.0	-0.5	-1.4	-5.1	-1.9	-1.4	-1.0	-7.6	-1.5
9	-1.3	-6.5	-2.7	-4.5	-0.8	-1.0	-2.3	-1.2	0.0	0.0	-3.6	-1.4	-2.1	-1.5	-8.6	-1.7
10	-0.8	-4.2	-1.7	-2.9	-0.9	-1.1	-4.5	-2.4	-3.0	-7.6	-13.5	-5.1	-4.7	-3.4	-19.7	-3.9
11	-18.6	-95.6	-8.9	-15.0	12.0	14.9	-7.7	-4.2	1.4	3.5	-2.1	-0.8	-5.2	-3.7	-18.7	-3.7
12	0.9	4.5	0.8	1.3	2.4	3.0	3.5	1.9	-0.5	-1.2	1.0	0.4	2.8	2.0	5.3	1.0
13	-4.8	-24.7	-4.2	-7.0	0.2	0.2	2.0	1.1	-13.7	-34.7	-12.8	-4.8	-18.3	-13.1	-14.9	-2.9
14	1.7	8.7	1.0	1.8	54.9	67.9	84.5	46.0	-6.6	-16.8	-2.9	-1.1	50.0	35.7	82.7	16.2
15	-5.8	-29.8	-6.8	-11.4	0.9	1.1	-1.5	-0.8	-2.6	-6.5	-9.2	-3.4	-7.5	-5.3	-17.4	-3.4
16	-1.1	-5.4	-2.8	-4.7	-1.4	-1.7	-3.5	-1.9	-6.7	-16.9	-20.8	-7.8	-9.1	-6.5	-27.1	-5.3
17	-1.7	-8.8	-2.7	-4.6	2.1	2.6	4.1	2.2	0.9	2.3	3.3	1.2	1.3	0.9	4.6	0.9
18	-1.6	-8.4	-2.5	-4.3	-0.2	-0.2	-1.0	-0.6	-8.5	-21.6	-23.1	-8.6	-10.3	-7.4	-26.7	-5.2
19	-0.5	-2.4	-0.9	-1.5	-0.2	-0.2	-2.3	-1.3	-1.1	-2.8	-10.7	-4.0	-1.8	-1.3	-14.0	-2.7
20	-0.6	-2.8	-1.1	-1.8	-0.1	-0.1	-1.0	-0.6	-0.7	-1.7	-4.3	-1.6	-1.3	-1.0	-6.4	-1.3
21	-1.3	-6.6	-2.9	-4.9	-0.1	-0.1	-0.6	-0.3	-3.0	-7.7	-10.0	-3.7	-4.4	-3.2	-13.4	-2.6
22	0.0	0.0	0.1	0.1	0.0	0.0	0.0	0.0	0.0	0.0	-0.1	0.0	0.0	0.0	0.0	0.0
23	3.8	19.5	3.1	5.2	21.4	26.5	9.0	4.9	-10.2	-25.9	2.6	1.0	15.0	10.7	14.7	2.9
24	-0.1	-0.6	-0.1	-0.2	0.2	0.2	0.2	0.1	-0.4	-1.1	-1.9	-0.7	-0.4	-0.3	-1.8	-0.4
25	0.1	0.4	0.1	0.2	0.0	0.0	0.4	0.2	0.4	1.0	1.4	0.5	0.5	0.3	1.9	0.4
26	29.7	153.0	32.7	55.0	12.7	15.7	37.4	20.4	48.2	122.0	132.3	49.5	90.7	64.8	202.4	39.7
27	-0.6	-3.2	-3.9	-6.5	-3.9	-4.9	-5.4	-2.9	3.0	7.5	4.9	1.8	-1.6	-1.1	-4.4	-0.9
28	-0.2	-0.9	-3.9	-6.5	0.8	0.9	9.2	5.0	6.1	15.4	46.3	17.3	6.7	4.8	51.6	10.1
29	11.9	61.1	29.1	48.9	2.2	2.8	50.4	27.5	13.3	33.7	92.8	34.7	27.4	19.6	172.2	33.7
总计	19.4	100	59.4	100	80.9	100	183.5	100	39.5	100	267.5	100	139.8	100	510.4	100

附表 11　不同时期供给侧视角下云南 29 个部门对碳强度相关碳排放变化的贡献

部门	1997～2002 年	2002～2007 年	2007～2012 年	1997～2012 年	
	贡献量（百万吨）	贡献量（百万吨）	贡献量（百万吨）	贡献量（百万吨）	贡献率（%）
1	0.4	0.4	-1.2	-0.5	0.4
2	-0.8	-0.6	-2.1	-3.4	3.0
3	0.0	0.0	0.0	0.0	0.0
4	0.1	0.1	-0.9	-0.7	0.6
5	0.0	0.6	-1.0	-0.4	0.3
6	-0.4	0.3	-1.2	-1.3	1.1
7	0.0	0.1	-0.2	0.0	0.0
8	0.0	0.0	0.0	0.0	0.0
9	0.1	0.0	-0.2	-0.1	0.1
10	0.0	0.3	-0.5	-0.2	0.1
11	0.2	-0.9	-0.2	-1.0	0.8
12	0.3	-5.4	0.0	-5.1	4.5
13	-1.5	10.9	-52.1	-42.6	37.1
14	-1.3	-13.2	0.6	-13.8	12.0
15	0.1	0.0	-0.1	-0.1	0.1
16	0.0	-0.1	-0.1	-0.2	0.2
17	0.0	0.0	0.2	0.2	-0.1
18	0.0	0.0	0.0	0.0	0.0
19	0.0	0.1	0.0	0.1	-0.1
20	0.0	0.0	0.0	0.0	0.0
21	0.0	0.0	0.0	0.1	0.0
22	0.0	0.0	0.0	0.0	0.0
23	-16.1	5.5	-41.3	-51.9	45.1
24	-0.1	0.1	-0.6	-0.6	0.5
25	0.0	0.0	0.0	0.0	0.0
26	-0.1	0.1	-0.4	-0.5	0.4
27	3.4	0.9	1.6	5.9	-5.2
28	0.1	0.3	0.9	1.3	-1.1
29	-0.3	-0.2	0.4	0.0	0.0
总计	-16.1	-0.6	-98.4	-115.1	100

附表 12　1997～2012 年云南 29 个部门流出产品的价值和结构

部门	1997 年		2002 年		2007 年		2012 年	
	价值（十亿元）	比例（%）	价值（十亿元）	比例（%）	价值（十亿元）	比例（%）	价值（十亿元）	比例（%）
1	3.3	6.1	3.2	3.6	12.3	4.8	30.6	8.1
2	0.1	0.1	0.0	0.1	0.2	0.1	4.1	1.1
3	0.0	0.0	0.0	0.0	0.0	0.0	0.0	0.0
4	0.1	0.1	0.0	0.1	0.4	0.1	0.7	0.2
5	0.3	0.6	0.1	0.1	0.2	0.1	0.1	0.0
6	25.4	46.8	54.4	61.7	79.2	30.6	113.1	30.0
7	0.3	0.5	0.1	0.1	0.4	0.2	0.3	0.1
8	0.1	0.2	0.1	0.1	0.1	0.0	0.7	0.2
9	0.4	0.8	0.6	0.6	0.4	0.1	1.2	0.3
10	0.4	0.7	0.4	0.5	1.9	0.7	0.5	0.1
11	0.1	0.1	0.0	0.0	1.6	0.6	12.4	3.3
12	3.3	6.2	4.0	4.5	10.4	4.0	20.6	5.4
13	0.1	0.2	0.1	0.1	0.5	0.2	0.6	0.2
14	5.0	9.2	8.3	9.4	100.0	38.7	100.3	26.6
15	0.1	0.2	0.0	0.0	0.1	0.0	0.5	0.1
16	1.2	2.3	0.9	1.1	4.0	1.6	3.5	0.9
17	0.5	0.9	0.4	0.5	4.5	1.7	1.5	0.4
18	0.6	1.2	0.7	0.8	0.7	0.3	0.7	0.2
19	0.2	0.5	0.3	0.3	0.9	0.3	0.7	0.2
20	0.1	0.2	0.1	0.1	0.0	0.0	0.0	0.0
21	0.9	1.7	0.2	0.2	1.5	0.6	0.1	0.0
22	0.0	0.0	0.0	0.0	0.0	0.0	0.0	0.0
23	0.2	0.3	2.4	2.7	8.7	3.4	9.0	2.4
24	0.0	0.0	0.0	0.0	0.1	0.0	0.0	0.0
25	0.0	0.0	0.0	0.0	0.0	0.0	0.0	0.0
26	0.0	0.0	0.0	0.0	0.0	0.0	5.5	1.5
27	4.5	8.3	3.1	3.5	6.4	2.5	9.3	2.5
28	4.2	7.7	5.1	5.8	16.8	6.5	21.8	5.8
29	2.8	5.2	3.8	4.3	7.3	2.8	39.7	10.5
总计	54.2	100	88.1	100	258.6	100	377.5	100

附　　录

规划环评纳入气候变化因素现状调查问卷

我国是易受气候变化影响的国家之一，积极应对气候变化是一项重要的国家战略。在继续加强节能减排工作的基础上，将气候变化因素纳入规划环境影响评价是在经济发展中实现减缓和适应气候变化双重目标的重要措施。在此，我们诚挚地邀请您参与此次问卷调查，帮助我们更好地了解目前在各类规划环境影响评价工作中分析、评价气候变化因素的主要方式、关注重点、管理要求、技术手段等，特别是存在的问题以及可能的解决办法。感谢您的参与和支持！

i. 您所在区域？

华东地区——（　）山东（　）江苏（　）安徽（　）浙江（　）福建（　）上海

华南地区——（　）广东（　）广西（　）海南（　）

华中地区——（　）湖北（　）湖南（　）河南（　）江西

华北地区——（　）北京（　）天津（　）河北（　）山西（　）内蒙古

西北地区——（　）宁夏（　）新疆（　）青海（　）陕西（　）甘肃

西南地区——（　）四川（　）云南（　）贵州（　）西藏（　）重庆

东北地区——（　）辽宁（　）吉林（　）黑龙江

港澳台及其他——（　）香港、澳门（　）台湾（　）国外

ii. 您的所在单位是？

（　）技术评估单位　　（　）环评单位　　（　）环境主管部门

（　）规划编制单位　　（　）规划主管（审批）部门

（　）科研院所　　（　）其他人员

iii. 您的职称是？

（　）初级　　（　）中级　　（　）高级

iv. 您的研究领域属于以下哪一类？

（　）气候变化相关领域　（　）环境保护相关领域　（　）其他

v. 您从事相关专业的年限是？

（　）0～2 年　（　）3～5 年　（　）6～10 年　（　）11 年以上

答题说明：请在选项前的“( )”中划“√”，每题可选多项。如有其他看法，请在其后的“________”上填写文字。

一、对气候变化问题的认识

气候变化是指气候平均状态随时间的变化。应对气候变化受到我国的高度重视：2007 年，《中国应对气候变化国家方案》发布；从 2008 年开始，每年发布《中国应对气候变化的政策与行动》白皮书；2010 年，发出《国家发展改革委关于开展低碳省区和低碳城市试点工作的通知》；2011 年，应对气候变化内容纳入到《中华人民共和国国民经济和社会发展第十二个五年规划纲要》，并发布《“十二五”控制温室气体排放工作方案》；同年，《应对气候变化法》草案向全国公开征求意见。本部分包括 4 个问题，主要涉及气候变化的影响以及应对措施，请您结合对气候变化的认识和理解，回答以下问题：

1. 人类活动产生的温室气体排放很有可能是导致全球气候变化的原因，您认为减缓区域温室气体的排放我们应该采取哪些措施？

	非常赞同	赞同	不了解	不赞同	完全不赞同
转变经济发展方式，调整产业结构和能源结构	( )	( )	( )	( )	( )
合理控制能源消费总量	( )	( )	( )	( )	( )
明确总量控制目标和分解落实机制	( )	( )	( )	( )	( )
提高能源利用效率	( )	( )	( )	( )	( )
推进低碳试点示范	( )	( )	( )	( )	( )
推进植树造林，增加森林碳汇	( )	( )	( )	( )	( )
加快低碳技术研发应用，控制温室气体排放	( )	( )	( )	( )	( )
建立低碳产品标准、标识和认证制度	( )	( )	( )	( )	( )
实施碳排放税政策	( )	( )	( )	( )	( )
建立完善温室气体排放统计核算制度	( )	( )	( )	( )	( )
逐步建立碳排放交易市场	( )	( )	( )	( )	( )

其他________________________________（请补充）

2. 已经发生的和正在发生的气候变化将影响人类社会近百年，因此适应气候变化势在必行，您认为应该采取哪些适应气候变化措施？

	非常赞同	赞同	不了解	不赞同	完全不赞同
制定区域适应气候变化总体战略	（　）	（　）	（　）	（　）	（　）
加强气候变化科学研究、观测和影响评估	（　）	（　）	（　）	（　）	（　）
在区域规划中充分考虑气候变化因素	（　）	（　）	（　）	（　）	（　）
加强区域应对极端气候事件能力建设	（　）	（　）	（　）	（　）	（　）
提高重点领域和生态脆弱地区适应气候变化水平	（　）	（　）	（　）	（　）	（　）
加强对极端天气和气候事件的监测、预警和预防	（　）	（　）	（　）	（　）	（　）

其他您认为重要的＿＿＿＿＿＿＿＿＿＿（请补充）

3. 中国《气候变化国家评估报告》表明，气候变化对我国不同区域的影响程度不同，您认为我国哪些区域最易受到气候变化的影响？

	影响很大	影响较大	影响较小	没有影响	不了解
东北地区	（　）	（　）	（　）	（　）	（　）
东部沿海地区	（　）	（　）	（　）	（　）	（　）
中部地区	（　）	（　）	（　）	（　）	（　）
西北地区	（　）	（　）	（　）	（　）	（　）
西南地区	（　）	（　）	（　）	（　）	（　）
青藏高原	（　）	（　）	（　）	（　）	（　）
我国海岛	（　）	（　）	（　）	（　）	（　）
重要流域地区	（　）	（　）	（　）	（　）	（　）

其他＿＿＿＿＿＿＿＿＿＿＿＿＿＿（请补充）

4. 中国《气候变化国家评估报告》表明，不同领域受气候变化的影响程度不同，您认为我国哪些领域最易受到气候变化的影响？

	影响很大	影响较大	影响较小	没有影响	不了解
农业	（　）	（　）	（　）	（　）	（　）
水资源	（　）	（　）	（　）	（　）	（　）
林业	（　）	（　）	（　）	（　）	（　）
海岸带	（　）	（　）	（　）	（　）	（　）
人群健康	（　）	（　）	（　）	（　）	（　）
自然生态系统	（　）	（　）	（　）	（　）	（　）

	影响很大	影响较大	影响较小	没有影响	不了解
生物多样性	（ ）	（ ）	（ ）	（ ）	（ ）
重大工程	（ ）	（ ）	（ ）	（ ）	（ ）
旅游业	（ ）	（ ）	（ ）	（ ）	（ ）
能源系统	（ ）	（ ）	（ ）	（ ）	（ ）

其他________________________（请补充）

二、气候变化因素纳入规划环境影响评价

规划环境影响评价是对规划实施可能造成的环境影响进行分析、预测和评价，并提出预防或者减轻不良环境影响的对策和措施的过程。2003 年颁布实施的《环境影响评价法》明确规定国务院有关部门、设区的市级以上地方人民政府及其有关部门对其组织编制的“一地、三域、十专项”规划应该进行环境影响评价。2009 年，《规划环境影响评价条例》颁布实施，我国规划环境影响评价工作得到加强。本部分包括 14 个问题，主要涉及我国气候变化因素纳入规划环评的现状、问题和技术方法。请您结合对规划环评和气候变化因素的认识和看法，回答以下问题：

5. 在您所开展或接触到的“一地、三域、十专项”规划环评中，是否纳入气候变化相关内容？

	系统纳入	纳入应对措施	涉及低碳指标	涉及能效指标	未纳入	不了解
土地利用规划	（ ）	（ ）	（ ）	（ ）	（ ）	（ ）
区域规划	（ ）	（ ）	（ ）	（ ）	（ ）	（ ）
流域规划	（ ）	（ ）	（ ）	（ ）	（ ）	（ ）
海域规划	（ ）	（ ）	（ ）	（ ）	（ ）	（ ）
工业专项规划	（ ）	（ ）	（ ）	（ ）	（ ）	（ ）
农业专项规划	（ ）	（ ）	（ ）	（ ）	（ ）	（ ）
畜牧业专项规划	（ ）	（ ）	（ ）	（ ）	（ ）	（ ）
林业专项规划	（ ）	（ ）	（ ）	（ ）	（ ）	（ ）
能源专项规划	（ ）	（ ）	（ ）	（ ）	（ ）	（ ）

	系统纳入	纳入应对措施	涉及低碳指标	涉及能效指标	未纳入	不了解
水利专项规划	（ ）	（ ）	（ ）	（ ）	（ ）	（ ）
交通专项规划	（ ）	（ ）	（ ）	（ ）	（ ）	（ ）
城市建设专项规划	（ ）	（ ）	（ ）	（ ）	（ ）	（ ）
旅游专项规划	（ ）	（ ）	（ ）	（ ）	（ ）	（ ）
自然资源开发专项规划	（ ）	（ ）	（ ）	（ ）	（ ）	（ ）

6. 您所开展或接触到的规划环评中涉及的气候变化因素与规划的相互影响包括哪些方面？

（ ）分析气候变化对规划实施的影响

（ ）分析规划区域和行业的气候变化脆弱性

（ ）分析规划实施是否会显著增加或减少温室气体排放

（ ）分析规划实施对区域能源消费总量和结构的影响

（ ）分析规划实施对碳汇的影响

（ ）没有相关内容

其他________________________（请补充）

7. 您认为将气候变化因素纳入规划环评有哪些重要意义？

（ ） 增加决策者对温室气体排放的关注，有利于实现碳强度减排目标

（ ） 激发各部门向低排放和更加节能的发展方式转变

（ ） 减少潜在的气候变化带来的风险

（ ） 增加公众对气候变化问题的关注程度

（ ） 增强规划应对极端天气和气候事件的能力

其他__________________________（请补充）

8. 您认为将气候变化因素纳入规划环评可引入以下哪些技术手段？

（ ） 能源消费模拟和预测技术

（ ） 碳排放源识别和碳排放量核算技术

（ ） 碳排放量模拟和预测技术

（ ） 区域气候模拟分析技术

（　）区域气候变化脆弱性评估技术

其他________________________________（请补充）

9.《规划环境影响评价技术导则（试行）》（HJ/T 130—2003）中有关气候变化的相关评价内容仅包括能源消耗和防洪。您认为还应补充哪些内容？

	非常赞同	赞同	不了解	不赞同	完全不赞同
评估重大工程项目应对极端气候能力	（　）	（　）	（　）	（　）	（　）
评估区域水资源有效保障问题	（　）	（　）	（　）	（　）	（　）
评估气候因素对基础设施的影响	（　）	（　）	（　）	（　）	（　）
评估规划对生态系统服务功能的影响	（　）	（　）	（　）	（　）	（　）
评估气候变化对人群健康的影响	（　）	（　）	（　）	（　）	（　）

其他____________________________（请补充）

10. 您认为规划环评中应该重点使用以下哪些指标去评估规划中采取减缓气候措施的有效性？

	非常赞同	赞同	不了解	不赞同	完全不赞同
能源消费总量	（　）	（　）	（　）	（　）	（　）
高耗能、高排放产业的比例	（　）	（　）	（　）	（　）	（　）
非化石能源占一次能源消费比例	（　）	（　）	（　）	（　）	（　）
单位GDP能耗	（　）	（　）	（　）	（　）	（　）
单位GDP温室气体排放量	（　）	（　）	（　）	（　）	（　）
区域温室气体年排放量	（　）	（　）	（　）	（　）	（　）
单位土地利用面积温室气体排放量	（　）	（　）	（　）	（　）	（　）
森林覆盖率	（　）	（　）	（　）	（　）	（　）
森林蓄积量	（　）	（　）	（　）	（　）	（　）
城市绿化覆盖率	（　）	（　）	（　）	（　）	（　）
农田和草地碳汇	（　）	（　）	（　）	（　）	（　）

其他____________________________（请补充）

11. 您认为应在规划环评中提出哪些降低温室气体排放的保障措施和实施计划？

	非常赞同	赞同	不了解	不赞同	完全不赞同
降低能源使用	（　）	（　）	（　）	（　）	（　）
提高部门/行业能源利用效率	（　）	（　）	（　）	（　）	（　）
增加可再生能源的比例	（　）	（　）	（　）	（　）	（　）

	非常赞同	赞同	不了解	不赞同	完全不赞同
减少固体废弃物产生量	（　）	（　）	（　）	（　）	（　）
优化土地利用方式减少温室气体排放	（　）	（　）	（　）	（　）	（　）
保护自然碳汇	（　）	（　）	（　）	（　）	（　）
降低碳排放强度	（　）	（　）	（　）	（　）	（　）
提高产业的低碳水平	（　）	（　）	（　）	（　）	（　）

其他____________________（请补充）

12. 您认为规划环评中应该重点使用以下哪些指标去评估规划中采取适应气候变化措施的有效性？

	非常赞同	赞同	不了解	不赞同	完全不赞同
水资源安全供应率	（　）	（　）	（　）	（　）	（　）
海岸防护率	（　）	（　）	（　）	（　）	（　）
生物多样性指数	（　）	（　）	（　）	（　）	（　）
洪泛区开发项目个数占总开发项目比例	（　）	（　）	（　）	（　）	（　）

其他____________________（请补充）

13. 您认为规划环评中对气候变化因素的评价需要更多地考虑短期碳排放对实现碳减排目标的影响，还是气候变化所带来的长期风险？

（　）应更重视短期影响，重点评价规划实现碳排放量消减目标的能力

（　）应更重视长期气候风险，进行全面的气候风险评价

（　）两者相结合，碳排放量预测要求定量化，对可能的气候风险应做定性说明

其他____________________（请补充）

14. 您认为规划环评应采用以下哪种方式纳入气候变化因素？

	非常赞同	赞同	不了解	不赞同	完全不赞同
在原有评估体系的每一步加入气候变化因素	（　）	（　）	（　）	（　）	（　）
设置专章评估气候变化影响	（　）	（　）	（　）	（　）	（　）
采用分散和专章结合的方式评估气候变化因素	（　）	（　）	（　）	（　）	（　）

其他____________________（请补充）

15. 您认为开展规划环评纳入气候变化因素工作，应在以下哪些方面予以加强？

	非常赞同	赞同	不了解	不赞同	完全不赞同
加强区域气候信息公开和共享	（ ）	（ ）	（ ）	（ ）	（ ）
建立应对气候变化相关机构协商制度	（ ）	（ ）	（ ）	（ ）	（ ）
提高公众参与有效性	（ ）	（ ）	（ ）	（ ）	（ ）
加强应对气候变化的宣传	（ ）	（ ）	（ ）	（ ）	（ ）

16. 您认为环境保护主管部门应该从以下哪些方面审查规划环评纳入气候变化因素的情况？

	非常赞同	赞同	不了解	不赞同	完全不赞同
背景调查中是否充分进行碳排放量核算	（ ）	（ ）	（ ）	（ ）	（ ）
是否进行气候变化风险和脆弱性评估	（ ）	（ ）	（ ）	（ ）	（ ）
是否设置明确的减排目标和减排措施	（ ）	（ ）	（ ）	（ ）	（ ）
减排指标是否分配到相关次区域	（ ）	（ ）	（ ）	（ ）	（ ）
是否充分听取相关专家的相关意见	（ ）	（ ）	（ ）	（ ）	（ ）
是否充分听取公众气候变化的意见	（ ）	（ ）	（ ）	（ ）	（ ）
是否有相关回顾、审查和适时修订规划程序	（ ）	（ ）	（ ）	（ ）	（ ）

其他________________________________（请补充）

17. 您认为应该在以下哪些行业或领域优先开展规划环评纳入气候变化因素工作？

	优先度高	优先度较高	优先度中	优先度较低	优先度低
工业	（ ）	（ ）	（ ）	（ ）	（ ）
农业	（ ）	（ ）	（ ）	（ ）	（ ）
畜牧业	（ ）	（ ）	（ ）	（ ）	（ ）
林业	（ ）	（ ）	（ ）	（ ）	（ ）
能源	（ ）	（ ）	（ ）	（ ）	（ ）
水利	（ ）	（ ）	（ ）	（ ）	（ ）
交通	（ ）	（ ）	（ ）	（ ）	（ ）
城市建设	（ ）	（ ）	（ ）	（ ）	（ ）
旅游	（ ）	（ ）	（ ）	（ ）	（ ）
自然资源开发	（ ）	（ ）	（ ）	（ ）	（ ）
废弃物处理	（ ）	（ ）	（ ）	（ ）	（ ）

其他________________________（请补充）

18. 您认为应该在以下哪些区域优先开展规划环评纳入气候变化因素工作？

	优先度高	优先度较高	优先度中	优先度较低	优先度低
东北地区	（ ）	（ ）	（ ）	（ ）	（ ）
东部沿海地区	（ ）	（ ）	（ ）	（ ）	（ ）
中部地区	（ ）	（ ）	（ ）	（ ）	（ ）
西北地区	（ ）	（ ）	（ ）	（ ）	（ ）
西南地区	（ ）	（ ）	（ ）	（ ）	（ ）
青藏高原	（ ）	（ ）	（ ）	（ ）	（ ）
海岛地区	（ ）	（ ）	（ ）	（ ）	（ ）
重要流域地区	（ ）	（ ）	（ ）	（ ）	（ ）

其他__________________（请补充）

再次谢谢您的参与！

如方便，请留下您的联系方式，便于以后沟通合作！

姓名：____________________

工作单位：____________________

联系电话：____________________

通讯地址（邮编）：____________________

E-mail：____________________